Der Spiegel des Bewusstseins

Spirituelle Weisheit und Neurolinguistische Programmierung

Hans Weinberger

Der Spiegel des Bewusstseins

Spirituelle Weisheit und Neurolinguistische Programmierung

© 2025 Hans Weinberger
Verlag: BoD · Books on Demand GmbH, Überseering 33, 22297 Hamburg, bod@bod.de
Druck: Libri Plureos GmbH, Friedensallee 273, 22763 Hamburg
ISBN: 978-3-7693-5011-1

MIX
Papier aus verantwortungsvollen Quellen
Paper from responsible sources
FSC® C105338
FSC
www.fsc.org

Inhaltsverzeichnis

Vorwort

In einer Welt, die zunehmend nach Ganzheit und Integration sucht, stellt sich die Frage: Wie können wir die höchsten Stufen menschlicher Entwicklung mit den tiefsten Zuständen des Bewusstseins verbinden? Dieses Buch, "Der Spiegel des Bewusstseins", ist eine Einladung, genau dieser Frage nachzugehen.

Als Grundlage dient die Erkenntnis, dass Bewusstsein sowohl durch Stufen als auch durch Zustände gekennzeichnet ist. Die Stufen spiegeln die Entwicklungsreise des Individuums wider – von egozentrischen hin zu integralen und transzendenten Perspektiven. Zustände hingegen repräsentieren zeitlose Erfahrungen, die über Gedanken und Identität hinausgehen. Erst die Verschmelzung der höchsten Stufe und des höchsten Zustands führt zu einem wirklich integralen Bewusstsein – einem Bewusstsein, das Nisargadatta Maharaj meisterhaft verkörperte.

Dieses Buch ist eine Hommage an Nisargadatta Maharaj, einen Meister der nondualen Weisheit, der in seinem Leben und seiner Lehre die Essenz des Seins auf eine klare, kompromisslose Weise verkörperte. Doch wie können wir seine Philosophie und Praxis greifbar machen? Hier kommt die neurolinguistische Programmierung (NLP) ins Spiel. NLP bietet Werkzeuge, um die Struktur von Gedanken, Emotionen und Verhalten zu entschlüsseln – und genau das haben wir in diesem Buch getan.

Der Hauptteil des Buches besteht aus 44 Weisheitssprüchen von Nisargadatta Maharaj, die aus der Perspektive des NLP interpretiert wurden. Jeder Spruch wurde nicht nur analysiert, sondern durch humorvolle Cartoons ergänzt, um die Essenz seiner Botschaft auf spielerische Weise zu vermitteln. Der Abschluss des Buches ist ein umfassendes Modell von Nisargadatta Maharaj – ein Versuch, seine Denkweise, seine Strategien und seine Haltung in eine Struktur zu bringen, die auch anderen zugänglich wird.

Dieses Werk steht in der Tradition meines vorherigen Buches, "Integrales NLP", in dem ich gezeigt habe, dass die Integration von Stufen und Zuständen des Bewusstseins der Schlüssel zu einem erfüllten, ganzheitlichen Leben ist. "Der Spiegel des Bewusstseins" führt diese Vision weiter, indem es die Verbindung zwischen spiritueller Weisheit und neurolinguistischer Programmierung vertieft und Nisargadatta Maharaj als lebendiges Beispiel für die höchste Stufe und den höchsten Zustand präsentiert.

Ich lade dich ein, dieses Buch nicht nur zu lesen, sondern es als Werkzeug für deine eigene Transformation zu nutzen. Lass dich inspirieren, die Grenzen des Verstandes zu überschreiten und das Sein in seiner reinsten Form zu erfahren.

In diesem Sinne wünsche ich dir eine erleuchtende und transformative Reise.

NLP – Die Wissenschaft der subjektiven Erfahrung

1.1 Was ist NLP?

Die Neurolinguistische Programmierung (NLP) ist eine Methode, die auf der Überzeugung beruht, dass wir unsere Realität durch unsere subjektive Erfahrung modellieren und beeinflussen können. Der Begriff selbst beschreibt die drei zentralen Säulen dieser Methode:
• Neuro: Wie unser Nervensystem Sinneswahrnehmungen verarbeitet und diese als innere Erfahrungen repräsentiert.
• Linguistisch: Wie wir Sprache verwenden, um diese inneren Erfahrungen zu strukturieren und auszudrücken.
• Programmierung: Wie wir diese Prozesse gezielt verändern und neue „Programme" schreiben können, um effektiver zu handeln und zu denken.

NLP wurde in den 1970er Jahren von Richard Bandler und John Grinder entwickelt, die untersuchten, wie exzellente Kommunikatoren und Therapeuten herausragende Ergebnisse erzielen. Aus ihren Beobachtungen entstanden Modelle, die es ermöglichen, solche Erfolgsstrategien zu analysieren, zu replizieren und weiterzugeben. Heute findet NLP weltweit Anwendung – von Therapie und Coaching über Wirtschaft und Bildung bis hin zu persönlicher Entwicklung.

1.2 Das Modell von NLP

Im Kern des NLP steht das Modellieren der subjektiven Erfahrung. Während viele Disziplinen sich mit objektiven Realitäten befassen, konzentriert sich NLP auf das, was individuell und subjektiv wahrgenommen wird. Der Modellgegenstand ist daher immer die persönliche Erfahrung eines Menschen.

1.2.1 Modellelemente: Die fünf Sinne als Repräsentationssysteme

Unser Gehirn verarbeitet Informationen hauptsächlich über die fünf Sinne:
• Visuell (sehen)
• Auditiv (hören)
• Kinästhetisch (fühlen)
• Olfaktorisch (riechen)
• Gustatorisch (schmecken)

In NLP werden diese Sinne
als Repräsentationssysteme bezeichnet, da sie die Grundlage bilden, wie wir innere und äußere Welten repräsentieren.

1.2.2 Submodalitäten: Die Feinheiten der Wahrnehmung

Innerhalb dieser Repräsentationssysteme gibt es Submodalitäten, die für die Feinabstimmung unserer Wahrnehmung verantwortlich sind. Submodalitäten ermöglichen es uns, zwischen ähnlichen Eindrücken zu unterscheiden. Einige Beispiele:
• Visuell: hell/dunkel, groß/klein, nah/fern.
• Auditiv: laut/leise, melodisch/monoton, links/rechts.
• Kinästhetisch: warm/kalt, schwer/leicht, glatt/rau.

14

Durch die Veränderung dieser Submodalitäten können wir die Wirkung von inneren Bildern, Tönen oder Gefühlen auf unser Erleben beeinflussen – ein zentraler Aspekt vieler NLP-Techniken.

1.3 NLP-Strategien

Eine der mächtigsten Anwendungen des NLP ist die Analyse und Veränderung von Strategien. Strategien sind die inneren Abfolgen von Schritten, die wir bewusst oder unbewusst ausführen, um zu einem bestimmten Ergebnis zu gelangen.

1.3.1 Was sind NLP-Strategien?

Strategien basieren auf der Verknüpfung von Modellelementen (Sinneswahrnehmungen) und können als Sequenzen oder Muster beschrieben werden. Zwei wesentliche Konzepte dabei sind:
• Konjunktion: Die Verbindung mehrerer Repräsentationen nacheinander (z. B. visuell → auditiv → kinästhetisch).
• Synästhesie: Das gleichzeitige Auftreten von Repräsentationen (z. B. ein Bild, das gleichzeitig ein bestimmtes Gefühl auslöst).

Beispiele für Strategien:
• Rechtschreibstrategie: Der Blick nach oben, um sich die Buchstaben eines Wortes visuell vorzustellen.
• Bestellstrategie im Restaurant: Das Durchgehen von Bildern und Gefühlen, um sich für ein Gericht zu entscheiden.

• Mausbegegnungsstrategie: Eine Kette von Bildern, Gefühlen und Reaktionen, die zu Angst führt.

1.4 Der Sinn von NLP-Strategien

Der Kern von NLP liegt darin, ineffektive Strategien zu erkennen und in effektive Strategien umzuwandeln. Dazu dienen drei Standard-Schritte:

1. Auspacken der bestehenden Strategie:
Der erste Schritt besteht darin, die aktuelle Strategie zu analysieren. Was passiert zuerst? Welche Repräsentationen werden aktiviert? Welche Submodalitäten sind beteiligt?

2. Design der neuen Strategie:
Im nächsten Schritt wird eine alternative, effektivere Strategie entwickelt. Diese neue Strategie basiert auf positiven Repräsentationen und Submodalitäten, die das gewünschte Ergebnis fördern.

3. Installation der neuen Strategie:
Schließlich wird die neue Strategie mithilfe eines Formats in das Unterbewusstsein integriert. Dies erfolgt oft durch Wiederholung und Verankerung.

1.5 Der Entwicklungsprozess von Strategien

Strategien entwickeln sich im Laufe der Zeit in verschiedenen Phasen, die oft als „Kompetenzstufen" beschrieben werden:

1. Unbewusste Inkompetenz: Man weiß nicht, dass man etwas nicht kann.

2. Bewusste Inkompetenz: Man erkennt, dass man etwas nicht kann.

3. Bewusste Kompetenz: Man erlernt die Fähigkeit und übt sie bewusst aus.

4. Unbewusste Kompetenz: Die Fähigkeit wird zur zweiten Natur und läuft automatisch ab.

Das Ziel von NLP ist es, Menschen dabei zu helfen, ihre Strategien so zu entwickeln, dass sie effizient und ressourcenstark funktionieren – und dabei bewusst und unbewusst ineinandergreifen.

Fazit: Ein Werkzeug für Veränderung

Nach diesem Kapitel wissen Sie, dass NLP auf einem präzisen Modell subjektiver Erfahrung basiert und durch Strategien eine tiefgreifende Veränderung ermöglichen kann. Es geht darum, die inneren Abläufe, die unser Denken, Fühlen und Handeln bestimmen, zu analysieren und gezielt zu optimieren.

Bewusstsein, Stufen und Zustände

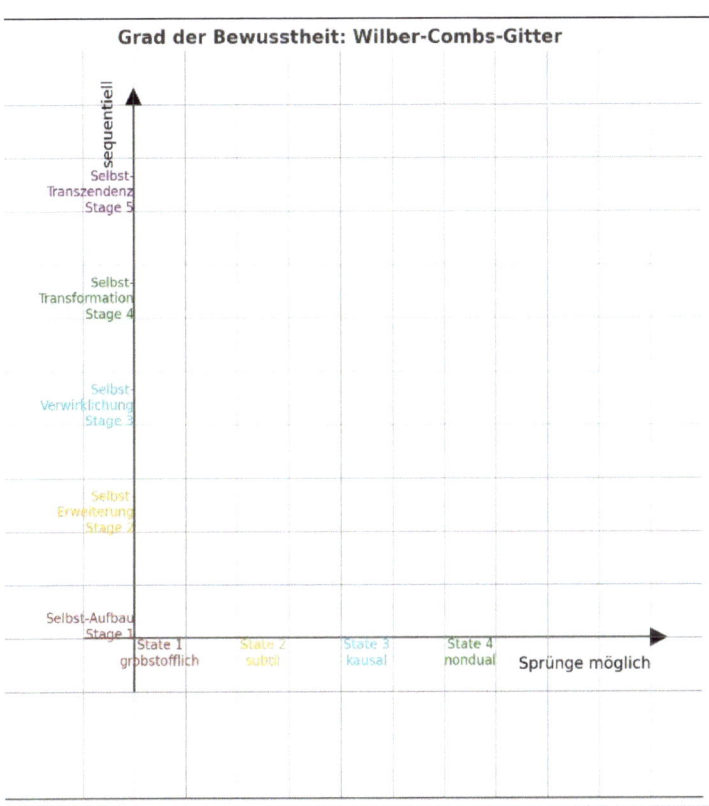

- Das Bild zeigt das Wilber-Combs-Gitter, das eine Verbindung zwischen den Stufen des Selbst-Entwicklungsprozesses (vertikale Achse) und verschiedenen Bewusstseinszuständen (horizontale Achse) darstellt. Diese Matrix dient dazu, zu veranschaulichen, wie das Bewusstsein unterschiedliche Stufen und

Zustände annehmen kann. Hier ist eine prägnante Erklärung der Struktur und Bedeutung:

Vertikale Achse: Entwicklungsstufen des Selbst

Diese Achse beschreibt die evolutionären Stufen des Selbst, die nacheinander durchlaufen werden. Die fünf Entwicklungsstufen sind:

1. Selbst-Aufbau (Stage 1): Die Basisstufe, auf der das Ich sich bildet und grundlegende Identität und Stabilität erlangt.
2. Selbst-Erweiterung (Stage 2): Das Selbst beginnt, sich weiterzuentwickeln und sich über persönliche Grenzen hinaus auszudehnen.
3. Selbst-Verwirklichung (Stage 3): Eine Stufe, in der das Selbstbewusstsein und das Bedürfnis nach persönlicher Entfaltung stark ausgeprägt sind.
4. Selbst-Transformation (Stage 4): Das Selbst durchläuft tiefere Transformationen und erkennt eine stärkere Verbundenheit mit anderen.
5. Selbst-Transzendenz (Stage 5): Die höchste Stufe, bei der das Selbst über die persönliche Identität hinausgeht und eine transpersonale Perspektive einnimmt.

Horizontale Achse: Bewusstseinszustände

Diese Achse zeigt die verschiedenen Zustände des Bewusstseins, die unabhängig von den Entwicklungsstufen auftreten können:

1. State 1: Grobstofflich – ein Bewusstsein, das sich primär auf die materielle und körperliche Ebene bezieht.
2. State 2: Subtil – ein Zustand, in dem subtile Gedanken und Empfindungen stärker wahrgenommen werden.
3. State 3: Kausal – ein Bewusstseinszustand, der die kausale Ebene umfasst, oft mit tieferer Einsicht und innerem Frieden verbunden.
4. State 4: Nondual – ein Bewusstseinszustand, in dem die Unterscheidung zwischen Subjekt und Objekt verschwindet; ein Gefühl der Einheit mit allem.

Nutzung des Wilber-Combs-Gitters

• Das Gitter zeigt, dass es möglich ist, auf jeder Stufe des Selbst unterschiedliche Bewusstseinszustände zu erleben. So kann jemand auf einer niedrigeren Entwicklungsstufe (z.B. Selbst-Aufbau) einen hohen Zustand (z.B. Nondual) erleben, auch wenn er dies möglicherweise nicht voll integriert.
• Manche Bewusstseinszustände können „Sprünge" oder plötzliche Einsichten ermöglichen, die jedoch oft temporär sind, wenn die zugrunde liegende Entwicklungsstufe nicht gefestigt ist.

• Das Gitter verdeutlicht, dass es eine „sequenzielle" Entwicklung gibt, aber auch die Möglichkeit spontaner Zustandsveränderungen, die in höheren Bewusstseinszuständen erlebt werden können.

Dieses Modell hilft zu verstehen, dass Bewusstseinserfahrungen und persönliche Entwicklung zwei Dimensionen sind, die sich gegenseitig beeinflussen, jedoch unabhängig voneinander fortschreiten können. Das Gitter eignet sich für eine umfassende Analyse individueller Entwicklungsprozesse und kann in NLP zur differenzierten Betrachtung von Bewusstseins- und Identitätsarbeit genutzt werden.

Die Magie der Sprache

Sprache ist eines der mächtigsten Werkzeuge, die uns Menschen zur Verfügung stehen. Sie ist mehr als nur ein Mittel zur Kommunikation – sie ist ein Portal zu inneren Welten, ein Mechanismus, durch den Gedanken, Gefühle und Bilder in uns entstehen. In jedem Wort, das wir hören, lesen oder aussprechen, verbirgt sich eine magische Kraft: die Fähigkeit, Bedeutungen zu schaffen und unsere Wahrnehmung zu formen.

Stell dir vor, du liest das Wort Katze. Was geschieht in dir? Vielleicht erscheint vor deinem inneren Auge das Bild einer Katze, du hörst das leise Schnurren, spürst das weiche Fell oder erinnerst dich an den Geruch von Tieren. Dieses eine Wort hat eine ganze Welt in dir erschaffen – ein Zusammenspiel aus Bildern, Klängen, Empfindungen und Erinnerungen. Sprache ist wie ein Anker, der diese inneren Repräsentationen hervorruft und miteinander verknüpft.

Nun füge ein weiteres Wort hinzu: nasse Katze. Schon verändert sich das innere Bild. Es ist vielleicht keine weiche, kuschelige Katze mehr, sondern eine tropfnasse, missmutige Katze. Die Empfindung ändert sich, vielleicht wird ein Gefühl des Mitleids oder Amüsements ausgelöst. Dieses einfache Beispiel zeigt, wie Sprache unser Erleben lenkt – wie Worte nicht nur Bedeutung tragen, sondern auch Gefühle und Bilder formen.

Dieses Prinzip gilt auch für ganze Sätze oder Fragen. Wenn dir jemand die Frage stellt: Was hast du heute zu Mittag gegessen? entsteht ein innerer Film. Du siehst dich vielleicht am Tisch sitzen, erinnerst dich an den Geschmack des Essens oder spürst erneut den Appetit. Unsere Sprache ist ein faszinierendes Wechselspiel zwischen äußeren Worten und inneren Welten.

Und genau diese Magie der Sprache wirkt auch in unserem Denken. Unser innerer Dialog – die Worte, die wir zu uns selbst sprechen – ist der Mechanismus, durch den unser Ich entsteht. Wir erzählen uns Geschichten über uns selbst, über die Welt, über andere Menschen. Diese Geschichten sind Anker, die unsere Wahrnehmung formen und unser Sein bestimmen. Sprache ist also nicht nur ein Werkzeug – sie ist der Ursprung unseres Erlebens.

In diesem Buch möchte ich dich einladen, diese Magie bewusst zu erforschen. Die Sprüche, die ich gesammelt habe, stammen von eienm großen spirituellen Meister. Sie sind prägnant und voller Bedeutung, wie Samen, die in dir aufgehen können. Ich habe sie genutzt, um innere Bilder zu beschreiben, die dann von einer KI als Cartoons umgesetzt wurden. Die entstandenen Bilder sind keine endgültige Wahrheit – sie sind eine Möglichkeit, ein Spiegel, der neue Gedanken und Gefühle in dir anregen kann.

Nimm dir Zeit für jeden Spruch. Lass ihn auf dich wirken. Was für ein Bild entsteht in dir? Welche Gefühle werden geweckt? Wenn du möchtest, kannst du selbst mit KI experimentieren und deine eigenen Bilder erschaffen – denn jeder Mensch hat eine einzigartige innere Welt, die durch die gleichen Worte unterschiedlich angeregt wird.

Dieses Buch ist ein Experiment, ein Erlebnis, ein Dialog zwischen Worten, Bildern und deinem Selbst. Lass uns gemeinsam die Magie der Sprache erkunden.

Sri Nisargadatta Maharaj

Sri Nisargadatta Maharaj (1897–1981), geboren als Maruti
Shivrampant Kambli in Bombay (heute Mumbai), war ein bedeu-
tender indischer spiritueller Lehrer und Vertreter des Advaita Vedanta. Nach dem Tod seines Vaters zog er 1915 nach Mumbai,
um seine Familie zu unterstützen. Dort betrieb er erfolgreich

mehrere kleine Geschäfte, darunter den Verkauf von Beedis (indischen Zigaretten).

1933 traf er seinen Guru, Siddharameshwar Maharaj, der ihn in die Lehren des Navnath Sampradaya einführte. Durch intensive Selbstbefragung und Meditation erkannte Nisargadatta die wahre Natur des Selbst. Nach dem Tod seines Gurus reiste er durch Indien und kehrte 1938 nach Mumbai zurück, wo er begann, seine Erkenntnisse mit Suchenden zu teilen.

Seine Lehren betonten die direkte Erfahrung des Selbst jenseits von Konzepten und Glaubenssystemen. Er ermutigte seine Schüler, sich auf das Gefühl des "Ich bin" zu konzentrieren, um die Illusion des individuellen Selbst zu durchschauen. Sein bekanntestes Werk, "I Am That", eine Sammlung von Gesprächen, wurde 1973 veröffentlicht und brachte ihm internationale Anerkennung.

Nisargadatta Maharaj lebte ein einfaches Leben und lehrte bis zu seinem Tod im Jahr 1981 in Mumbai. Seine klaren und direkten Unterweisungen beeinflussen weiterhin spirituelle Suchende weltweit.

Spruch1: Die Glut der Bewegung

Wenn man ein Stück Glut schnell genug im Kreis bewegt, sieht es aus wie ein glühender Kreis. Wenn die Bewegung aufhört, bleibt die Glut übrig. In ähnlicher Weise erschafft das „Ich bin" in Bewegung die Welt. Das „Ich bin" in Ruhe wird zum Absoluten.

Aus NLP-Sicht lehrt dieser Spruch die Kunst, die innere Dynamik unserer Gedanken zu erkennen, bewusst zu steuern oder zeitweise ganz zu beruhigen, um Zugang zu tieferem Gewahrsein und Ressourcen zu erhalten. Ein einfacher Titel könnte für diese Interpretation sein:

"Von Bewegung zu Gewahrsein"

Diese Idee greift ein zentrales Konzept auf, das sich hervorragend mit dem NLP und Nisargadattas Aussage verbinden lässt. Hier ist eine erweiterte Interpretation:

1. Das Ich als emergentes Phänomen aus Strategien

Im NLP und verwandten Ansätzen wird das Ich oft
als Emergenz aus inneren Prozessen betrachtet, insbesondere aus dem Ablauf von Strategien:
• Strategien im NLP sind wiederholbare Abfolgen von Gedanken, Gefühlen und Verhaltensmustern, die unbewusst oder bewusst ablaufen, um bestimmte Ziele zu erreichen.

• Das Ich, wie wir es erleben, entsteht als Nebenprodukt dieser Abläufe: durch den inneren Dialog, mentale Bilder und emotionale Resonanzen, die sich ständig gegenseitig beeinflussen.
• Der innere Dialog spielt eine Schlüsselrolle bei der Konstruktion dieses emergenten Ichs, indem er Geschichten, Bedeutungen und Identitäten verwebt.

Beispiel: Der Gedanke "Ich bin erfolgreich, weil ich XYZ tue" ist das Produkt einer Strategie (z. B. visuelle Vorstellung des Erfolgs, kinästhetisches Gefühl des Stolzes, innere Sprachbewertung), die das Ich stabilisiert.

2. Das Zusammenfallen des Ich bei der Unterbrechung der Strategien
• Wenn die Abfolgen dieser Strategien langsamer werden, unterbrochen werden oder ganz aufhören (z. B. durch bewusste Achtsamkeit oder Meditation), fällt das emergente Ich in sich zusammen:
• Der innere Dialog verstummt.
• Die "Geschichte", die das Ich aufrechterhält, wird bedeutungslos.
• Die mentale Bewegung, die das Ich dynamisch aufrecht erhält, verlangsamt sich oder kommt zum Stillstand.
• Was übrig bleibt, ist die Glut – ein Zustand, den Nisargadatta als "natürlichen Zustand" oder das Absolute beschreibt. Aus NLP-Perspektive könnte dies das unbewusste reine Gewahrsein sein, frei von Strategien und inneren Konstruktionen.

Beispiel: In einer NLP-Übung wie der Meta-Position kannst du deine Strategien von außen beobachten. Sobald du nicht mehr "in" ihnen bist, verlieren sie ihre Wirkung, und das Ich kann sich auflösen.

3. Das natürliche Ich – der Zustand hinter den Strategien
• Wenn das emergente Ich (geformt durch Strategien) aufhört zu existieren, bleibt das natürliche Ich übrig. Dieses natürliche Ich könnte beschrieben werden als:
• Ein Zustand reiner Präsenz, der nicht durch Gedanken oder Strategien definiert ist.
• Eine Art Grundgefühl des Daseins, das nicht vom inneren Dialog abhängt.
• Zeitlose Ruhe, da die üblichen Strategien, die sich auf Vergangenheit oder Zukunft beziehen, stillstehen.

4. NLP-Tools, um das Ich zu verlangsamen oder zur Ruhe zu bringen

Im NLP gibt es Techniken, die helfen können, diese Dynamik zu erleben:
1. Unterbrechung des inneren Dialogs:
• Übung: "Hör deinem inneren Dialog zu und stelle dir vor, dass die Stimme langsamer wird, immer leiser, bis sie verstummt."
• Effekt: Ohne den inneren Dialog verliert das Ich seine Struktur.
2. Dissoziation:
• In der Meta-Position trittst du aus deinen Strategien heraus und beobachtest sie von außen, wodurch du erkennst, dass das Ich nur ein Produkt dieser Prozesse ist.

32

3. Zeitverlangsamung:
• NLP-Übung: Visualisiere deine Gedanken oder Gefühle wie einen Film, der immer langsamer abgespielt wird, bis er einfriert. Dies hilft, die Bewegung der Strategien zu erkennen und bewusst zu stoppen.

4. Ankern des natürlichen Zustands:
• Nach der Unterbrechung kannst du diesen Zustand der "Glut" ankern, um ihn in zukünftigen Momenten wieder abrufen zu können.

5. Verlangsamung als Zugang zur "Glut"

Der Übergang von der Bewegung (Strategien) zur Ruhe (natürlicher Zustand) könnte im NLP konkret so beschrieben werden:
• In Bewegung: Strategien und der innere Dialog erzeugen eine dynamische Illusion von Ich und Welt.
• In Ruhe: Sobald die Strategien langsamer werden oder stoppen, fällt die Illusion des Ich zusammen, und der natürliche Zustand – das Gewahrsein ohne Form – tritt hervor.

Zusammenfassung

Diese Beobachtung bringt Nisargadattas Spruch in Einklang mit NLP, indem sie das Ich als emergent beschreibt, entstanden durch die schnelle Bewegung von Strategien und inneren Dialogen. Sobald diese Bewegung aufhört, bleibt nur die „Glut" übrig – der natürliche, stille Zustand des Seins. Ein möglicher Titel für diese Verbindung wäre:

"Das emergente Ich und die stille Glut"

Spruch2: Die Illusion der Zeit und kreative Freiheit

Nichts kann geschehen, ohne dass das gesamte Universum es geschehen lässt. Auch das Bedürfnis, etwas zu erreichen, ist ein Ausdruck des gesamten Universums. Es zeigt nur, dass das Energiepotential an einem bestimmten Punkt aufgestiegen ist. Es ist die Illusion der Zeit, die sie von Kausalität reden lässt. Wenn Vergangenheit und Zukunft im zeitlosen Jetzt als Teile eines gemeinsamen Musters gesehen werden, dann verliert die Vorstellung von Ursache und Wirkung ihre Gültigkeit und wird durch kreative Freiheit ersetzt.

In der NLP-Terminologie könnte man den Spruch von Nisargadatta Maharaj wie folgt interpretieren:

1. Das Ich als Illusion:

Im NLP betrachten wir das „Ich" nicht als feste Entität, sondern als ein Produkt von komplexen inneren Prozessen und Strategien. Diese Strategien bestehen aus einer Abfolge von Modalitäten (z. B. visuelle, auditive oder kinästhetische Repräsentationen) und Submodalitäten (z. B. Helligkeit, Lautstärke, Intensität). Das „Ich" entsteht durch die Konstruktion und Integration dieser internen und externen Repräsentationen. Es ist daher eine Illusion, eine Konstruktion des Verstandes, kein festes oder unabhängiges Selbst.

2. Zeit als Konstruktion:

Ähnlich wie das Ich ist auch die Zeit eine Illusion. Sie entsteht aus mentalen Prozessen, die Erinnerungen (Vergangenheit) und Erwartungen (Zukunft) im Jetzt konstruieren. Die Zeit emergiert also aus den Repräsentationen, die im gegenwärtigen Moment erschaffen werden. Sie ist keine objektive Realität, sondern eine subjektive Projektion.

3. Geschehen und Zielsetzung als universales Zusammenspiel:

Wenn sowohl das Ich als auch die Zeit als Illusionen erkannt werden, wird klar, dass jedes Geschehen oder jede Zielsetzung nicht nur ein isolierter individueller Akt ist. Vielmehr ist das gesamte Universum involviert – sowohl die Innenwelt (innere Repräsentationen und Strategien) als auch die Außenwelt (das, was wir als „Welt da draußen" wahrnehmen). In diesem Modell gibt es keine lineare Kausalität mehr, keine Abfolge von Ursachen und Wirkungen, sondern eine simultane Interaktion aller Elemente.

4. Auflösung von Kausalität und Entstehung kreativer Freiheit:

Die Vorstellung von Ursache und Wirkung verliert ihre Gültigkeit, weil es keine isolierten Ereignisse gibt, die linear miteinander verbunden sind. Stattdessen geschieht alles als Ausdruck eines universellen Musters. Diese universelle Dynamik kann als kreative Freiheit interpretiert werden – nicht die Freiheit eines individuellen Ichs, sondern die Freiheit des Universums selbst, das ständig Neues hervorbringt.

5. Frage nach der kreativen Freiheit:

Die Frage, „Wem gehört die kreative Freiheit?" bleibt offen. Aus der Perspektive des NLP gibt es kein individuelles „Ich", das diese Freiheit besitzt, sondern das gesamte Universum handelt als Einheit. Diese Handlungen „geschehen einfach", ohne dass ein separater Urheber existiert. Die kreative Freiheit ist somit eine Eigenschaft des universellen Systems, nicht eines individuellen Handelnden.

Ergänzung und Ausformulierung der Interpretation

Nisargadattas Aussage, dass „auch das Bedürfnis, etwas zu erreichen, ein Ausdruck des gesamten Universums ist," deutet darauf hin, dass selbst unser Gefühl, persönlich handelnd zu sein, keine isolierte Realität besitzt. Es ist vielmehr eine Erscheinung, die durch das gesamte universelle Energiepotenzial ermöglicht wird.

Wenn das Energiepotenzial an einem bestimmten Punkt aufsteigt, manifestiert es sich in Form eines „persönlichen Handelnden" – dem Ego, das glaubt, unabhängig zu denken und zu handeln. Dieses Ego ist jedoch nicht wirklich ein autonomer Akteur, son-

38

dern ein temporärer Ausdruck des universellen Prozesses. Es ist, als ob das Universum an einem Punkt eine individuelle Perspektive erschafft, durch die es handelt und erfährt. Das Ego wird so zu einer Art Linse, durch die das universelle Potenzial fokussiert wird.

Zur kreativen Freiheit:

Die kreative Freiheit, wie Nisargadatta sie beschreibt, ist keine Freiheit, die einem individuellen Ich gehört. Sie ist vielmehr der natürliche Ausdruck des schöpferischen Prozesses des Universums selbst. Dieser Prozess entsteht und entfaltet sich aus sich selbst heraus, ohne äußeren Anstoß oder Ziel. Die Kreativität liegt darin, dass das Universum ständig neue Formen, Ereignisse und Ausdrucksweisen hervorbringt – nicht, um einen bestimmten Zweck zu erfüllen, sondern als Selbstmanifestation.

Die schöpferische Freiheit erzeugt in sich selbst ihren Sinn und ihre Kreativität. Es gibt keine externe Motivation oder Ursache, sondern nur die dynamische Bewegung des Seins, das sich ständig selbst hervorbringt und erneuert. Dieses Verständnis hebt die Vorstellung auf, dass es einen bestimmten Akteur gibt, der Sinn oder Kreativität erzeugt. Stattdessen ist der gesamte Vorgang ein fließendes Geschehen, das sowohl Sinn als auch Form zugleich ist.

Spruch3: Freiheit durch Bewusstwerdung

Wir sind Sklaven dessen, was wir nicht wissen, und Herren dessen, was wir wissen. Das Unbewusste löst sich auf, wenn es in das Bewusstsein gebracht wird. Die Auflösung des Unbewussten setzt Energie frei. Der Verstand genügt sich selbst und wird ruhig.

Dieser Spruch beschreibt eindrucksvoll den Prozess der Bewusst-
seinserweiterung und die transformative Kraft, die in der Be-
wusstwerdung liegt. Wenn uns bestimmte Dinge nicht bewusst
sind, befinden wir uns in einer Art unbewusster Inkompetenz.
Wir werden von Automatismen und tief verankerten Strategien
gesteuert, die unbewusst ablaufen und unser Verhalten prägen. In
diesem Zustand sind wir, wie der Spruch sagt, „Sklaven dessen,

was wir nicht wissen". Diese unbewussten Muster wirken wie Programmierungen, die wir nicht erkennen und daher nicht kontrollieren können. Sie halten uns gefangen, und wir handeln oft gegen unser eigenes Wohl, ohne zu verstehen, warum.

Wenn jedoch Bewusstsein in diesen Prozess eintritt, verändert sich alles. Wir erlangen eine Art Meta-Bewusstsein oder Meta-Achtsamkeit, mit der wir unsere Muster und Handlungen klar erkennen können. Es ist, als würden wir von außen beobachten, was in uns geschieht, und plötzlich erkennen: „Ich kneife mich selbst!" Mit dieser Erkenntnis beginnt die Transformation. Das Unbewusste löst sich auf, weil es ins Bewusstsein integriert wird. Es verschwindet nicht spurlos, sondern wird bewusstes Wissen – ein Bestandteil unseres neuen Verständnisses.

Dieser Prozess setzt Energie frei. Die Energie, die zuvor in den unbewussten Strategien und Automatismen gebunden war, steht uns nun für andere, bewusstere und kreativere Aktivitäten zur Verfügung. Das Bild des Kneifens veranschaulicht dies gut: Sobald ich erkenne, dass ich mich selbst kneife, höre ich auf damit, und die Energie, die ich zuvor auf diese schmerzhafte Handlung verwendet habe, ist nun frei.

Das Ergebnis dieses Prozesses ist ein Zustand von innerer Ruhe und Klarheit. Der Verstand wird nicht nur ruhiger, sondern genügt sich selbst. Er ist nicht länger mit unbewussten Konflikten oder Energieblockaden beschäftigt, sondern wird zu einem Werkzeug des Bewusstseins. In diesem Zustand ist der Verstand nicht mehr „Sklave" des Unbewussten, sondern ein klarer, freier

Spiegel, der auf natürliche Weise reflektiert, ohne getrieben oder gefangen zu sein.

Spruch4: Der reine Zeuge jenseits von Erfahrung und Erfahrenden

Wenn der Verstand ruhig ist, entdecken wir uns als den reinen Zeugen. Wir lösen uns von der Erfahrung und dem Erfahrenden und beziehen unseren Standpunkt in reinem Gewahrsein, welches zwischen und jenseits der beiden ist. Die Persönlichkeit, geboren aus der Identifikation, aus der Vorstellung, etwas Bestimmtes zu sein existiert weiterhin, doch nur als Teil der objektiven Welt. Ihre Identifikation mit dem Beobachter zerbricht.

Interpretation aus NLP-Sicht

1. Ruhe des Verstandes und Ende des inneren Dialogs:
In NLP-Terminologie bedeutet die „Ruhe des Verstandes", dass der innere Dialog – das Sprach-Ich – nicht mehr generiert wird. Der innere Dialog ist eine Form der sekundären Wahrnehmung,

bei der wir unsere primären Sinneseindrücke (visuell, auditiv, kinästhetisch) reflektieren, bewerten und in Worte fassen. Ohne
diesen inneren Dialog bleibt nur die primäre
Wahrnehmung übrig, das unmittelbare Erleben der Realität, frei
von sprachlicher Interpretation oder mentalen Konstruktionen.

2. Übergang in den Zustand des Spiegelgeistes:
Dieser Zustand der primären Wahrnehmung könnte in NLP als
„Spiegelgeist" beschrieben werden – ein reiner Zustand des
Seins, in dem Wahrnehmungen direkt gespiegelt werden, ohne
dass mentale Filter oder Bewertungen darübergelegt werden. In
diesem kausalen Zustand existiert zwar noch eine subtile Dualität
zwischen Beobachter und Beobachtetem, aber es gibt keine aktive Identifikation oder Anhaftung.

3. Persönlichkeit als objektive Erscheinung:
Auch wenn der innere Dialog und die Identifikation mit der
Persönlichkeit aufhören, bleibt die Persönlichkeit als funktionales
Werkzeug bestehen – ähnlich wie andere Dinge der objektiven
Welt. Körper, Verstand und persönliche Eigenschaften agieren
weiterhin, aber ohne die Illusion, das „Ich" zu sein. Die
Persönlichkeit wird lediglich als ein weiteres Phänomen
wahrgenommen, das zur objektiven Welt gehört.

4. Auflösung der letzten subtilen Dualität:
Im Zustand des „stillen Beobachters" gibt es noch eine subtile
Trennung zwischen dem Beobachter (dem Spiegelgeist) und dem
Beobachteten (den Wahrnehmungen). Die Nicht-Dualität entsteht
erst, wenn auch diese subtile Trennung zerbricht. Es gibt keinen
Beobachter mehr, der wahrnimmt, und keine Wahrnehmung, die
wahrgenommen wird – der Wahrnehmende und das

Wahrgenommene verschmelzen zu einem einzigen Zustand des reinen Seins.

5. Freiheit von Identifikation:

Der zentrale Punkt dieser Interpretation ist die Freiheit von jeder Form der Identifikation. Weder mit der Persönlichkeit, noch mit dem Beobachter oder irgendeiner anderen Form wird sich identifiziert. In der Nicht-Dualität gibt es kein getrenntes „Ich", sondern nur ein ungeteiltes, reines Erleben.

Spruch5: Die ungetrübte Kraft der Liebe

Liebe ist immer rein und stark. Sie ist wie die Sonne, sie scheint durch Wolken und Dunst verdunkelt zu sein, doch nur aus der Perspektive des Beobachters. Setzen Sie sich mit den Ursachen der Verdunkelung auseinander, nicht mit der Sonne.

In der NLP-Terminologie wäre die "Sonne" (die unveränderliche, reine Liebe) eine Analogie für die objektive Realität oder den Zustand, der unabhängig von unserer subjektiven Wahrnehmung existiert. Was wir erleben, ist jedoch nicht die Realität an sich, sondern eine subjektive Repräsentation dieser Realität, die durch unsere inneren Programme, Strategien und Filterprozesse geformt wird.

NLP-Übersetzung der Aussage:

1. Subjektive Wahrnehmung als Filter: Unsere Wahrnehmung der Welt ist durch unsere internen Strategien und Repräsentationssysteme geprägt. Diese Strategien beinhalten, wie wir Informationen aufnehmen (über die Sinneskanäle), verarbeiten (internes Erleben, z. B. Submodalitäten), und darauf reagieren (Verhalten, Emotionen). Wenn unsere Strategien ineffizient oder verzerrt sind, erzeugen sie problematische Reaktionen, wie Ärger, Angst oder negative Emotionen.
2. Die Welt als "neutrale Sonne": Die äußere Welt (bzw. die Liebe im ursprünglichen Spruch) bleibt an sich neutral, unverändert und rein – vergleichbar mit der Sonne. Der "Dunst" oder die "Wolken", die uns daran hindern, diese Klarheit zu sehen, sind nicht in der äußeren Welt begründet, sondern in den internen Prozessen (z. B. einschränkenden Glaubenssätzen, verzerrten Wahrnehmungen oder ineffektiven Strategien).
3. Strategien anpassen: Um klarer zu sehen – und die "Sonne" (Liebe, reine Realität) wieder wahrzunehmen – ist es notwendig, die internen Strategien zu analysieren und zu optimieren. NLP bietet Techniken wie das Reframing, die Arbeit mit Submodalitäten oder das Verändern von Strategien, um ineffiziente Muster zu transformieren.
4. Die Verantwortung liegt im Inneren: Im NLP wird betont, dass wir durch das Erkennen und Verändern unserer internen Prozesse Verantwortung für unsere Reaktionen übernehmen können. Die

51

Ursache für unser Erleben liegt also nicht in der Welt "da draußen", sondern in unserer Repräsentation dieser Welt.

Zusammengefasst: Im NLP-Kontext fordert uns der Spruch auf, nicht die äußeren Umstände zu bekämpfen, sondern unsere internen Filter (Strategien) zu überarbeiten. Sobald wir diese Filter optimieren, wird die Welt (die Sonne) klar und unverstellt sichtbar – weil sie immer schon so war.

Spruch6: Das unverzichtbare Selbst

Alles hat sein Sein in mir, in dem „Ich bin", das in jedem leben-
den Wesen strahlt. Sogar Nicht-Sein ist unvorstellbar ohne mich.
Was auch passiert, ich bin erforderlich als der Beobachter.

1. Die Welt existiert nicht ohne einen Beobachter:
Eine Welt ohne Beobachter ist nicht denkbar. Was wir als „Welt"
wahrnehmen, existiert für uns nur durch den Prozess der
Wahrnehmung. Es gibt keinen Zugang zu einer objektiven,
unabhängigen Welt; vielmehr ist das, was wir „Welt" nennen, ein
Produkt unserer inneren Repräsentationen.
2. Die Welt ist ein Modell in uns:
Im NLP wird davon ausgegangen, dass unsere Sinne (visuell, auditiv, kinästhetisch etc.) die Grundlage für unsere inneren Repräsentationen liefern. Diese Repräsentationen schaffen ein Modell der Welt in uns. Es gibt keine direkte Erfahrung der Welt „da
draußen", sondern nur die durch unsere Repräsentationssysteme
erzeugte innere Version.
3. Untrennbarkeit von Subjekt und Welt:
Die Idee, dass wir ein getrenntes Subjekt sind, das eine unabhän-
gige Welt erlebt, ist eine Illusion. In Wahrheit ist die Welt, wie
wir sie kennen, eine Manifestation unserer inneren Prozesse.
Subjekt und Welt sind untrennbar, da die „Welt" in unserem Bewusstsein erschaffen wird.
4. Das „Ich bin" als Grundlage aller Erfahrung:
Der zentrale Punkt des Spruchs ist, dass das Sein – „Ich bin" –
die Voraussetzung für jede Erfahrung ist. Ohne das Bewusstsein
des Beobachters gibt es keine Welt, keine Repräsentationen und
keine Erfahrung. Dieses Bewusstsein, das in jedem lebenden Wesen strahlt, ist die Grundlage, aus der sowohl die subjektive als
auch die objektive Welt hervorgehen.

5. Die Essenz des Beobachters:

Nisargadatta verweist darauf, dass sogar das „Nichtsein" unvorstellbar ist, ohne dass jemand da ist, der es beobachtet. Das zeigt, wie grundlegend das Bewusstsein (der Beobachter) für jede Form von Existenz ist. Alles Sein hängt von diesem Beobachter ab.

Spruch 7: Das Ungeborene und die Suche nach dem wahren Ich

Nur was nie geboren wurde ist unsterblich. Finden Sie heraus, was es ist, das nie schläft und nie wacht und dessen unscheinbare Reflexion unser Gefühl von „Ich" ist.

Die Frage „Wer bin ich?" führt direkt in den Kern eines großen Mysteriums, das sowohl philosophisch als auch spirituell und wissenschaftlich erkundet werden kann. Als NLP-Trainer könnte man zunächst antworten, dass das „Ich" ein Emergent ist – ein Phänomen, das aus der Interaktion unserer Wahrnehmungsprozesse entsteht. Unsere fünf Sinne (das primäre Repräsentationssystem) und unsere sprachliche Verarbeitung (das sekundäre Repräsentationssystem) arbeiten zusammen, um ein Ich-Gefühl zu erzeugen. Dieses Gefühl wird oft als Ego bezeichnet, ein scheinbares Zentrum von Identität, das auf der neuronalen Aktivität unseres Gehirns basiert.

Doch wenn wir tiefer blicken, stellt sich die Frage, ob es unter diesem emergenten Ich noch eine fundamentalere Ebene gibt. Ist das Bewusstsein selbst ein Emergent, das aus der Aktivität der Neuronen hervorgeht, oder ist es vielmehr eine universelle Grundlage, aus der alles – einschließlich des Gehirns – hervorgeht?

Die Unterscheidung zwischen einem Bewusstsein, das aus neuronaler Aktivität entsteht, und einem Bewusstsein, das allem zugrunde liegt, führt zu einer faszinierenden Auseinandersetzung. Dieses zugrunde liegende Bewusstsein wäre nicht nur das Fundament für die Erscheinungen des Gehirns und der Sinne, sondern auch eine Art verbindendes Prinzip, das alles durchdringt. Es wäre wie das Meer, aus dem die Wellen entstehen: Die Welle ist nicht unabhängig vom Meer, sondern untrennbar damit verbunden. Dennoch kann sich unser Bewusstsein auf die Welle fokussieren, sie als etwas Eigenständiges wahrnehmen und sogar benennen. Ähnlich verhält es sich mit dem Ich – es wird wahrgenommen, definiert und erlebt, obwohl es letztlich nichts ist, das isoliert existiert.

Das Bild, das hier entstanden ist, spiegelt diese Dynamik auf tiefgründige Weise wider. Die leuchtende, formlos-unbekannte Quelle, die eine Reflexion hervorbringt, erinnert uns daran, dass es keine klaren Grenzen gibt zwischen der Reflexion (der Person, dem Ich-Gefühl) und der Quelle selbst. Die Frage nach den Grenzen – wo hört die Welle auf, wo beginnt das Meer? – lässt sich nicht abschließend beantworten, da Welle und Meer im Wesentlichen eins sind. Dennoch können wir uns auf die Reflexion fokussieren, sie als etwas Eigenständiges erleben und daraus unser Ich konstruieren.

Dieses Zusammenspiel von Einheit und scheinbarer Trennung, von Ursprung und Reflexion, von Welle und Meer, ist zutiefst mysteriös und hinterlässt uns mit der zentralen Frage: Wer bin ich wirklich?

Spruch8: Die Vergänglichkeit der Welt

Was in ihrem Fall das gesamte Bewußtseinsfeld einnimmt, ist nur ein kleiner Fleck in meinem. Die Welt existiert nur für einen Augenblick. Es ist nur die Erinnerung, die Ihnen das Gefühl gibt, dass sie von Bestand ist. Ich lebe nicht aus der Erinnerung. Ich sehe die Welt, wie sie ist: Eine momentane Erscheinung im Be-wußtsein.

Die Aussage, dass "die Welt nur für einen Augenblick existiert",
beschreibt eine grundlegende Einsicht über die Natur der
Wahrnehmung und des Bewusstseins, wie sie Nisargadatta Maharaj vermittelt. Aus der NLP-Perspektive lässt sich dies wie folgt
interpretieren:

Der menschliche Geist – oder besser gesagt, der „Biocomputer" –
konstruiert die Erfahrung eines Ichs durch eine Strategie, die wir

als „Ich-Strategie" bezeichnen können. Diese Ich-Strategie beruht darauf, dass bestimmte Wahrnehmungen und Erinnerungen miteinander verknüpft werden. Konkret bedeutet das, dass das Selbstbild durch die Identifikation mit dem Körper, sensorischen Eindrücken (vor allem kinästhetischen wie Muskelanspannungen), Erinnerungen und Projektionen in die Zukunft entsteht.

Die Ich-Strategie ist ein evolutionäres Werkzeug, das dazu dient, Handlungsfähigkeit und Überleben zu gewährleisten. Sie erzeugt das Gefühl, ein „persönlich Handelnder" zu sein, also ein Subjekt, das bewusst Entscheidungen trifft. Dieses Ich-Gefühl ist jedoch letztlich eine Illusion, die durch die Verknüpfung von Erinnerungen entsteht. Das kleine Ich, wie Nisargadatta es beschreibt, ist vollständig aus diesen Erinnerungen zusammengesetzt und wird durch die Projektion dieser Erinnerungen in die Zukunft stabilisiert.

Zeit und Ich-Strategie sind dabei eng miteinander verwoben. Die Wahrnehmung von Zeit ist ebenfalls eine Konstruktion, die aus dem Wechselspiel von Erinnerung und Projektion entsteht. Vergangenheit ist nichts anderes als gegenwärtige Erinnerung, während Zukunft gegenwärtige Projektion ist. Beide basieren auf der Ich-Strategie und erzeugen eine doppelte Illusion: die Illusion eines stabilen Ichs und die Illusion von Zeit.

In dem Moment, in dem diese Strategie nicht mehr ausgeführt wird – sei es durch meditative Praxis, spirituelle Einsicht oder andere transformative Prozesse –, fällt diese Konstruktion in sich zusammen. Nisargadatta sieht daher die Welt nicht durch die

Brille der Ich-Strategie. Er lebt nicht aus der Erinnerung, sondern in einem Zustand reiner Präsenz, im ewigen Jetzt. Für ihn ist die Welt eine momentane Erscheinung im Bewusstsein, die keinen Bestand hat, sondern in jedem Augenblick neu entsteht und vergeht.

Spruch9: Das Einssein mit dem Sein

Bewusstsein und Welt erscheinen und vergehen zusammen, also sind sie nur zwei Aspekte von demselben Zustand. Ihre Welt ist für Sie etwas Fremdes. Sie haben Angst vor ihr. Meine Welt bin ich selbst. Ich bin zuhause. Die Körper-Verstand-Einheit kümmert sich um sich selbst und läßt mich in Ruhe. So wie Sie sich nicht um Ihren Haarwuchs kümmern, so brauche ich mich nicht um Worte und Taten zu kümmern. Sie geschehen von alleine und lassen mich unberührt, denn in meinerWelt läuft nie etwas falsch.

Der zentrale Punkt in Nisargadattas Aussage ist die Aufhebung
der Trennung zwischen Bewusstsein und Welt. Nach seiner An-
sicht erscheinen und vergehen Bewusstsein und Welt simultan, da
sie lediglich zwei Aspekte desselben Zustands sind. Diese Perspektive legt nahe, dass die herkömmliche Dichotomie zwischen
innerer und äußerer Wahrnehmung, wie sie in unserem alltäglichen Erleben vorhanden ist, nicht fundamental ist. Stattdessen
existieren beide als Ausdruck einer zugrunde liegenden Einheit.

Aus der Sicht des NLP könnte man dies als das Ende der „Ich-Strategie" interpretieren – der mentalen Konstruktion eines separaten Selbst, das sich von der Welt abgrenzt. Nisargadatta scheint keine solche Trennung aufzubauen; sein Erleben ist geprägt von einem umfassenden Einheitsgefühl, einem tiefen Gefühl des „Zuhauseseins". Dieses Einheitsbewusstsein schließt jede Form von Angst aus, da Angst nur in einem dualistischen Kontext – also durch die Wahrnehmung einer Trennung zwischen Selbst und Welt – entsteht.

Ein konkretes Beispiel aus meinem Isolationstank-Experiment könnte dieses Konzept illustrieren. Im Isolationstank werden äußere Sinnesreize minimiert, was dazu führen kann, dass innere Wahrnehmungen – wie Halluzinationen oder Gedanken – sich so real anfühlen, als kämen sie von außen. Die scharfe Trennung zwischen Innenwelt und Außenwelt verschwimmt, was die Idee von Nisargadatta veranschaulicht, dass diese Unterscheidung letztlich künstlich und nicht grundlegend ist.

Die funktionalen Strategien des Lebens – wie Körperpflege oder andere grundlegende Verhaltensweisen – laufen in Nisargadattas Zustand völlig automatisch und ungestört ab. Er spricht von einer „Körperverstandseinheit", die sich selbst reguliert. Im NLP könnte man dies als das Funktionieren von „unbewusster Kompetenz" bezeichnen: Verhaltensweisen, die einmal erlernt wurden, laufen ohne bewusste Steuerung ab, ähnlich wie der Prozess des Haarwuchses, den er als Metapher verwendet. Nisargadatta beschreibt dabei eine völlige Abwesenheit eines inneren Dialogs, was darauf hindeutet, dass er kein „Sprach-Ich" im herkömmlichen Sinne entwickelt. Dieser Zustand ermöglicht es, dass Worte und Taten spontan und ungestört entstehen, ohne dass das persönliche Ich involviert ist.

In diesem Zustand gibt es keine internen Konflikte oder Widerstände, da kein persönliches Handeln konstruiert wird. Es gibt keine Fragmentierung, keine Interferenzen, die den Fluss des Lebens stören könnten. Aus diesem Grund kann Nisargadatta sagen, dass in seiner Welt „nie etwas falsch läuft". Alles geschieht im Einklang mit der zugrunde liegenden Einheit, die er erlebt.

Ergänzung zur Interpretation: Die Aufhebung der Filter und die Minimierung dualistischer Konzepte

Ein zentraler Aspekt in Nisargadattas Zustand ist die Aufhebung oder Minimierung der Filter, die unsere Wahrnehmung und unser Erleben strukturieren. Im NLP wird die Informationsverarbeitung des menschlichen Geistes oft durch Filter beschrieben, die Tilgungen, Verzerrungen und Generalisierungen umfassen. Diese Filter sind notwendige Werkzeuge, um aus der unendlichen Fülle an Reizen eine für uns verarbeitbare „Modellwelt" zu schaffen. Sie basieren auf Glaubenssätzen, Werten, Meta-Programmen und anderen mentalen Strukturen, die unsere Realität interpretieren und bewerten.

In Nisargadattas Zustand scheint es jedoch so, dass diese Filter nicht mehr in ihrer herkömmlichen Funktion aktiv sind. Stattdessen erfolgt eine direkte Wahrnehmung der Welt, die nicht durch individuelle Überzeugungen, Werte oder andere Konstrukte verzerrt ist. Sein Modell der Welt stimmt nahezu vollständig mit der äußeren Welt überein – oder anders gesagt, die Trennung zwischen Modell und Realität ist aufgehoben. Das bedeutet:

1. Tilgungen: Nisargadatta scheint nichts aus der Wahrnehmung auszublenden oder zu eliminieren. Alles wird in seiner Ganzheit wahrgenommen, ohne dass der Geist bestimmte Details als „unwichtig" oder „irrelevant" herausfiltert.

2. Verzerrungen: Verzerrungen entstehen oft durch persönliche Glaubenssätze, emotionale Reaktionen oder individuelle Interpretationen von Sinneseindrücken. Da Nisargadatta keine Ich-Illusion aufbaut und nicht durch persönliche Glaubenssysteme gefiltert ist, bleibt seine Wahrnehmung frei von solchen Verzerrungen.

3. Generalisierungen: Generalisierungen dienen der Vereinfachung, können aber auch zu falschen Annahmen und Stereotypen führen. Nisargadatta scheint keinen Bedarf an Vereinfachungen zu haben, da er die Welt direkt wahrnimmt, wie sie ist, ohne diese kognitiv zu kategorisieren.

Diese radikale Übereinstimmung zwischen Modell und Welt spiegelt sich auch in der Aufhebung der dualistischen Konzepte wider. Im NLP ist Dualität oft die Grundlage für innere Konflikte – das Gegenüberstellen von „richtig" und „falsch", „Ich" und

„Nicht-Ich", „Innen" und „Außen". Nisargadatta hat diese Konzepte minimiert oder vollständig transzendiert. Dadurch:

• Fällt jede Bewertung weg: Nichts wird mehr als „gut" oder „schlecht" interpretiert, da solche Bewertungen auf dualistischen Glaubenssätzen beruhen.

• Existiert keine Trennung zwischen Subjekt und Objekt: Das „Ich" wird nicht mehr als getrennt von der Welt wahrgenommen. Innen und Außen sind lediglich unterschiedliche Aspekte derselben Realität.

• Gibt es keine Angst oder Abwehrmechanismen: Angst entsteht, wenn man eine Bedrohung für das eigene „Ich" wahrnimmt. Da dieses Ich bei Nisargadatta nicht konstruiert wird, fehlt die Grundlage für Furcht oder Abwehr.

Die Minimierung oder Aufhebung dieser Filter und dualistischen Konzepte führt zu einem Zustand absoluter Klarheit und Harmonie. In diesem Zustand gibt es keine „fehlgeleitete" Informationsverarbeitung mehr, da die Welt so erlebt wird, wie sie ist – ohne Verzerrung, Bewertung oder Widerstand.

Zusammenfassende Ergänzung

Die radikale Minimierung oder Auflösung der Filter, die in der NLP-Perspektive unsere Wahrnehmung und unser Modell der Welt formen, ist ein entscheidender Aspekt von Nisargadattas Zustand. Die Wahrnehmung erfolgt direkt, ohne die Eingriffe von Tilgungen, Verzerrungen oder Generalisierungen. Dadurch entsteht eine perfekte Übereinstimmung zwischen Modell und Realität, die gleichzeitig die Trennung zwischen Innen und

Außen, Subjekt und Objekt aufhebt. Das Fehlen dualistischer Konzepte ermöglicht ein Leben in vollständiger Freiheit, Klarheit und Frieden.

Die Cartoon-Illustration stellt das Konzept der Übereinstimmung zwischen Welt und Modell der Welt dar. Sie zeigt eine harmonische Szene, in der innere Wahrnehmung und äußere Realität nahtlos ineinander übergehen.

Spruch10: Die Befreiung durch Selbsterkenntnis

Sie können nichts hinter sich lassen, was Sie nicht durchschaut haben. Um über die Person hinauszugehen, müssen Sie sie kennen. Es ist nur Ihre fixe Idee, etwas sein zu müssen, die Sie blind macht. Was Sie sind, sind Sie bereits. Durch das Wissen, was Sie nicht sind, werden Sie frei davon und bleiben in Ihrem eigenen natürlichen Zustand.

Nisargadattas Aussage verweist auf eine zentrale Wahrheit: Man kann sich nur von etwas lösen, wenn man es vollständig durchschaut hat. Dieses Prinzip ist auch im NLP erkennbar, wenn es darum geht, ineffiziente Strategien – sogenannte Minus-Strategien – zu erkennen und in effektivere Plus-Strategien zu transformieren. Der erste Schritt dazu ist, das unbewusste Muster bewusst zu machen. Dieses „Durchschauen" entspricht der Bewegung von unbewusster Inkompetenz (wo man das Problem nicht erkennt) hin zur bewussten Inkompetenz (wo man es erkennt, aber noch nicht gelöst hat). Erst in diesem Zustand wird Veränderung möglich.

Eine „fixe Idee", etwas Bestimmtes sein oder erreichen zu müssen, blockiert diesen Prozess, da sie den Geist in engen Bahnen hält. Solche fixen Ideen und Glaubenssätze sind oft einschränkend und treiben uns dazu, endlosen Zielen nachzujagen, die wie „goldene Möhren" erscheinen – erstrebenswert, aber letztlich illusionär. Der innere Dialog, der durch diese Fixierungen angetrieben wird, hält uns in einem rastlosen Zustand. Gerade die Suche nach dem Selbst oder der Selbsterkenntnis kann paradoxerweise verhindern, dass wir uns selbst erkennen, weil sie auf der Annahme basiert, wir seien von unserem wahren Selbst getrennt.

Nisargadatta bringt es auf den Punkt: „Was Sie sind, sind Sie bereits." Es geht nicht darum, etwas Neues zu erreichen oder hinzuzufügen, sondern darum, das zu erkennen, was man nicht ist. Dieses Erkennen bringt Befreiung. Wenn wir falsche Glaubenssätze und Ziele durchschauen, lösen wir uns von ihnen und kehren in unseren natürlichen Zustand zurück – frei von den Konstrukten des Geistes, die uns in unnötiger Unruhe halten.

Die Einsicht, was man nicht ist, verleiht die Macht, Veränderungen zu bewirken. Wandel entsteht durch Klarheit und Erkenntnis, nicht durch bloße Anstrengung oder Verfolgung falscher Ideale. Indem wir den inneren Ballast abwerfen, bleibt nur das Wesentliche: das, was wir immer schon waren.

Einen weiterer zentralen Punkt , der Nisargadattas Aussage hervorragend ergänzt: Die Idee, dass viele der Programme, die in unserem „Bio-Computer" laufen, aus falschen Identifikationen bestehen. Identifikationen – seien es Gedanken, Rollen, Überzeugungen oder emotionale Muster – sind letztlich Strategien, die wir im Laufe unseres Lebens entwickelt haben, um mit der Welt zu interagieren. Doch sie haben die Tendenz, sich zu verfestigen und uns davon abzuhalten, unsere wahre Natur zu erkennen.

Die Essenz von Nisargadattas Botschaft ist, dass all diese Identifikationen „durchschaut" werden müssen, um zu erkennen: Das bin ich nicht. Jede falsche Identifikation, sei es mit dem Körper, dem Verstand, Emotionen oder gesellschaftlichen Rollen, trennt uns von unserem natürlichen Zustand. Und dieser natürliche Zustand ist die völlige Freiheit von Anhaftungen und Identifikationen.

In diesem Zustand verschmelzen Wahrnehmung und Wahrnehmender, Objekt und Subjekt in einer Nicht-Dualität. Es gibt keine Trennung mehr zwischen demjenigen, der sieht, und dem, was gesehen wird. Alles wird als ein zusammenhängendes Ganzes erlebt. Diese Nicht-Dualität ist der Kern dessen, was Nisargadatta als den „natürlichen Zustand" beschreibt.

Der natürliche Zustand ist kein Zustand, den man erreicht oder erschafft, sondern ein Zustand, der übrig bleibt, wenn alle falschen Identifikationen und Anhaftungen losgelassen wurden. Unsere Programme und Strategien, so nützlich sie auch in bestimmten Kontexten sein mögen, sind letztlich Konstrukte, die uns von diesem Zustand trennen, wenn wir uns mit ihnen identifizieren.

Nisargadatta zeigt, dass Selbsterkenntnis bedeutet, all diese Konstrukte zu durchschauen und zu erkennen, was wir nicht sind. Der natürliche Zustand, in dem Subjekt und Objekt in Nicht-Dualität verschmelzen, ist kein Ergebnis von Anstrengung oder Suche, sondern das, was von Natur aus bleibt, wenn alle Anhaftungen wegfallen.

Diese Einsicht ist nicht nur ein intellektuelles Verstehen, sondern eine tiefgreifende Erfahrung, die uns in unsere Essenz zurückführt – in das, was wir immer schon waren.

Sprache als Ursache des Verlusts des natürlichen Zustands

Die Sprache hat zweifellos den Menschen in die Lage versetzt, sich von seiner unmittelbaren, natürlichen Wahrnehmung zu lösen. Durch Sprache ist es möglich, nicht nur die Welt zu beschreiben, sondern auch komplexe mentale Konstrukte wie Zeit, Zukunft, Vergangenheit, Werte und Identitäten zu schaffen. Diese Fähigkeit bringt immense Vorteile mit sich – insbesondere die Möglichkeit, hypothetische Szenarien zu durchdenken,

Lösungen für Probleme vorwegzunehmen und sich in soziale Kontexte einzufügen. Gleichzeitig führt sie jedoch zu tiefgreifenden Konsequenzen:

1. Identifikation durch Begriffe: Sprache erlaubt es, Dinge zu benennen und sich mit ihnen zu identifizieren. Dies führt zu einer scheinbaren Trennung von Subjekt und Objekt. Der Mensch kann sich nicht nur mit seiner Rolle, seinen Gedanken oder seinem Körper identifizieren, sondern auch mit abstrakten Konzepten wie Erfolg, Idealen oder moralischen Normen. Diese Identifikationen können jedoch künstliche Begrenzungen schaffen, die den natürlichen Zustand überlagern.

2. Innerer Dialog als Ablenkung: Der fortwährende innere Dialog ist ein Nebenprodukt der sprachlichen Fähigkeit. Dieser ständige Strom von Gedanken und Bewertungen hält den Menschen in einem Zustand der Selbstbeobachtung, der Reflexion und oft auch der Sorge. Der natürliche Zustand, der durch eine unmittelbare, unbewertete Wahrnehmung gekennzeichnet ist, wird durch die endlose „Denkaktivität" verdrängt.

3. Verlust der primären Wahrnehmung: Babys und Tiere sind Beispiele für Wesen, die im natürlichen Zustand verweilen, weil ihre Wahrnehmung primär ist – das heißt, sie erleben die Welt direkt, ohne sie durch ein Netz von sprachlichen oder konzeptuellen Filtern zu interpretieren. Mit der Entwicklung der Sprache und sekundären Wahrnehmung (die Welt durch Begriffe und Konzepte zu erleben) entfernt sich der Mensch zunehmend von dieser primären, unvermittelten Erfahrung.

4. Erlöschen der sekundären Wahrnehmung: Der natürliche Zustand setzt das Erlöschen der sekundären Wahrnehmung voraus – das heißt, das Ende der gedanklichen Konstruktionen und des in-

neren Dialogs. In diesem Zustand gibt es keine Trennung zwischen Wahrnehmendem und Wahrgenommenem; alles wird in seiner Ganzheit und Unmittelbarkeit erfahren.

5. Das Paradox der menschlichen Evolution: Während Sprache dem Menschen die Möglichkeit gegeben hat, eine enorme intellektuelle und kulturelle Evolution zu durchlaufen, hat sie ihn auch in einen unnatürlichen Zustand geführt. Der Mensch ist vermutlich das einzige Lebewesen, das sich dauerhaft in einem Zustand der Selbstentfremdung befindet – getrennt von seiner Umgebung, von anderen und von sich selbst.

Der Cartoon stellt dar wie die Sprachblase platzt und die Person unmittelbar in den natürlichen Zustand zurückkehrt. Die Szene zeigt den Moment des Übergangs, mit einer plötzlichen Ruhe und Harmonie nach dem Chaos der Sprache.

Spruch11: Im Einklang mit dem Unbekannten

Wenn Sie einmal verstanden haben, dass die Person nur ein Schatten der Realität ist, doch nicht die Realität selbst, hören Sie auf sich zu sorgen und unruhig zu sein. Sie lassen sich von Innen leiten, und das Leben wird eine Reise in das Unbekannte.

Der Spruch beschreibt eine tiefere Erkenntnis über die Natur des „Ich": Dieses „Ich", das wir oft für die Realität halten, ist tatsächlich nur ein Schatten, ein Abbild oder ein emergentes Phänomen. Es entsteht durch komplexe innere Prozesse, die Körper, Gedanken, Sprache und Wahrnehmung orchestrieren, aber selbst keine Substanz oder eigenständige Handlungsmacht besitzen. Das „Ich" ist kein unabhängiger Akteur, sondern vielmehr das Resultat, ein Output, einer Vielzahl von Interaktionen.

Wenn diese Einsicht wirklich durchdrungen wird, entfällt die Grundlage für Sorgen und Unruhe. Denn die Frage „Was soll ich tun?" löst sich in Luft auf – der „Schatten" kann nichts tun, weil er niemals der Handelnde war. In diesem Zustand des Verstehens beginnt eine natürliche Ruhe. Die Welt, das Leben, die Prozesse, sie gehen ihren Gang – ohne die ständige Einmischung eines angeblichen „Ichs". Wünsche, Ängste, Analysen und das Bedürfnis, ständig zu kontrollieren, verlieren ihre Bedeutung. Stattdessen wird das Leben zu einer reinen Erfahrung, einer offenen Reise in das Unbekannte, voller Möglichkeiten, frei von den Schranken persönlicher Erwartungen.

Wenn wir das „Ich" als eine Strategie begreifen, die eine Benutzerillusion erzeugt, dann eröffnet sich ein faszinierender Gedanke: Diese Illusion ist nicht bloß ein Fehler oder eine Täuschung, sondern eine hochfunktionale Vereinfachung. Sie bietet uns eine intuitive Oberfläche, ähnlich einer Benutzeroberfläche eines Computers, durch die wir mit den unglaublich komplexen inneren Prozessen unseres „Biocomputers" interagieren können.

Die Benutzerillusion des „Ichs" ist also kein Hindernis, sondern ein Werkzeug. Sie erlaubt uns, Handlungsimpulse zu generieren und in die Welt einzugreifen, ohne dabei die gesamten darunterliegenden Prozesse – wie die unbewussten Strategien oder die Biologie des Körpers – explizit kennen oder steuern zu müssen. In diesem Sinne ist sie nicht etwas, das wir ablegen oder überwinden müssen, sondern etwas, das wir verstehen und elegant nutzen können.

Dies widerspricht nicht der Erkenntnis, dass das „Ich" nur ein Schatten oder ein Emergent ist, sondern erweitert sie: Es zeigt, dass dieser Schatten einen Zweck erfüllt – er lädt uns ein, das Leben aktiv zu gestalten, nicht aus Zwang oder Sorge, sondern aus der Leichtigkeit einer gut gestalteten Oberfläche heraus. Damit ist das Leben keine Last, die wir kontrollieren müssen, sondern eine Einladung, mit Neugier und Freude zu experimentieren und zu agieren.

Diese Sichtweise hilft, die Kluft zwischen der Illusion des „Ichs" und der Realität zu überbrücken. Die Benutzerillusion des „Ichs" ist nicht im Gegensatz zur Realität, sondern Teil ihrer Funktionsweise. Die Oberfläche des Computers existiert nicht unabhängig vom darunterliegenden System – sie ist ein integraler Teil davon. Genauso kann das „Ich" als Teil des Gesamtsystems gesehen werden, das uns ermöglicht, effizient und kreativ zu handeln.

Das humorvolle Cartoon zeigt das „Ich" als eine vereinfachte Benutzeroberfläche des Biocomputers.

Spruch12: Die Kraft des richtigen Fokus

Es ist nur eine Frage des Fokussierens. Ihr Verstand ist auf die Welt gerichtet, meiner auf die Realität. Das Universum arbeitet von allein, das weiß ich. Was muß ich sonst noch wissen?

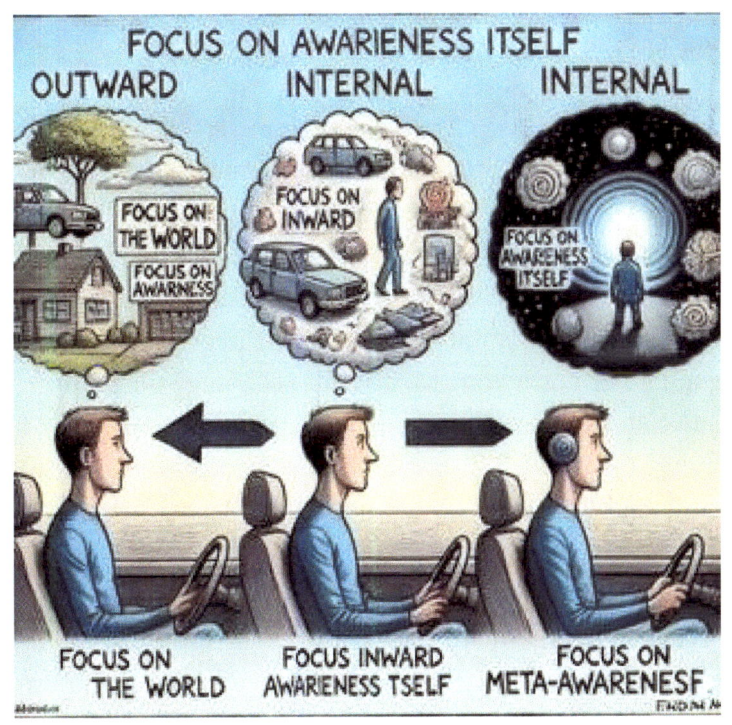

Aus Sicht der Neurolinguistischen Programmierung (NLP) kann der Spruch von Nisargadatta auf verschiedene Arten interpretiert werden, insbesondere im Hinblick auf die Konzepte von Aufmerksamkeit, Wahrnehmungsfiltern und Bewusstseinsfo kus. Hier eine mögliche Interpretation:

1. Fokus und Wahrnehmung

Nisargadatta spricht von einem Unterschied im Fokus des Verstandes:
• „Ihr Verstand ist auf die Welt gerichtet" kann verstanden werden als eine äußere, objektorientierte Wahrnehmung, die sich auf das bezieht, was in der Umwelt geschieht (z. B. materielle Realität, soziale Interaktionen, Aufgaben).
• „Meiner auf die Realität" deutet darauf hin, dass sein Fokus auf einer tieferen, inneren oder universellen Ebene liegt – möglicherweise auf einer Form von „Meta-Wahrnehmung" oder auf dem Sein an sich.

Im NLP wird der Fokus des Geistes als entscheidender Faktor betrachtet, der beeinflusst, welche Realität wir konstruieren. Durch unsere inneren Repräsentationen (Bilder, Töne, Gefühle etc.) und Wahrnehmungsfilter (z. B. Werte, Glaubenssätze, Meta-Programme) interpretieren wir die Welt. Nisargadatta sagt hier im Wesentlichen, dass der Unterschied nicht in der Welt selbst liegt, sondern darin, wohin der Fokus gelenkt wird.

2. Meta-Programme und Filter

Das, worauf sich jemand fokussiert, wird im NLP oft durch Meta-Programme beschrieben, etwa:

• Innen- vs. Außenorientierung: Ist der Fokus auf äußere Reize gerichtet (die Welt) oder auf innere Zustände (Realität)? Nisargadatta beschreibt eine starke Innenorientierung, die mit einer Form von Selbst-Bewusstheit oder „universeller Wahrheit" verbunden ist.

• Detail- vs. Globalfokus: Während ein Verstand auf Details der äußeren Welt achten kann, scheint Nisargadattas Fokus globaler, umfassender und möglicherweise transzendentaler Natur zu sein.

Seine Aussage impliziert, dass die Filter, die wir wählen, bestimmen, wie wir Realität erleben. Indem er seinen Fokus auf „die Realität" richtet, minimiert er unnötige kognitive und emotionale Belastungen, die aus der Außenwelt entstehen.

3. Das Universum arbeitet von allein

Dieser Teil spricht eine grundlegende NLP-Prämisse an: Loslassen von Kontrolle. Nisargadatta erkennt, dass das Universum von selbst funktioniert. Aus NLP-Sicht könnte dies mit dem Verständnis verbunden sein, dass viele Prozesse unbewusst und automatisch ablaufen, sowohl in unserem Geist als auch in der Welt. Ein NLP-Praktiker könnte dies als Aufforderung sehen, Vertrauen in die unbewusste Kompetenz und in die natürliche Ordnung von Prozessen zu haben.

Im NLP würde man dies möglicherweise mit einem Reframing verbinden:

• Statt zu glauben, dass man ständig eingreifen und kontrollieren muss, erkennt man, dass vieles bereits „funktioniert" und dass man durch eine andere Perspektive Gelassenheit und Klarheit gewinnen kann.

4. Was muss ich sonst noch wissen?

Diese rhetorische Frage zeigt eine Form von Wahrnehmungs- und Handlungsökonomie: Wenn man erkennt, dass das Universum autonom ist und man selbst Teil dieses Prozesses ist, wird die Notwendigkeit, zusätzlichen „Input" zu suchen oder zu kontrollieren, irrelevant. Im NLP könnte dies auf eine Minimalisierung von inneren Prozessen hinweisen: Fokus auf das Wesentliche, Loslassen von überflüssigem mentalem Aufwand und Rückkehr zur Gegenwart.

Zusammengefasst könnte der Spruch aus NLP-Sicht als Einladung verstanden werden, den Fokus bewusster zu lenken, Filter zu hinterfragen und Vertrauen in natürliche Prozesse zu entwickeln – alles zentrale Prinzipien für persönliche Entwicklung und effektive Kommunikation.

Ergänzung

1. Meta-Awareness und Fokus auf das Fokussieren

Im NLP ist das Konzept der „Downtime" (innere Reflexion) meist darauf gerichtet, dass der Fokus auf interne Prozesse gelenkt wird. Was Nisargadatta jedoch anspricht und mit der 180-Grad-Drehung des Fokus beschreibst – geht noch einen Schritt weiter: Der Fokus wird nicht auf Inhalte (Objekte oder innere Bilder) gelegt, sondern auf die Qualität und den Mechanismus des Fokussierens selbst.

Dies ähnelt einer Meta-Perspektive, bei der der Beobachter nicht mehr mit den Objekten (extern oder intern) identifiziert ist, sondern das reine Bewusstsein des Beobachtens selbst erlebt. Der Wechsel von der Objektwahrnehmung hin zur Leere, die nicht leer im negativen Sinne ist, sondern voller Potenzial – eine Art formloses „Gewahrsein" oder Realität.

2. Auflösung der Ich-Illusion und die Freiheit von Kontrolle

Aus NLP-Sicht könnte man hier von einer tiefen Identitätsverschiebung sprechen. In klassischen NLP-Prozessen bewegt man sich oft durch logische Ebenen (z. B. Verhalten, Fähigkeiten, Werte, Identität), aber was Nisargadatta anspricht, ist das Überschreiten der höchsten Ebene: Das Ich wird nicht mehr als separate Entität gesehen, sondern als Ausdruck eines universellen Prozesses.
• Solange das „Ich" als abgespalten erlebt wird, ist es fast zwangsläufig mit Schutz, Verteidigung und Kontrolle beschäftigt. Das resultiert aus der Wahrnehmung von Trennung: Wenn ich

getrennt bin, muss ich sicherstellen, dass die „andere" Welt mir nicht schadet.

• In der Auflösung dieser Trennung wird Kontrolle überflüssig, weil man erkennt, dass es kein „Außen" gibt, das kontrolliert werden müsste – man ist bereits Teil des universellen Flusses. Dies spiegelt sich in Nisargadattas Aussage „Das Universum arbeitet von allein" wider. Es ist ein Zustand, in dem man erkennt, dass alles, was geschieht, auch ohne das Eingreifen des kleinen „Ichs" geschieht.

3. Die Freiheit im Nicht-Wissen

Die Aussage „Was muss ich sonst noch wissen?" gewinnt in diesem Kontext eine tiefere Bedeutung. Sie ist nicht nur Ausdruck von Genügsamkeit oder Weisheit, sondern auch eine Frage, die die Begrenztheit des verstandesbasierten Wissens durchbricht. Aus NLP-Perspektive könnte man dies als eine Dissoziation vom Bedürfnis nach kognitivem Verständnis sehen. Stattdessen entsteht eine intuitive, unmittelbare Erfahrung der Realität, die keine Analyse oder zusätzliche Information benötigt.

4. Verbindung zur NLP-Praxis

Im NLP könnte diese Haltung durch spezifische Übungen verstärkt werden:
• Meta-Position und Third-Position-Techniken: Diese Techniken helfen, den Fokus von der Ich-Perspektive zu lösen und in eine distanziertere, „universelle" Perspektive zu wechseln.

• Perceptual Positions mit einer vierten Ebene: Neben der Selbst-, Anderen- und Beobachterposition könnte man eine vierte Ebene integrieren – eine „Meta-Awareness"-Position, bei der der Fokus auf den Prozess des Wahrnehmens selbst gelenkt wird.

• Provokative Kontrolle loslassen: Übungen, bei denen man bewusst Kontrolle aufgibt, könnten helfen, die Verbindung zur Ich-Illusion zu lockern. Zum Beispiel könnten Formate wie „Milton-Modell-Fragen" verwendet werden, die den Verstand in einen Zustand des Nicht-Wissens führen.

Der Cartoon veranschaulicht die Konzepte des Fokus und der Meta-Awareness! Die drei Panels verdeutlichen die verschiedenen Ebenen der Wahrnehmung, von äußerer Welt über innere Welt bis hin zur Meta-Ebene des Bewusstseins.

Spruch13: Der Frieden jenseits von Namen und Formen

Wenn Sie glauben, eine Person zu sein, werden Sie überall Personen sehen. Wenn Sie verstehen, dass Namen und Formen überhaupt nur leere Hüllen sind– ohne jeglichen Inhalt – und das, was real ist, namenlos und formlos ist, sind Sie mit sich selbst in Frieden.

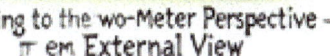

Das ist ein tiefgründiger Spruch, und aus Sicht des NLP-Modells lässt sich dieser auf mehrere Ebenen interpretieren. Der Fokus liegt dabei auf den Konzepten von Wahrnehmungsfiltern, Identität, Reframing und Dissoziation von mentalen Konstrukten. Hier ist eine mögliche Interpretation:

1. Wahrnehmungsfilter: Die Projektion des Selbst

Im NLP wird oft betont, dass unsere Wahrnehmung der Welt stark von unseren inneren Überzeugungen, Werten und Glaubenssätzen geprägt ist. Der Satz „Wenn Sie glauben, eine Person zu sein, werden Sie überall Personen sehen" könnte folgendermaßen verstanden werden:
• Meta-Programm „Gleichheit": Wenn du dich mit der Rolle einer „Person" identifizierst, projizierst du diese Idee auf die Welt und siehst alles durch die Linse von „Personen" (individuellen Entitäten mit Namen, Formen und Geschichten). Dies geschieht, weil dein Gehirn die Realität filtert, um deine Annahmen zu bestätigen.
• NLP-Technik: Diese Denkweise könnte mit einem Reframing durchbrochen werden. Wenn man erkennt, dass die „Person" selbst eine Konstruktion ist, die durch Namen und Formen entsteht, öffnet man sich für eine neue Wahrnehmungsebene.

2. Identitätsrahmen: Dissoziation von der „Person"

Im NLP wird die Identität oft als eine Konstruktion betrachtet, die durch Sprache, Glaubenssätze und Erfahrungen entsteht. Der Spruch fordert dazu auf, die Idee des „Ich-bin-eine-Person" zu hinterfragen.

• Dissoziation: Durch die Erkenntnis, dass „Namen und Formen" leere Hüllen sind, könnte man sich von der engen Identifikation mit einer Person lösen. Dies entspricht im NLP dem Wechsel in eine Meta-Position, in der man die eigenen Identitätsmuster beobachtet, statt in ihnen gefangen zu sein.

• Logische Ebenen: Auf der logischen Ebene der Identität könnte dieser Spruch zu einem Übergang auf die Ebene des „Seins" (universelle Ebene) führen, jenseits der persönlichen Identität. Die Identifikation mit „Ich bin eine Person" wird durch „Ich bin formloses, namenloses Bewusstsein" ersetzt.

3. Das Konzept von „Namen und Formen": Sprachmuster und mentale Konstrukte

Im NLP wird oft untersucht, wie Sprache und Symbole unsere Realität konstruieren. „Namen und Formen" könnten als sprachliche Konstrukte und mentale Modelle interpretiert werden:

• Namen: Namen sind Labels, die wir verwenden, um Dinge zu kategorisieren und zu benennen. Sie sind jedoch nicht die Dinge selbst, sondern nur Repräsentationen.

• Formen: Formen sind visuelle oder konzeptionelle Strukturen, die unser Geist schafft, um die Welt zu organisieren. Im NLP könnte man sagen, dass dies Teil der inneren Repräsentationssysteme ist (z. B. visuelle, auditive, kinästhetische Repräsentationen).

• Erkenntnis: Wenn man versteht, dass diese Namen und Formen keine feste Realität haben, sondern lediglich mentale Konstrukte sind, kann man sich von den Limitierungen dieser Konstrukte befreien.

4. Innerer Frieden: Der Zustand jenseits der „Ich"-Illusion

Der zweite Teil des Spruchs – „das, was real ist, ist namenlos und formlos" – weist darauf hin, dass innerer Frieden entsteht, wenn man nicht mehr mit Namen und Formen (den Konstrukten der Welt) identifiziert ist. Aus NLP-Sicht könnten hier folgende Aspekte relevant sein:

• Loslassen von Glaubenssätzen: Wenn man erkennt, dass die eigene Identität (Name und Form) nur ein Glaubenssatz ist, könnte man diesen bewusst auflösen oder reframen.

• Uptime und Downtime: Die Wahrnehmung jenseits von Namen und Formen entspricht einem Zustand der Meta-Awareness. Dieser Zustand könnte gezielt durch NLP-Techniken wie Ankerung oder visuelle Dissoziation trainiert werden.

5. Die Übernahme der Fremdwahrnehmung

Kinder lernen, sich durch die Augen der Anderen zu sehen. Dieser Mechanismus ist zentral für die Entwicklung der Identität:

• Soziale Konditionierung: Das Kind wird durch Sprache, Benennungen und Hinweise darauf trainiert, sich als „Objekt" wahrzunehmen. Eltern oder Bezugspersonen zeigen auf das Kind, benennen es („Das bist du, Max!"), und das Kind beginnt, diese Fremdwahrnehmung zu internalisieren.

• Glaubenssatzbildung: Mit der Zeit entsteht ein Glaubenssatz: „Ich bin eine Person mit einem Körper, einem Kopf und einer Identität." Das Kind „sieht" sich nun so, wie es glaubt, dass andere es sehen – eine Art mentale Fremdwahrnehmung aus zwei Metern Entfernung.

Das führt zur Identifikation mit einem Kopf (einem Gesicht), obwohl man diesen aus der eigenen Perspektive nie sieht. Es ist, als würde man sich ständig einen imaginären Kopf „aufsetzen", den andere sehen.

6. Die „Null-Meter-Perspektive": Die Realität des Gewahrseins

Die „Null-Meter-Perspektive" ist das unmittelbare Erleben des eigenen Seins. Diese Perspektive zeigt:

• Leere und Offenheit: Aus der unmittelbaren Wahrnehmung ist da keine „Person", kein Kopf, sondern nur leeres, offenes Gewahrsein. Douglas Harding (siehe Exkurs) beschreibt dies treffend als „kopflos", weil wir in unserem direkten Erleben den Kopf nicht sehen, sondern nur das, was sich in unserem Bewusstsein zeigt.

• Formlosigkeit: Die Realität aus der Null-Meter-Perspektive ist namenlos und formlos – genau das, worauf Nisargadatta hinweist. Alle Formen (einschließlich der Form „Person") sind mentale Konstruktionen, die aus der sozialen Konditionierung stammen.

7. Warum dies zu Frieden führt

Das Erkennen der kopflosen Offenheit führt zu Frieden, weil die Illusion der Trennung aufhört:

• Wegfall der Ich-Illusion: Wenn man nicht länger glaubt, ein abgespaltenes Individuum zu sein, gibt es nichts mehr zu verteidigen, nichts mehr zu kontrollieren. Die „Person", die sonst als verletzlich und begrenzt empfunden wird, existiert in dieser Perspektive nicht.

• Einheit mit dem Sein: Man erkennt, dass man das Gewahrsein selbst ist – das namenlose und formlos offene Feld, in dem alles erscheint und geschieht. Dies ist ein Zustand von natürlichem Frieden, weil kein Widerstand gegen das Leben mehr notwendig ist.

8. NLP und die „Null-Meter-Perspektive"

Diese Perspektive könnte im NLP durch Techniken und Modelle unterstützt werden:

• Dissoziation von der Fremdwahrnehmung: Eine NLP-Übung könnte darin bestehen, bewusst die Fremdwahrnehmung zu untersuchen. Man könnte fragen: „Wie sehe ich mich, wenn ich mich aus zwei Metern Entfernung betrachte?" und dann die Perspektive wechseln: „Wie ist es, wenn ich mich aus Null Metern betrachte?" Dies könnte helfen, die Identifikation mit der Fremdwahrnehmung zu lockern.

• Reframing von Glaubenssätzen: Der Glaubenssatz „Ich bin eine Person" kann hinterfragt und umgeformt werden, z. B.: „Ich bin das Gewahrsein, in dem die Vorstellung einer Person erscheint."

• Meta-Awareness-Techniken: Übungen, die auf die direkte Wahrnehmung des Seins zielen, wie etwa Harding's Fingerübung oder Techniken zur Dissoziation von Identität, könnten helfen, diesen Zustand erfahrbar zu machen. Es ist eine Einladung, den „Kopf abzusetzen" und die Weite des Seins zu erkennen – eine der klarsten und befreiendsten Einsichten, die man haben kann.

Der Cartoon,stellt humorvoll die Verschiebung von der Zwei-Meter-Perspektive zur Null-Meter-Perspektive dar. Die Panels zeigen den Prozess von der Identifikation mit der Fremdwahrnehmung hin zur Erkenntnis der kopflosen Offenheit und Freiheit

- **Exkurs** (aus meinem Buch „Integrales NLP")

(Pointer nach Douglas Harding)

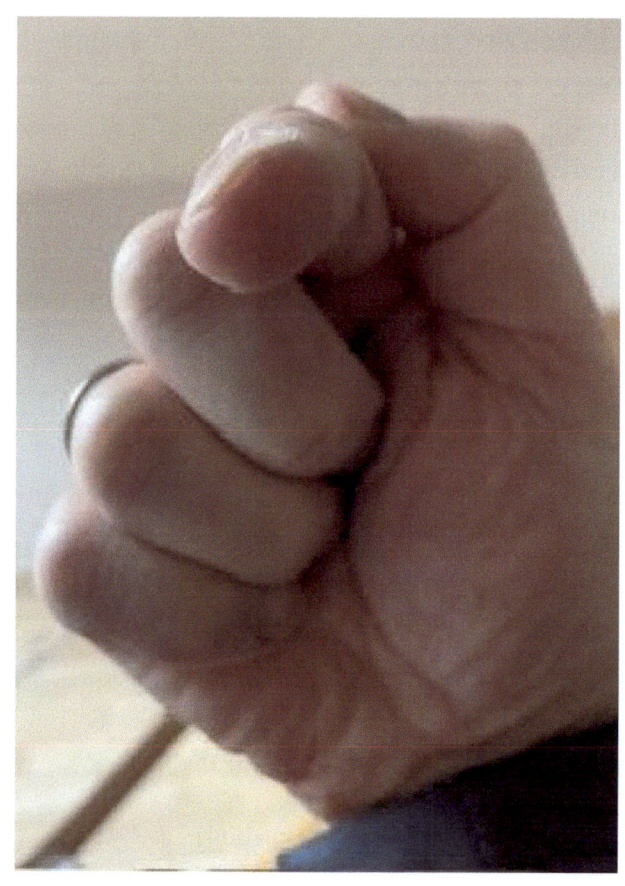

- Wenn ich Dinge sehe, beispielsweise dieses Notebook, besteht V^e aus dem Gegenstand des Sehens (Notebook)

und dem Sehenden (Ich). Der Sehenden wird dabei so repräsentiert, wie ihn ein Außenstehender sehen würde d.h. mit Kopf. Wir haben es also in Wahrheit mit einer Mischung von V^e/V^i zu tun. Zeige ich auf einen Gegenstand, dann sehe ich ihn. Zeige ich dahin, wo andere mein Gesicht sehen, dann finde ich hier keine Farbe oder Form. Ich finde einen offenen Raum, eine grenzenlose Kapazität und Bewusstheit. Diese offene Kapazität ist leer, klar und transparent. Sie ist still, wach und bewusst. Zugleich ist sie gefüllt mit all den Erscheinungen der Welt: Meinem Finger, der Szenerie dahinter, Geräuschen, Körperempfindungen,...

Kommentar:

Douglas Harding, ein britischer Mystiker und Philosoph, ist bekanntfür seine"headless way" Methode, die eine direkte, erfahrungsbasierte Selbstwahrnehmung und Einsicht in die Natur des Bewusstseins ermöglichen soll. Sein Konzept basiert auf der Idee, dass unser Gefühl von Getrenntheit und begrenztem Ich durch unsere gewohnte Art des Sehens und Wahrnemens entsteht. Die Technik des Pointers, die ich beschrieben habe, ist ein zentrales Werkzeug in seiner Philosophie, um diese Wahrnehmung zu durchbrechen und das wahre Selbst oder die wahre Natur des Bewusstseins zu erkennen.

Theorie von Douglas Harding

Douglas Harding entwickelte seine Philosophie in seinem Werk "On Having No Head: Zen and the Rediscovery of the Obvious". Der Kern seiner Theorie ist, dass unser alltägliches Bewusstsein von einem illusionären Selbstverständnis geprägt ist, das uns als ein getrenntes und festgelegtes Ich erscheinen lässt. Dieses "Ich" basiert auf der Wahrnehmung eines festen Körpers, eines Gesichts und einer Identität. Doch wenn wir unsere Aufmerksamkeit darauf richten, was direkt wahrnehmbar ist, kommen wir zu einer tieferen Einsicht: Das, was wir als "unser Gesicht" oder "unser Selbst" bezeichnen, ist nicht wirklich sichtbar oder erkennbar, sondern stattdessen ein leerer, offener Raum.Harding beschreibt dies als einen radikalen Perspektivenwechsel: Anstatt von einem begrenzten "Ich" auszugehen, entdecken wir einen "kopf- oder gesichtslosen Raum" – eine grenzenlose Kapazität, die alles in sich aufnimmt. Dieser Raum ist klar, still und bewusst, aber gleichzeitig leer von Form und Farbe. In dieser Leere spiegeln sich alle Erscheinungen der Welt, wie Objekte, Geräusche, Körperempfindungen, Gedanken und Emotionen. Dies bedeutet, dass das, was wir sind, kein festgelegtes Objekt ist, sondern Bewusstsein oder offener Raum, der alle Dinge wahrnimmt.

Die Pointer-Übung

Die Übung mit dem "Pointer" oder dem Finger, die ich beschrieben habe, ist eine von Hardings Methoden, um diese Einsicht zu erleben. Die Schritte sind einfach, aber tiefgreifend:
1. Richte den Finger auf ein Objekt – wie deinen Laptop oder einenStuhl. Wenn du auf das Objekt zeigst, siehst du klar dessen

Form, Farbe, Grenzen und Position. Du erkennst sofort, dass es etwas" Außerhalb" von dir gibt.

2. Richte den Finger auf dein eigenes Gesicht – anstatt wie gewohnt dein Gesicht als Objekt zu betrachten, stellst du fest, dass du es nichtwirklich sehen kannst. Du siehst kein festes Bild deines Kopfes oder Gesichts. Stattdessen erkennst du einen offenen Raum, der "sehen" kann, aber selbst nicht gesehen wird. Dieser Raum ist nicht begrenzt,sondern empfängt alle Eindrücke und Erscheinungen. Dies ist dieErfahrung von Leere und Fülle gleichzeitig.

3. Bewusstheit dieser Leere und Fülle – In dem Moment, in dem du auf diesen Raum hinweist, erlebst du, dass diese Leere keine bloße Abwesenheit ist, sondern gleichzeitig gefüllt ist mit allen Wahrnehmungen: dein Finger, die Szenerie dahinter, Geräusche, Empfindungen und Gedanken. Dieser "raumlose Raum" oder diese "kopflose" Weite ist der Hintergrund aller Erfahrungen und ein direktes Erleben deines Bewusstseins.

Philosophische Tiefe

Hardings Ansatz lässt sich auch mit vielen spirituellen Traditionen vergleichen, die das Ego als Illusion betrachten und das Bewusstsein als grenzenlose, offene Kapazität verstehen. Die Vorstellung von Nicht-Dualität, wie sie im Advaita Vedanta oder im Zen-   Buddhismus gelehrt wird, ist ein zentraler Bezugspunkt für Hardings Theorie. Dabei ist die Idee, dass unser wahrer Zustand weder Subjekt noch Objekt ist, sondern ein Raum des Gewahrseins, der alle Dinge in sich aufnimmt, ohne selbst von diesen Dingen beeinflusst zu werden.

Auswirkungen auf die Wahrnehmung und das Selbstverständnis

Durch die Pointer-Methode wird deutlich, dass die Idee eines festenSelbst oder Ichs auf einer verzerrten Wahrnehmung beruht. Wenn wir jedoch durch die Erfahrung des Pointers sehen, dass wir in Wirklichkeit eine offene Kapazität sind, ändert sich die Beziehung zur Welt radikal:
• Kein Zentrum: Es gibt kein zentrales "Ich", das von der Welt getrennt ist. Stattdessen bist du der Raum, in dem alles erscheint.
• Grenzenlosigkeit: Die Vorstellung von Begrenzung fällt weg, weil der offene Raum keine Begrenzungen hat. Alles, was wir als Welt bezeichnen, erscheint in diesem offenen Bewusstsein.
• Präsenz im Moment: Diese Art der Wahrnehmung führt oft zu einer tiefen Präsenz und Wachheit im gegenwärtigen Moment, da keine gedankliche Projektion auf ein Selbst stattfindet.
Douglas Hardings Ansatz fordert uns auf, uns von der Identifikation mit unserem begrenzten, körperlichen Ich zu lösen und die unmittelbare Erfahrung der offenen Bewusstheitzuzulassen, die alle Dinge aufnimmt.

Spruch14:Die Essenz des reinen Bewusstseins

Ich sehe nur Bewußtsein und weiß, daß alles nur Bewußtsein ist.. So wie Sie wissen, dass das Bild auf der Filmleinwand nichts anderes ist als Licht. Das Bild ist in dem Licht, und das Licht ist in dem Bild. Leben und Tod, Selbst und Nicht-Selbst, geben sie alle diese Ideen auf! Sie nützen Ihnen nichts.

1. Der Unterschied zwischen grundlegendem Bewusstsein und emergentem Bewusstsein

Nisargadatta beschreibt Bewusstsein als das grundlegende Element allen Seins, eine universelle schöpferische Energie, die allem zugrunde liegt. Im NLP hingegen wird Bewusstsein als emergente Eigenschaft der neuronalen Aktivität des Gehirns betrachtet – ein Produkt der Wechselwirkungen zwischen neuronalen Netzwerken.

Synthese-Versuch:

Es ist möglich, diese beiden Sichtweisen zu verbinden, indem man annimmt, dass das emergente Bewusstsein, wie es im NLP verstanden wird, aus einem grundlegenden Bewusstsein hervorgeht. Das grundlegende Bewusstsein könnte als das „Feld" gesehen werden, in dem alle neuronalen Aktivitäten eingebettet sind, ähnlich wie ein Ozean, in dem Wellen entstehen. In dieser Synthese könnten NLP-Techniken genutzt werden, um das emergente Bewusstsein zu erweitern und es für den Zugang zu einem tieferen, universellen Bewusstsein zu öffnen.

2. Sprache als Schöpfer und Begrenzung

Die von Nisargadatta kritisierten sprachlichen Konzepte (z. B. Leben, Tod, Selbst, Nicht-Selbst) sind hilfreich, um Orientierung zu geben, doch sie können auch zur Begrenzung werden, wenn sie als endgültige Realitäten betrachtet werden. In NLP wird diese Problematik durch Reframing oder die bewusste Veränderung sprachlicher Konstruktionen angegangen. Nisargadatta fordert jedoch nicht nur eine Veränderung der Sprache, sondern deren völliges Aufgeben – eine radikalere Aufforderung, die darauf abzielt, den Verstand zu transzendieren.

• Synthese-Vorschlag: NLP könnte genutzt werden, um zu zeigen, wie diese Konzepte erschaffen werden (Meta-Modell), und dann einen Zustand zu ermöglichen, in dem sie als relative Wahrheiten erkannt und losgelassen werden können. Dies könnte in Richtung von Nisargadattas Idee führen, alle Begriffe hinter sich zu lassen.

3. Modalitäten und Intensitätsgrad im NLP

Im NLP wird Bewusstsein als emergente Eigenschaft verstanden, die aus der Aktivität unserer Repräsentationssysteme (visuell, auditiv, kinästhetisch, etc.) entsteht. Das Zusammenspiel und die Intensität dieser Modalitäten bestimmen, wie wir die Welt wahrnehmen und repräsentieren.

• Intensitätsgrad: Wenn eine bestimmte Schwelle an Aktivität innerhalb der Modalitäten erreicht wird, kann Bewusstsein (im NLP-Sinne) entstehen. Diese Intensität ist oft mit Klarheit, Fokus und Präsenz verbunden.

4. Modalitäten bei Nisargadatta – eine erweiterte Perspektive

Nisargadattas Zustand lässt sich auch als eine Form der Aktivität innerhalb der Modalitäten verstehen, aber möglicherweise auf eine andere Weise als in alltäglichen Erfahrungen:

• Transzendente Integration: Es könnte sein, dass bei einem Zustand der „Erleuchtung" wie bei Nisargadatta alle Modalitäten gleichzeitig aktiviert sind, aber in einem Zustand völliger Balance. Anstatt dass eine Modalität dominant ist (wie im Alltag, wo z. B. visuelle oder kinästhetische Repräsentationen hervorstechen), könnte er eine Art harmonisierte Ganzheit aller Sinnesmodalitäten erleben.

• Intensität und Auflösung: Die Intensität seiner Wahrnehmung könnte so hoch sein, dass die „Grenzen" zwischen den Modalitäten verschwimmen. Statt spezifisch visuell oder auditiv zu erleben, könnte er eine synästhetische Erfahrung haben, bei der alle Modalitäten als Eins erscheinen.

5. Synthese: Modalitäten als Brücke zwischen NLP und Nisargadatta

Eine mögliche Synthese könnte so aussehen:
• NLP-Perspektive: Die Intensität und das Zusammenspiel der Modalitäten erzeugen unser individuelles Bewusstsein.
• Nisargadatta-Perspektive: Diese Modalitäten sind nicht getrennt von einem grundlegenden Bewusstsein, sondern Ausdruck davon. In seinem Zustand der Erleuchtung wird diese Verbindung er-

kannt, und das individuelle Bewusstsein verschmilzt mit dem universellen.

6. Die Auflösung der Unterscheidung zwischen bewussten und unbewussten Schritten

Im NLP gibt es die Idee, dass Strategien aus bewussten und unbewussten Repräsentationsschritten bestehen. Ein Erleuchteter wie Nisargadatta scheint diese Unterscheidung vollständig transzendiert zu haben:

• Verschmelzung der Ebenen: Bei ihm existiert möglicherweise keine klare Trennung mehr zwischen bewussten und unbewussten Schritten, da er die Prozesse, die normalerweise im Unbewussten ablaufen, direkt und gleichzeitig erkennt.

• Tiefe Bewusstseinsschwelle: Die Bewusstseinsschwelle ist bei ihm extrem tief – was bedeutet, dass er auch die feinsten Impulse, Gedanken oder Repräsentationsprozesse wahrnimmt, noch bevor sie eine klare Form annehmen.

• Beispiel: Wenn ein innerer Dialog (auditiv intern) aufkommt, erkennt er ihn nicht erst, wenn er bewusst wird, sondern er erlebt die Entstehung und kann ihn direkt „sehen", ohne sich damit zu identifizieren.

7. Keine sekundäre Wahrnehmung durch inneren Dialog

In vielen NLP-Strategien spielt der innere Dialog (auditiv intern) eine zentrale Rolle, z. B. beim Abwägen, Zweifeln oder

Entscheiden. Bei einem Erleuchteten wie Nisargadatta ist dies stark verändert:

• Kein identifizierter innerer Dialog: Wenn ein innerer Dialog entsteht, wird er nicht als „ich denke" wahrgenommen, sondern nur als eine Bewegung im Bewusstsein. Es gibt keine Identifikation damit.

• Sofortige Auflösung: Der Dialog wird in dem Moment erkannt, in dem er aufkommt, und verliert dadurch seine treibende Kraft. Diese unmittelbare Einsicht in die Natur des Dialogs verhindert, dass er sich verfestigt oder zur Grundlage von Strategien wird.

8. Unbewusste Kompetenz als Grundlage

Trotz dieser tiefen Präsenz bleibt eine Form von unbewusster Kompetenz bestehen, die alltägliche Prozesse automatisch steuert. Diese Kompetenz könnte bei einem Erleuchteten so funktionieren:

• Automatische Funktionen: Prozesse wie Atmung, Gehen oder andere motorische Abläufe werden weiterhin unbewusst gesteuert. Diese Kompetenz ist aber nicht „verdrängt" ins Unbewusste, sondern wird als ein fließender Teil des Bewusstseins erkannt.

• Fließende Integration: Es gibt keine aktive Kontrolle dieser Prozesse, aber auch keine Trennung. Sie laufen spontan und mühelos ab, was oft als „Handeln ohne Handelnder" beschrieben wird.

• Beispiel: Nisargadatta könnte sprechen oder handeln, ohne dass ein bewusster Wille eingreift, und doch geschieht alles präzise und im Einklang mit der Situation.

9. Fazit

Ein Erleuchteter wie Nisargadatta lebt in einem Zustand, in dem die Unterscheidung zwischen bewussten und unbewussten Prozessen keine Rolle mehr spielt. Seine tiefe Bewusstseinsschwelle ermöglicht es ihm, alle Prozesse – ob strategisch oder automatisch – in Echtzeit wahrzunehmen, ohne sie kontrollieren oder beeinflussen zu müssen. Gleichzeitig bleibt die unbewusste Kompetenz erhalten, die spontane und mühelose Handlungen ermöglicht.

Der Cartoon stellt die Idee der beiden unterschiedlichen Bewusstseinskonzepte humorvoll dar.

Spruch15: Das, was alles ermöglicht

Wie einfach! Was ich zu sein glaubte, bin ich nicht. Ich bin weder der Körper noch der Verstand. Ich bin nicht das Wahrgenommene noch das Wahrnehmende, nur die Wahrnehmung, ein allsehendes Auge. Wenn ich tiefer eintauche, empfinde ich , dass ich alles bin, was ich sehe. Ich bin eins mit der Welt. Doch ich bin noch nicht einmal die Wahrnehmung oder die Einheit, aber das, was das alles möglich macht

1. Die Wahrnehmung als Kern: „Nur die Wahrnehmung"

Die Aussage „Ich bin nicht das Wahrgenommene noch das
Wahrnehmende, nur die Wahrnehmung" deutet darauf hin, dass
Nisargadatta sich mit dem Prozess der Wahrnehmung selbst iden-
tifiziert – nicht mit den Inhalten der Wahrnehmung oder dem
Wahrnehmenden (Subjekt).
• NLP-Parallele: Fokus auf Prozesse statt Inhalte:

• NLP betont die Bedeutung von Prozessen (z. B. Strategien, Submodalitäten) anstelle von Inhalten. Nisargadattas Aussage entspricht einer radikalen Prozessorientierung: Er sieht sich als Wahrnehmung selbst, unabhängig von spezifischen Inhalten oder Subjekten.

2. Einheit mit der Welt: „Ich empfinde, dass ich alles bin, was ich sehe"

Nisargadatta beschreibt ein Gefühl der Einheit, bei dem die Trennung zwischen Subjekt und Objekt aufgehoben wird. Dies entspricht einer maximalen Assoziation:
• NLP-Parallele: Assoziation und Submodalitäten:
• In NLP können wir durch Veränderung der Submodalitäten eine stärkere Assoziation schaffen, z. B. indem wir lebhaftere Farben, stärkere Klänge oder intensivere körperliche Empfindungen in einer Erfahrung erzeugen. Nisargadatta scheint auf einer sehr tiefen Ebene assoziiert zu sein – nicht nur mit einer Erfahrung, sondern mit allem, was existiert.

3. Jenseits der Wahrnehmung und der Einheit: „Ich bin das, was das alles möglich macht"

Hier verweist Nisargadatta auf einen Zustand, der über die Wahrnehmung und die Einheit mit der Welt hinausgeht. Dies könnte im NLP als Meta-Meta-Position betrachtet werden – eine Ebene, die noch über der Meta-Position liegt.

• NLP-Parallele: Tiefere Ebenen der Identität:
• NLP arbeitet mit logischen Ebenen (Umgebung, Verhalten, Fähigkeiten, Werte/Glaubenssätze, Identität, Zugehörigkeit). Nisargadatta beschreibt eine Ebene jenseits der Identität, die das „Feld" oder die „Möglichkeit" aller Ebenen darstellt.

• Transzendenz der Submodalitäten: Indem er über die Wahrnehmung hinausgeht, transzendiert er die spezifischen Eigenschaften von Modalitäten und Submodalitäten. Er verweist auf eine reine Möglichkeitsebene, die nicht in den üblichen NLP-Strukturen beschrieben wird.

4. Dissoziation und Assoziation als parallele Prozesse

Es könnte sein, dass Nisargadatta in einem Zustand ist, in dem beide Prozesse gleichzeitig auf verschiedenen Ebenen stattfinden.
• Dissoziation auf einer Meta-Ebene:
• Nisargadatta ist von der Identifikation mit dem Körper, dem Verstand und der persönlichen Perspektive dissoziiert. Er nimmt das „Ich" als Beobachter oder Zeuge wahr, was eine klassische Meta-Position darstellt.
• Assoziation auf einer allumfassenden Ebene:
• Gleichzeitig erlebt er eine vollständige Assoziation mit „allem, was ist." Diese Assoziation bezieht sich nicht mehr auf ein individuelles Subjekt, sondern auf das Universelle oder das „Eine", das alle Dinge umfasst.

NLP-Interpretation:
116

Es könnte sein, dass Nisargadatta zwei Strategien parallel nutzt: Eine Strategie hält ihn in der Meta-Position (Dissoziation), während eine andere ihn in die vollständige Assoziation mit der Gesamtheit der Erfahrung führt. Diese beiden Strategien könnten synchron ablaufen, da sie unterschiedliche Ebenen der Erfahrung adressieren.

5. Eine Metastrategie als übergeordnetes Muster

Eine andere Möglichkeit wäre, dass Nisargadatta in einer Art „Metastrategie" operiert, die Dissoziation und Assoziation nicht als Gegensätze, sondern als komplementäre Aspekte eines größeren Ganzen integriert.
• Beschreibung der Metastrategie:
• Die Metastrategie könnte die Fähigkeit umfassen, zwischen Dissoziation und Assoziation zu wechseln, oder beide Zustände gleichzeitig zu erleben, indem sie als unterschiedliche Perspektiven innerhalb eines übergeordneten Bewusstseinsrahmens betrachtet werden.
• Aus dieser Perspektive könnte Dissoziation die Wahrnehmung des Bewusstseins als unabhängigen Zeugen fördern, während Assoziation die Erfahrung des Einsseins mit allem verstärkt.

NLP-Interpretation:

Man könnte diese Metastrategie als eine Art „Multi-Level-Strategie" verstehen, bei der die Person gleichzeitig aus der Meta-

Position heraus beobachtet und auf einer anderen Ebene vollständig assoziiert ist.

6. Integration statt Widerspruch

Eine weitere Erklärung könnte sein, dass Nisargadatta die Trennung zwischen Dissoziation und Assoziation transzendiert hat, indem er beide Zustände als Ausdruck derselben grundlegenden Realität sieht.

• Keine Gegensätze mehr:
• Dissoziation bedeutet für Nisargadatta nicht mehr, dass er von etwas getrennt ist, sondern dass er sich selbst als das erkennt, was alle Wahrnehmungen umfasst.
• Assoziation bedeutet nicht mehr, dass er „in etwas hineingezogen" ist, sondern dass er erkennt, dass er alles ist, was er wahrnimmt.

NLP-Interpretation:

Im NLP würden wir normalerweise zwischen dissoziierten und assoziierten Zuständen wechseln, um Flexibilität zu schaffen. Nisargadatta könnte jedoch in einem Zustand operieren, in dem die Polarität aufgehoben ist und beide Zustände gleichzeitig existieren, weil sie sich auf unterschiedliche Ebenen beziehen (Subjektive Ebene vs. Universelle Ebene).

7. Verschiedene Ebenen der Modalitäten

Es könnte auch sein, dass Dissoziation und Assoziation nicht auf derselben Ebene der Modalitäten stattfinden:
• Dissoziation in der Selbstwahrnehmung:
• Er ist dissoziiert von der Idee eines individuellen „Ich" oder eines getrennten Wahrnehmenden.
• Assoziation in der Weltwahrnehmung:
• Gleichzeitig ist er assoziiert mit allem, was er wahrnimmt, und erfährt sich selbst als Teil des größeren Ganzen.

NLP-Interpretation:

Diese Trennung von Ebenen könnte im NLP als Multi-Scope-Prozess interpretiert werden, bei dem verschiedene Submodalitäten oder Strategien auf unterschiedlichen Ebenen der Wahrnehmung aktiv sind.

8. Zeitliche Dynamik: Schnell wechselnde Zustände

Eine weitere Erklärung könnte sein, dass Nisargadatta so schnell zwischen Dissoziation und Assoziation wechselt, dass diese Wechsel für ihn selbst als simultan erscheinen.
• Rapid Cycling:
• Er könnte in einem Zustand sein, in dem sein Bewusstsein so flexibel ist, dass es nahtlos zwischen Beobachten und Erleben hin- und herwechselt, ohne dass eine klare Trennung wahrgenommen wird.

NLP-Interpretation:

Im NLP könnten wir dies als eine Strategie mit extrem schnellen, alternierenden Submodalitäten betrachten, die ein Gefühl von simultaner Erfahrung erzeugen.

9. Fazit: Synthese von Dissoziation und Assoziation

Nisargadattas gleichzeitige Erfahrung von Dissoziation und Assoziation lässt sich aus NLP-Sicht als eine außergewöhnlich integrierte Strategie oder Metastrategie interpretieren, die auf mehreren Ebenen operiert.

• Ebenen der Erfahrung: Dissoziation und Assoziation treten auf unterschiedlichen Ebenen oder Perspektiven gleichzeitig auf.

• Integration durch Metastrategie: Er hat möglicherweise eine Metastrategie entwickelt, die beide Zustände harmonisiert und sie nicht als Gegensätze, sondern als komplementäre Aspekte einer umfassenderen Realität erkennt.

• Multi-Level-Prozesse: Unterschiedliche Modalitäten und Strategien arbeiten parallel, um eine simultane Wahrnehmung von Einheit und Unterscheidung zu ermöglichen.

Diese Synthese könnte ein Ziel sein, das NLP nutzen könnte, um ähnliche transzendente Zustände in der menschlichen Erfahrung zu fördern.

Das **Beispiel des luziden Träumens** ist hervorragend geeignet, um die gleichzeitige Assoziation und Dissoziation zu erklären. Luzides Träumen veranschaulicht einen Zustand, in dem zwei scheinbar widersprüchliche Bewusstseinszustände – vollständige Assoziation und gleichzeitige Dissoziation – simultan auftreten können. Ich werde dies mit anderen wissenschaftlichen Modellen ergänzen:

1. Luzides Träumen als Modell: Gleichzeitige Assoziation und Dissoziation

Im luziden Traum ist der Träumende sowohl:
• Assoziiert: Der Träumende ist vollständig in die Traumwelt eingetaucht, erlebt sie in all ihren Facetten, als ob sie real wäre.
• Dissoziiert: Gleichzeitig ist sich der Träumende bewusst, dass es ein Traum ist. Dieses Wissen stellt eine Meta-Perspektive dar, die den Träumenden von der Traumwelt distanziert.

Wissenschaftlicher Erklärungsansatz: Präfrontale Aktivität im REM-Schlaf

Neurowissenschaftliche Studien haben gezeigt, dass luzides Träumen mit einer erhöhten Aktivität im präfrontalen Kortex während des REM-Schlafs verbunden ist. Der präfrontale Kortex ist verantwortlich für Selbstreflexion und Meta-Kognition.
• Assoziation: Der Traum wird durch die Aktivität im visuellen und sensorischen Kortex lebendig und real erlebt.

• Dissoziation: Die Aktivität des präfrontalen Kortex ermöglicht es, sich der Illusion bewusst zu werden, wodurch eine Meta-Perspektive entsteht.

Diese parallele Aktivität in verschiedenen Gehirnarealen könnte ein Modell sein, um Nisargadattas gleichzeitige Assoziation und Dissoziation zu erklären: Die vollständige Identifikation mit der „Traumrealität" (Assoziation) und die gleichzeitige Erkenntnis ihrer transzendenten Natur (Dissoziation).

2. Parallele Verarbeitung in Gehirnnetzwerken

Ein weiterer wissenschaftlicher Ansatz ist die Idee der parallelen Verarbeitung im Gehirn:
• Default Mode Network (DMN): Dieses Netzwerk ist oft mit Selbstreflexion und introspektivem Denken verbunden. Es könnte für die dissoziierte Beobachtung verantwortlich sein.
• Task Positive Network (TPN): Dieses Netzwerk ist aktiv, wenn wir uns auf Aufgaben oder sensorische Erfahrungen konzentrieren – das entspricht der assoziierten Erfahrung.

Im luziden Traum und Nisargadattas Erfahrung:

• Beide Netzwerke könnten gleichzeitig aktiv sein, wobei das DMN die Dissoziation (Meta-Kognition) und das TPN die Assoziation (Erleben) ermöglicht. Nisargadatta könnte eine außergewöhnliche Fähigkeit besitzen, beide Netzwerke harmonisch zu nutzen.

3. Dual-Process-Theorie der Kognition

Die Dual-Process-Theorie unterscheidet zwischen zwei Arten von Denken:
• System 1 (assoziativ): Schnell, intuitiv, automatisch – dies entspricht der vollständigen Assoziation mit der Erfahrung.
• System 2 (reflexiv): Langsam, analytisch, bewusst – dies ermöglicht die Dissoziation durch Reflexion.

Im luziden Traum und Nisargadattas Zustand:

Beide Systeme scheinen simultan zu arbeiten:
• Assoziation: System 1 liefert die unmittelbare, immersive Erfahrung.
• Dissoziation: System 2 beobachtet und reflektiert über die Erfahrung.

In Nisargadattas Zustand könnten diese Prozesse auf einer Ebene stattfinden, die über die üblichen kognitiven Begrenzungen hinausgeht.

4. Quantenbewusstseinsmodell

Ein spekulativerer Ansatz könnte
das Quantenbewusstseinsmodell sein, das besagt, dass Bewusstsein als Quantenphänomen simultane Zustände ermöglichen kann:

• Superposition: Wie ein Quantenteilchen, das sich in mehreren Zuständen gleichzeitig befinden kann, könnte Bewusstsein sowohl assoziiert als auch dissoziiert sein.
• Kohärenz: Nisargadatta könnte sich in einem Zustand der Kohärenz befinden, in dem diese Zustände harmonisch miteinander verbunden sind.

Während dieses Modell kontrovers ist, bietet es eine Möglichkeit, simultane Zustände jenseits linearer Kognition zu erklären.

5. Flow-Zustand und Metakognition

Der Flow-Zustand, wie von Mihaly Csikszentmihalyi beschrieben, zeigt Parallelen zu diesem Phänomen:
• Assoziation: Im Flow ist eine Person vollständig in einer Aufgabe oder Erfahrung „aufgegangen".
• Dissoziation: Gleichzeitig gibt es oft eine Meta-Bewusstheit, dass man sich im Flow befindet.

Erweiterung auf Nisargadatta:

Nisargadatta könnte in einem permanenten „universellen Flow" leben, bei dem er sowohl in der Erfahrung vollständig assoziiert als auch dissoziiert in einer Meta-Perspektive ist.

6. Fazit: Ein integriertes Modell

Luzides Träumen bietet ein gutes Beispiel für simultane Assoziation und Dissoziation. Wissenschaftliche Modelle wie die parallele Verarbeitung im Gehirn, die Dual-Process-Theorie und der Flow-Zustand können erklären, wie Nisargadatta in einem solchen Zustand operieren könnte.

Es scheint, dass verschiedene Gehirnnetzwerke oder Bewusstseinsmodi gleichzeitig aktiv sein können, wodurch sich Dissoziation und Assoziation nicht gegenseitig ausschließen, sondern sich zu einem übergeordneten Zustand integrieren. Dieses Verständnis könnte auch helfen, ähnliche Zustände im NLP oder anderen Bewusstseinspraktiken zu fördern.

.

Das Cartoon stellt das Phänomen des luziden Träumens mit gleichzeitigem Erleben von Assoziation und Dissoziation humorvoll dar.

Ergänzung, die die tiefere Dimension des Spruchs von Nisargadatta Maharaj aufzeigt und sie mit modernen **neurowissenschaftlichen Erkenntnissen über Bewusstseinszustände** verbindet. Ich werde diese Übergänge – vom Subtilen zum Kausalen und schließlich zum Nicht-Dualen – im Kontext des Spruchs erläutern und dabei die Korrelation zu Gehirnwellenmustern und parallelen Prozessen aufzeigen.

1. Übergang durch Bewusstseinszustände: Vom Subtilen zum Kausalen zum Nicht-Dualen

A. Subtiler Zustand: Identifikation mit Körper und Verstand

Der Anfang des Spruchs („Was ich zu sein glaubte, bin ich nicht. Ich bin weder der Körper noch der Verstand") zeigt die Loslösung von der Identifikation mit dem physischen und mentalen Selbst. Dies ist charakteristisch für den subtilen Zustand:
• Bewusstseinsqualität: In diesem Zustand liegt der Fokus auf der subtilen Wahrnehmung – Gedanken, Emotionen, innere Bilder, Intuitionen. Es ist der Bereich, in dem der Mensch sich als „innerer Beobachter" erkennt.
• Gehirnwellenkorrelation: Theta-Wellen (4-8 Hz) dominieren oft diesen Zustand, da sie introspektives und intuitives Erleben fördern. Der subtile Zustand reflektiert die Aktivierung von tiefer liegenden, aber noch personalen Prozessen.

B. Kausaler Zustand: Transzendenz der Wahrnehmung

Die Aussage „Ich bin nicht das Wahrgenommene noch das Wahrnehmende, nur die Wahrnehmung. Ein allsehendes Auge" zeigt den Übergang in den kausalen Zustand:
• Bewusstseinsqualität: Hier wird die Wahrnehmung als primärer Prozess erkannt, unabhängig von Subjekt (dem Wahrnehmenden) und Objekt (dem Wahrgenommenen). Es ist ein Zustand reiner Präsenz, in dem das Bewusstsein alles umfasst, ohne etwas zu bewerten oder zu differenzieren.

• Gehirnwellenkorrelation: Der kausale Zustand wird oft mit Alpha-Wellen (8-12 Hz) in Verbindung gebracht, die entspannte Wachheit und ein Gefühl von „Weite" fördern. Es können auch Spuren von Delta-Wellen (unter 4 Hz) auftreten, die tiefe regenerative Zustände reflektieren.

C. Nicht-Dualer Zustand: Über die Wahrnehmung hinaus

Die Aussage „Doch ich bin noch nicht einmal die Wahrnehmung oder die Einheit, aber das, was das alles möglich macht" deutet auf den Nicht-Dualen Zustand hin:

• Bewusstseinsqualität: Der Nicht-Duale Zustand transzendiert Subjekt und Objekt vollständig. Es gibt keine Unterscheidung mehr zwischen „Erleben" und „Erlebtem", sondern eine absolute Einheit, in der sich alles auflöst. Das Bewusstsein ruht in sich selbst und erkennt sich als die Grundlage aller Erfahrung.

• Gehirnwellenkorrelation: Im Nicht-Dualen Zustand treten häufig gleichzeitig Theta- und Alpha-Wellen auf. Diese Kombination spiegelt die parallelen Prozesse von tiefer Ruhe (Theta) und Wachheit (Alpha) wider. Zusätzlich können Gamma-Wellen (30-100 Hz) auftreten, die mit integrativer und synchroner Gehirnaktivität korrelieren.

2. Parallele Prozesse und Gehirnwellen als Ausdruck des Nicht-Dualen Zustands

Die gleichzeitige Präsenz von Theta- und Alpha-Wellen im Nicht-Dualen Zustand ist ein hervorragendes Beispiel für paral-

lele Prozesse im Gehirn. Diese Muster entsprechen den parallelen Erfahrungen von:
• Tiefer Introspektion (Theta): Das Erleben von Einheit und Stille.
• Wacher Präsenz (Alpha): Die Klarheit, dass diese Einheit auch alles umfasst.

Dynamik paralleler Prozesse:

Diese simultane Aktivierung reflektiert eine besondere Integration: Das Gehirn verarbeitet sowohl tiefe, regenerative Zustände (Theta) als auch wachheitsorientierte und bewusste Zustände (Alpha) gleichzeitig. Dies unterstützt die Idee, dass der Nicht-Duale Zustand nicht einseitig, sondern integrativ ist – er umfasst alle Zustände und Prozesse.

3. Der Spruch als Ausdruck der Bewusstseinsübergänge

Nisargadattas Spruch spiegelt die Übergänge durch die verschiedenen Bewusstseinszustände wider:
1. Subtile Ebene: Die Loslösung von Körper und Verstand zeigt den ersten Schritt in die transzendente Perspektive.
2. Kausale Ebene: Die Erkenntnis, dass Wahrnehmung primär ist und Subjekt und Objekt transzendiert, führt in die kausale Ebene.
3. Nicht-Duale Ebene: Das endgültige Loslassen selbst der Wahrnehmung und die Rückkehr zur absoluten Grundlage des Seins markieren den Nicht-Dualen Zustand.

Zusammengefasst zeigt dieser Spruch eine universelle Wahrheit: Der Übergang durch verschiedene Bewusstseinszustände hin zur Einheit ist nicht nur eine spirituelle Reise, sondern auch ein tiefgreifender neurologischer Prozess, der die parallelen und integrativen Fähigkeiten des Gehirns widerspiegelt.

Analogie zwischen dem NLP-Modell und der Funktionsweise des Gehirns als komplexer "Biocomputer".

1. Der Biocomputer als Modell für parallele Prozesse

Im NLP wird das Gehirn häufig mit einem „Biocomputer" verglichen, der verschiedene Programme gleichzeitig ausführt. Diese Programme entsprechen Strategien, die auf unterschiedlichen Ebenen ablaufen (z. B. Wahrnehmung, Verarbeitung, Reaktion). Die Idee ist, dass diese Programme:

• Parallel und wechselseitig: Gleichzeitig aktiv sein können und sich gegenseitig beeinflussen.

• Komplex und dynamisch: Nicht isoliert funktionieren, sondern als Teile eines hochkomplexen Systems, das ständig auf Veränderungen reagiert.

Multimind-Modell als Unterstützung:

Das Multimind-Modell erweitert diese Sicht, indem es das Gehirn als ein Netzwerk von „Subgehirnen" beschreibt, die miteinander kooperieren, konkurrieren und sich koordinieren, um kohärente Entscheidungen und Handlungen zu ermöglichen.

2. NLP-Strategien im Kontext des Biocomputers

Im NLP betrachten wir häufig einzelne Strategien (wie Rechtschreibstrategien, Motivationsstrategien oder Entscheidungsstrategien) isoliert. Dies ist hilfreich, um ihre Struktur zu analysieren und gezielt zu verändern. In Wirklichkeit jedoch:
• Einbettung in ein Gesamtsystem: Diese Strategien sind Teil eines umfassenden Systems von Prozessen, die gleichzeitig ablaufen und sich gegenseitig beeinflussen.
• Interdependenz: Eine Motivationsstrategie könnte zum Beispiel auf einer Entscheidungsstrategie aufbauen oder durch eine Glaubenssatzstruktur getriggert werden. Die Programme sind nicht linear, sondern modular und adaptiv.

Parallele Prozesse im NLP:

Ein Beispiel für parallele Prozesse könnte sein:
• Eine visuelle Strategie (z. B. mentale Bilder von Erfolg) läuft gleichzeitig mit einer kinästhetischen Strategie (z. B. ein Gefühl der Begeisterung) und einer auditiven Strategie (z. B. ein innerer Dialog, der sagt „Das schaffst du!").

3. Die Analogie zu neurologischen Prozessen

Neurowissenschaftlich betrachtet gibt es viele Parallelen zwischen dem NLP-Modell des Biocomputers und den tatsächlichen Vorgängen im Gehirn:

A. Parallele Netzwerke im Gehirn:

Das Gehirn arbeitet in verschiedenen Netzwerken, die parallel und oft unabhängig voneinander agieren:
• Default Mode Network (DMN): Zuständig für Selbstreflexion, Tagträume und Meta-Kognition.
• Task Positive Network (TPN): Aktiv bei Fokussierung und problembezogener Aktivität.
• Emotionale Netzwerke: Für die Verarbeitung von Gefühlen und sozialen Interaktionen.

Diese Netzwerke arbeiten gleichzeitig und beeinflussen sich gegenseitig. Sie ähneln den „Programmen" im NLP, die in parallelen Prozessen zusammenwirken.

B. Hierarchische und adaptive Steuerung:

Das Gehirn hat eine hierarchische Struktur, in der „höhere" Prozesse (z. B. bewusste Entscheidungen) „niedrigere" Prozesse (z. B. automatische Reflexe) koordinieren. Dies entspricht dem NLP-Konzept der Meta-Programme, die grundlegende Muster der Wahrnehmung und Reaktion steuern.

C. Wechselseitige Beeinflussung:

Ähnlich wie NLP-Strategien sich gegenseitig beeinflussen, modulieren sich neuronale Prozesse wechselseitig. Zum Beispiel können Emotionen die kognitive Verarbeitung beeinflussen, oder sensorische Inputs können Erinnerungen aktivieren.

4. Analogie zu Bewusstseinszuständen

Die Idee des Biocomputers und der parallelen Programme lässt sich auch auf die Bewusstseinszustände übertragen, die Nisargadatta beschreibt:
• Subtiler Zustand: Einzelne Programme (z. B. Gedanken, innere Bilder) sind dominant und klar wahrnehmbar.
• Kausaler Zustand: Viele parallele Programme verschmelzen zu einem kohärenten Fluss, in dem das Bewusstsein eher den „Prozessen" als den „Inhalten" gewahr ist.
• Nicht-Dualer Zustand: Der Biocomputer läuft weiter, aber das Bewusstsein erkennt sich als das Fundament, das alle Programme trägt, ohne sich mit ihnen zu identifizieren.

5. Fazit: NLP und das Gehirn als dynamisches Gesamtsystem

Während wir im NLP oft einzelne Strategien isoliert analysieren, wissen wir, dass diese Teil eines vielschichtigen, parallelen Systems sind, das sich selbst organisiert und ständig anpasst.

Die Idee, dass diese Programme in Wechselwirkung stehen und unser Weltmodell generieren, passt perfekt zu Nisargadattas Einsicht: Während auf der „Oberfläche" Programme ablaufen, ist das Bewusstsein der Grund, auf dem diese Programme laufen. Das

Verständnis des Gehirns als Biocomputer könnte helfen, diese Einsicht praktisch und wissenschaftlich weiter zu erforschen.

Spruch16: Die Befreiung durch Selbstaufgabe

Das Selbst kennt seiner Natur entsprechend nur sich selbst. Aus Mangel an Erfahrung identifiziert es sich mit allem, was es wahrnimmt. Aufgrund schlechter Erfahrungen lernt es zu unterscheiden und loszulassen. Wenn sich der Verstand nach innen kehrt, löst eine Kraft die Suche nach dem Ursprung aus. Die wirkliche Ursache für das Leiden, ist die Selbstidentifikation mit dem Endlichen. Völlige Selbstnegierung ist die einzige Chance, das wahre Selbst zu finden. Das Wahre kann erst dann gefunden werden, wenn man sich von dem Falschen löst.

Dieser Spruch von Nisargadatta Maharaj lässt sich aus der Perspektive des NLP in mehreren Dimensionen interpretieren. Es geht um Identifikation, Strategien, Metaprogramme und die Idee, wie „falsche" oder ineffiziente Strategien korrigiert werden können, um das wahre Selbst zu finden. Hier ist eine detaillierte Interpretation:

1. Identifikation und ihre Rolle im NLP

Der Spruch „Das Selbst kennt seiner Natur entsprechend nur sich selbst. Aus Mangel an Erfahrung identifiziert es sich mit allem, was es wahrnimmt" beschreibt eine grundlegende Dynamik, die auch im NLP relevant ist:
• Identifikation im NLP:
• Menschen identifizieren sich oft mit ihren Gedanken, Gefühlen, Rollen oder äußeren Umständen, was im NLP als eine Form von „Problem-Trance" gesehen wird. Diese Identifikation begrenzt die Wahlmöglichkeiten, da sie die Landkarte mit dem Territorium verwechselt.
• Nisargadatta beschreibt, dass das Selbst „von Natur aus nur sich selbst kennt". Diese Aussage spiegelt die Idee wider, dass wir im Kern von allem unsere eigene innere Essenz oder Identität suchen – im NLP könnte dies als die Ebene der Identität oder Zugehörigkeit beschrieben werden (logische Ebenen nach Robert Dilts).
• Falsche Identifikation:
• Die Identifikation mit äußeren Erfahrungen oder Rollen entspricht ineffizienten oder unbewussten Strategien, die im NLP oft dekonstruiert werden müssen, um die eigentliche Identität oder den wahren Kern freizulegen.

2. Strategien und Lernprozesse im NLP

„Aufgrund schlechter Erfahrung lernt es zu unterscheiden und loszulassen" beschreibt einen Lernprozess, der eng mit NLP-Strategien verbunden ist:
• Strategiebegriff im NLP:
• Strategien sind mentale Prozesse (bestehend aus Sequenzen von Wahrnehmungsschritten in den Modalitäten: visuell, auditiv, kinästhetisch), die bestimmte Ergebnisse erzeugen. Ineffiziente Strategien entstehen oft durch schlechte Erfahrungen, wie Nisargadatta erwähnt.
• Beispiel: Eine Person könnte nach einer schlechten Erfahrung eine Schutzstrategie entwickeln, indem sie sich emotional dissoziiert. Diese Strategie war ursprünglich nützlich, aber sie wird ineffizient, wenn sie dauerhaft bleibt und neue Möglichkeiten verhindert.
• Erlernen neuer Strategien:
• Nisargadatta beschreibt, dass durch Unterscheiden und Loslassen eine Transformation möglich ist. Im NLP könnten wir dies als das Erkennen und Reframen von dysfunktionalen Strategien bezeichnen, um sie durch effizientere und ressourcenreichere Prozesse zu ersetzen.

3. Der Verstand und die Suche nach dem Ursprung

„Wenn sich der Verstand nach innen kehrt, löst eine Kraft die Suche nach dem Ursprung aus" verweist auf eine innere Ausrichtung, die im NLP als Meta-Position oder als Arbeit mit Glaubenssätzen und Metaprogrammen interpretiert werden kann:
• Meta-Position:

• Das Nach-Innen-Kehren des Verstands entspricht einer Disso-ziation oder dem Einnehmen einer Beobachterperspektive. Diese Position erlaubt es, Gedanken, Gefühle und Strategien von außen zu betrachten, ohne sich mit ihnen zu identifizieren.

• Beispiel: Eine Person, die unter Selbstzweifeln leidet, kann ler-nen, ihre Gedanken als „nur Gedanken" zu betrachten, anstatt sich mit ihnen zu identifizieren.

• Glaubenssatzarbeit:

• Nisargadattas Hinweis auf die Suche nach dem Ursprung könnte als Glaubenssatz-Arbeit im NLP interpretiert werden. Wir stellen uns Fragen wie: „Woher stammt diese Überzeugung?" oder „Ist das, was ich glaube, wirklich wahr?"

• Ziel ist es, die tiefere Quelle des Leidens zu erkennen und den Verstand auf eine konstruktivere Art auszurichten.

4. Selbstidentifikation mit dem Endlichen und Metaprogramme

„Die wirkliche Ursache für das Leiden ist die Selbstidentifikation mit dem Endlichen" zeigt, wie bestimmte Metaprogramme die Wahrnehmung und Reaktionen steuern:

• Metaprogramme im NLP:

• Metaprogramme sind grundlegende Filter, die steuern, wie Menschen Informationen verarbeiten. Zum Beispiel:

• Weg-von-Motivation: Eine Person identifiziert sich mit ihren Ängsten und vermeidet Risiken.

• Externale Referenz: Eine Person sucht Bestätigung von außen, anstatt auf ihre innere Weisheit zu vertrauen.

• Die Identifikation mit dem „Endlichen" könnte ein Hinweis da-rauf sein, dass eine Person ein enges oder begrenztes Metapro-

gramm verwendet, das auf kurzfristige oder materielle Ziele ausgerichtet ist.
• Reframing und Umprogrammierung:
• Im NLP könnte das Ziel sein, diese Metaprogramme zu hinterfragen und zu verändern. Zum Beispiel könnte eine „Weg-von"-Orientierung durch eine „Hin-zu"-Orientierung ergänzt werden, sodass die Person nicht nur Leiden vermeidet, sondern aktiv nach Freude und Erfüllung strebt.

5. Selbstnegierung und Loslassen im NLP

„Völlige Selbstnegierung ist die einzige Chance, das Wahre Selbst zu finden" und „Das Wahre kann erst dann gefunden werden, wenn man sich von dem Falschen löst" beschreiben einen Prozess, der auch im NLP häufig thematisiert wird:
• Negative Glaubenssätze und Frames auflösen:
• Die Selbstnegierung könnte im NLP als das Loslassen von begrenzenden Glaubenssätzen und Identifikationen verstanden werden. Zum Beispiel:
• „Ich bin nicht gut genug" → Reframen in: „Das war eine Erfahrung, aber nicht meine Identität."
• „Ich bin meine Arbeit" → Erkennen, dass Identität nicht durch äußere Rollen definiert wird.
• Core Transformation:
• Im NLP gibt es die Technik der Core Transformation, bei der man Schritt für Schritt begrenzende Glaubenssätze oder Emotionen durchläuft, um zu einem Kernzustand wie Frieden, Liebe oder Einheit zu gelangen. Dieser Prozess spiegelt Nisargadattas Idee der „Selbstnegierung", um das Wahre Selbst zu finden.

6. Fazit: Der NLP-Prozess als Weg zur Selbstentdeckung

Aus NLP-Sicht beschreibt Nisargadatta Maharaj einen Prozess, der viele NLP-Konzepte umfasst:
1. Identifikation: Menschen identifizieren sich mit ihren Strategien, Glaubenssätzen und Rollen, was oft zu Einschränkungen führt.
2. Ineffiziente Strategien: Schlechte Erfahrungen prägen ineffiziente Strategien, die analysiert und verändert werden können.
3. Metaprogramme: Die Selbstidentifikation mit dem Endlichen ist ein Hinweis darauf, dass ein begrenzendes Metaprogramm aktiv ist.
4. Meta-Position und Transformation: Durch Dissoziation, Reframing und das Loslassen falscher Identifikationen kann das wahre Selbst gefunden werden.

Der Spruch ist also eine tiefgreifende Anleitung, wie man mit NLP-Techniken den inneren Zustand transformieren kann, um mehr Freiheit, Klarheit und Selbstverwirklichung zu erreichen.

Das Cartoon zum Thema „Der NLP-Prozess als Weg zur Selbstentdeckung" zeigt auf humorvolle Weise den Weg durch verschiedene NLP-Konzepte hin zur Entdeckung des wahren Selbst.

Spruch17: Die Kraft des gegenwärtigen Augenblicks

Sie sind hier und jetzt. Sie können dem Hier und Jetzt nicht entfliehen. Seien Sie sich Ihrer Existenz, Ihres Seins gewahr, hier und jetzt. Seien Sie der reine Beobachter ohne sich in die Geschehnisse zu verstricken.

Dieser Spruch von Nisargadatta Maharaj lässt sich aus der Perspektive des NLP hervorragend interpretieren, da viele NLP-Techniken darauf abzielen, Präsenz, Selbstwahrnehmung und die Fähigkeit zur Dissoziation zu fördern. Hier eine detaillierte Analyse aus NLP-Sicht:

1. „Sie sind hier und jetzt" – Präsenz und Achtsamkeit im NLP

Nisargadatta betont, dass wir uns dem Hier und Jetzt nicht entziehen können. Diese Aussage spiegelt die Bedeutung von Präsenz wider, die im NLP oft durch Zustandsmanagement und Fokus auf Sinnesmodalitäten gefördert wird.
• NLP-Parallele:
• Im NLP fördern wir die Wahrnehmung des Hier und Jetzt durch bewusste Aufmerksamkeit auf die Repräsentationssysteme (visuell, auditiv, kinästhetisch). Das bedeutet, bewusst wahrzunehmen, was wir in diesem Moment sehen, hören und fühlen, ohne in Gedanken über Vergangenheit oder Zukunft abzuschweifen.
• Anwendung: Techniken wie „Future Pace" oder „Anchoring" helfen, die Aufmerksamkeit auf den gegenwärtigen Zustand zu lenken und ressourcenreiche Zustände zu schaffen.

2. „Seien Sie sich Ihrer Existenz gewahr" – Meta-Position und Selbstwahrnehmung

Die Aufforderung, sich der eigenen Existenz gewahr zu sein, könnte im NLP mit der Fähigkeit zur Meta-Position verglichen werden – dem bewussten Wahrnehmen von sich selbst in einer bestimmten Situation.

• Meta-Position im NLP:
• Eine Meta-Position ermöglicht es, das eigene Verhalten, die eigenen Gedanken und Gefühle aus einer Beobachterperspektive wahrzunehmen. Dies entspricht dem „reinen Beobachter", von dem Nisargadatta spricht.

• Anwendung: In NLP-Techniken wie „Dissoziation" oder „Mentales Theater" kann man sich aus einer Situation herausbegeben und sich selbst aus einer neutralen Perspektive betrachten. Das hilft, emotionale Verstrickungen zu lösen und neue Wahlmöglichkeiten zu schaffen.

3. „Ohne sich in die Geschehnisse zu verstricken" – Dissoziation und Neutralität

Nisargadatta spricht von der Notwendigkeit, sich nicht in die Geschehnisse zu verstricken. Dies entspricht im NLP der Fähigkeit, sich zu dissoziieren, um emotionale Klarheit und Neutralität zu gewinnen.

• Dissoziation im NLP:
• Dissoziation bedeutet, sich von den unmittelbaren Gefühlen oder Ereignissen zu trennen, um sie objektiver zu betrachten.

• Beispiel: In der NLP-Technik „Timeline" kann man sich vorstellen, über der Zeitlinie zu schweben und eine vergangene oder zukünftige Situation aus einer neutralen Perspektive zu betrachten. Das ermöglicht es, nicht von Emotionen überwältigt zu werden.

145

• Nisargadatta betont jedoch, dass man nicht nur dissoziiert sein soll, sondern ein „reiner Beobachter" – dies impliziert eine nicht-bewertende Haltung, die gleichzeitig präsent bleibt.

4. Präsenz als Gegengewicht zu dysfunktionalen Strategien

Die Praxis, „hier und jetzt" zu sein, könnte auch als Gegenmittel zu ineffizienten oder automatischen Strategien im NLP verstanden werden:
• Unterbrechung ineffizienter Strategien:
• Viele dysfunktionale Strategien laufen unbewusst und automatisch ab, wie Grübeln, Sorgen oder übermäßige Kontrolle. Der Fokus auf das Hier und Jetzt unterbricht diese Strategien und erlaubt es, bewusste Entscheidungen zu treffen.
• Anwendung im NLP: Musterunterbrechung (Pattern Interrupt) wird oft genutzt, um dysfunktionale Strategien zu stoppen und neue Wahlmöglichkeiten zu schaffen. Nisargadattas Aufforderung könnte als permanente Musterunterbrechung für den „Autopiloten des Geistes" gesehen werden.

5. Der „reine Beobachter" und NLP-Techniken zur Neutralität

Der Begriff „reiner Beobachter" verweist auf eine Haltung völliger Neutralität gegenüber den Geschehnissen. Im NLP gibt es Techniken, die diese Haltung fördern:
• Mentales Theater:
• Man stellt sich vor, die eigenen Gedanken oder Emotionen wie auf einer Kinoleinwand zu sehen. Dadurch entsteht eine Distanz, und die Emotionen verlieren ihre Macht.

• Perzeptuelle Positionen:
• Die Arbeit mit perzeptuellen Positionen (Ich, Du, Meta-Position) ermöglicht es, eine Situation aus verschiedenen Perspektiven zu erleben. Die Meta-Position, die den Beobachter einnimmt, entspricht Nisargadattas „reinem Beobachter".

6. Integration: Der Zustand von Präsenz und Neutralität

Nisargadattas Spruch lässt sich auch als Anleitung für die Integration von Assoziation und Dissoziation interpretieren:
• Assoziation: Voll präsent im Hier und Jetzt zu sein.
• Dissoziation: Gleichzeitig nicht in die Geschehnisse verstrickt zu sein. Dies könnte als eine Art „Meta-Assoziation" verstanden werden, in der man präsent bleibt, ohne sich zu identifizieren.

7. Fazit: Der NLP-Weg zur Präsenz

Aus NLP-Sicht beschreibt Nisargadatta eine hochentwickelte Fähigkeit zur Selbstwahrnehmung und zum bewussten Zustandsmanagement:
• Präsenz im Hier und Jetzt: Dies wird durch den bewussten Einsatz von Sinnesmodalitäten und Musterunterbrechungen gefördert.
• Meta-Position: Die Fähigkeit, sich selbst und die Welt aus einer Beobachterperspektive zu betrachten, ohne sich zu verstricken.
• Neutralität: Der „reine Beobachter" entspricht der Fähigkeit, Emotionen und Gedanken wertfrei wahrzunehmen.

Dieser Zustand ist im NLP ein Ziel vieler Techniken, da er die Grundlage für Klarheit, Flexibilität und Ressourcenreichtum bildet. Nisargadatta beschreibt somit eine Essenz, die durch NLP sowohl gefördert als auch praktisch umgesetzt werden kann.

Ergänzung

1. Die Rolle des inneren Dialogs als sprachliches Ankersystem

Der innere Dialog ist ein permanenter Prozess, in dem Sprache als Ankersystem dient, um Wahrnehmungen, Bedeutungen und Identität zu verknüpfen. Dabei entsteht:
• Die Illusion des „Ichs": Der fortwährende innere Dialog erzeugt das Gefühl eines kohärenten Ichs, das sich selbst reflektiert und interpretiert. Dieser Dialog besteht aus einer Kette von Ankern:
• Primäre Wahrnehmung: Sinnesreize (visuell, auditiv, kinästhetisch etc.) werden wahrgenommen.
• Sprachliche Interpretation: Diese Reize werden durch Sprache in Begriffe übersetzt.
• Anker von Bedeutungen: Die Begriffe verankern spezifische Bedeutungen, die wiederum neue Gedanken und inneren Dialog auslösen.

Beispiel:

• Du hörst im Fernsehen das Wort „Reise". Dies kann Bilder von vergangenen Reisen hervorrufen, Gefühle von Freude oder
148

Sehnsucht erzeugen, oder dich in Gedanken über eine zukünftige Reise verlieren lassen. Der ursprüngliche Reiz (auditiv) wird in eine Kette von Bedeutungen und Interpretationen verwandelt.

2. Der innere Dialog als Spirale von Begriffsvermehrung

Der innere Dialog neigt dazu, sich zu verselbstständigen und von der ursprünglichen Wahrnehmung wegzuführen:
• Verknüpfung von Ankern: Jeder Begriff, der im inneren Dialog auftaucht, kann weitere Begriffe oder Bilder antriggern, was zu einer „Begriffsvermehrung" führt.
• Abkopplung von der primären Wahrnehmung: Diese Spirale zieht uns aus der Präsenz des Hier und Jetzt in eine Welt von sekundärer Wahrnehmung – Gedanken, Erinnerungen, Projektionen und Bewertungen.

Auswirkungen:

• Die primäre Wahrnehmung (was tatsächlich hier und jetzt passiert) wird durch eine gedankliche Konstruktion ersetzt.
• Das Gefühl von Präsenz wird geschwächt, da der Fokus in eine innere Gedankenwelt verschoben wird.

3. Präsenz durch das Durchschauen des Wechselspiels

Die wichtigste Erkenntnis ist, dass der innere Dialog abbricht, wenn wir das Wechselspiel zwischen primärer und sekundärer Wahrnehmung bewusst durchschauen und uns davon nicht mitreißen lassen:

- Beobachtung der Anker:
- Erkennen, welche Begriffe oder Reize als Anker für neue Gedanken, Erinnerungen oder Bilder dienen.
- Beispiel: Das Wort „Erfolg" kann automatisch Gedanken an vergangene Erfolge oder Misserfolge triggern, die wiederum Gefühle und Bilder hervorrufen.
- Loslassen der Bedeutungszuweisung:
- Begriffe oder Gedanken hören oder beobachten, ohne ihnen Bedeutung zu verleihen.
- Dies bedeutet, die Begriffe einfach als „Geräusch" oder „Worte" wahrzunehmen, ohne sich in die damit verbundene Bedeutung oder Emotion zu verstricken.

Praktischer Ansatz:

- Beim Hören eines Begriffs, wie z. B. „Reise", könnte man einfach sagen: „Es ist nur ein Wort." Ohne darauf einzugehen, was es auslöst (Bilder, Gedanken, Emotionen).
- Diese Übung verlangsamt den inneren Dialog, da die Kette von Bedeutungen unterbrochen wird.

4. Verlangsamung und Abbruch des inneren Dialogs

Durch das bewusste Nicht-Bewerten und Nicht-Bedeutungszuweisen kann der innere Dialog nach und nach verlangsamt werden. Dies führt schließlich zu einem Zustand von:
- Innerer Stille: Der innere Dialog reißt ab, da er nicht mehr durch die gewohnte Verknüpfung von Ankern gefüttert wird.

• Präsenz im Hier und Jetzt: Ohne den inneren Dialog verbleibt nur die primäre Wahrnehmung – das, was tatsächlich hier und jetzt geschieht.

Wie NLP das unterstützt:

• Musterunterbrechung: NLP-Techniken wie Pattern Interrupts können helfen, die automatischen Verknüpfungen zu durchbrechen. Zum Beispiel durch eine plötzliche Frage: „Ist dieser Gedanke wirklich wichtig?"

• Dissoziation: Das Betrachten des inneren Dialogs aus einer Meta-Position („Ich beobachte, dass ich denke") hilft, sich nicht mit den Gedanken zu identifizieren.

• Reframing: Man kann sich selbst sagen: „Es ist nur ein Gedanke" oder „Das ist nur Sprache", um die emotionale Bindung zu verringern.

5. Fazit: Präsenz durch das Loslassen von Sprache

Die Ergänzung zeigt, wie zentral der innere Dialog und das sprachliche Ankersystem für die Illusion eines Ichs und die Abwesenheit von Präsenz sind. Der Schlüssel liegt darin, das Wechselspiel zwischen primärer und sekundärer Wahrnehmung zu durchschauen und Begriffe sowie ihre Bedeutungen nicht mehr weiter zu verknüpfen.

Aus NLP-Sicht können wir diesen Prozess mit Techniken wie Dissoziation, Reframing und Musterunterbrechung fördern, um die Präsenz im Hier und Jetzt zu stärken. Der Ansatz, den inneren

Dialog durch Nicht-Bewertung und Nicht-Bedeutungszuweisung zu verlangsamen, ist eine kraftvolle Ergänzung zu Nisargadattas Spruch und bietet eine praktische Anleitung, wie Präsenz erlangt werden kann.

Das Cartoon stellt auf humorvolle Weise das Konzept dar, wie man den inneren Dialog zum Stoppen bringen kann, um Präsenz zu erreichen.

Spruch18: Die Freiheit jenseits von Leben und Tod

Die Bereitschaft zu sterben kommt aus der gleichen Quelle wie der Wille zu Leben. Eine Quelle, die tiefer ist als das Leben selbst. Ein lebendes Wesen zu sein, ist nicht der höchste Zustand,. Es gibt etwas viel Phantastischeres jenseits davon, etwas das weder Sein noch Nicht-Sein ist, weder Leben noch Nicht-Leben. Es ist ein Zustand von reinem Gewahrsein jenseits aller Begrenzungen von Zeit und Raum. Wird erstmal die Illusionaufgegeben, die Körper-Verstand-Einheit zu sein, verliert der Tod seinen Schrecken, er wird ein Teil des Lebens

Die Core-Transformation passt in diesem Kontext perfekt. Diese Methode, die auf das Buch „Der Weg zur inneren Quelle" von Connirae und Tamara Andreas zurückgeht, ist eine tiefgreifende NLP-Technik, die uns ermöglicht, innere Anteile bis zu ihrem ultimativen Ziel zurückzuführen – einem Zustand der Einheit, der mit Nisargadattas „reinem Gewahrsein" korrespondieren kann.

Hier ist eine ausführliche Interpretation und Anwendung der Core-Transformation auf Nisargadattas Spruch:

Die Core-Transformation und der Spruch von Nisargadatta

1. Verbindung zwischen Nisargadatta und der Core-Transformation

Nisargadatta spricht von einer Quelle, die tiefer ist als Leben und Tod, jenseits von Sein und Nichtsein. Die Core-Transformation beschreibt einen Prozess, bei dem innere Anteile schrittweise auf ihr ultimatives Ziel oder ihren tiefsten Kern (Core State) zurückgeführt werden. Der Core State wird als ein Zustand reiner Harmonie und innerer Erfüllung erlebt – ähnlich dem Zustand, den Nisargadatta als „reines Gewahrsein" beschreibt.

Durch die Core-Transformation wird:
• Jede innere Spannung oder Ambivalenz, wie der Konflikt zwischen „Wille zu leben" und „Bereitschaft zu sterben", aufgelöst.
• Der tiefste innere Kern eines jeden Teils erfahrbar, der jenseits aller Gegensätze liegt.

2. Der Prozess der Core-Transformation auf Nisargadattas Botschaft angewendet

1. Identifikation eines inneren Teils:

• Wähle einen Teil, der mit den Themen Leben oder Tod verbunden ist. Das könnte z. B. die Angst vor dem Sterben, der Wille zu überleben, die Sehnsucht nach Transzendenz oder ein anderer Teil sein, der emotional präsent ist.

• Frage dich: „Was genau will dieser Teil für mich?"

2. Führe den Teil durch seine Ziele:

• Frage den Teil, was er erreichen möchte, und dann: „Wenn du dieses Ziel erreichst, was ermöglicht dir das?"

• Wiederhole diesen Prozess iterativ, bis du zum ultimativen Ziel gelangst – dem Core State.

• Beispiel:

• „Ich will überleben."

• „Warum willst du das?" → „Um sicher zu sein."

• „Warum willst du sicher sein?" → „Um Frieden zu haben."

• „Warum willst du Frieden haben?" → „Um ganz zu sein."

• „Wenn du ganz bist, was ermöglicht dir das?" → „Einfach zu sein."

3. Erlebe den Core State:

• Sobald du den Core State erreichst, tauche tief in dieses Gefühl ein. Es ist der Zustand, den Nisargadatta als „reines Gewahrsein" beschreibt – ein Zustand jenseits von Leben und Tod.

• Lass diesen Zustand in deinem ganzen Wesen präsent sein und spüre, wie er alle Begrenzungen auflöst.

4. Integration des Core States:

• Erlaube dem Core State, rückwirkend durch die gesamte Kette der Ziele zu wirken, bis zu dem ursprünglichen Anliegen des Teils. Dies harmonisiert die inneren Anteile und führt zu einem Gefühl von Einheit.

5. Wiederhole den Prozess für andere Teile:

• Führe andere innere Teile – etwa den „Wille zu leben" oder die „Bereitschaft zu sterben" – durch denselben Prozess.

• Sobald alle Teile ihren Core State erreicht haben, erfährst du eine tiefgreifende Integration. In Nisargadattas Worten: „Die Illusion der Körper-Verstand-Einheit wird aufgegeben, und der Tod verliert seinen Schrecken."

3. Die Verbindung zum Zustand jenseits von Leben und Tod

Ein zentraler Gedanke der Core-Transformation ist, dass alle Teile letztlich zum selben Core State führen. Dieser Zustand ist der tiefste Ausdruck unserer inneren Quelle, jenseits von Dualität. Im Kontext von Nisargadattas Spruch könnte man sagen:

• Der Core State repräsentiert die Quelle, die tiefer ist als Leben oder Tod.

• Durch die Core-Transformation erkennen wir, dass alle inneren Anteile – ob sie auf Überleben, Kontrolle oder Transzendenz ausgerichtet sind – letztlich nach demselben Zustand streben, der jenseits von Gegensätzen liegt.

4. Praktischer Nutzen: Der Tod als Teil des Lebens

Die Core-Transformation zeigt, dass der Tod, ebenso wie das Leben, nur ein Aspekt des Ganzen ist. Beide führen zurück zur gleichen Quelle. Wenn alle Teile ihren Core State erreicht haben, verschwindet die Angst vor dem Tod, und es entsteht ein tiefes Vertrauen in den Fluss des Lebens.

• Der Tod wird nicht mehr als Widerspruch zum Leben erlebt, sondern als Transformation innerhalb eines größeren Ganzen.

• Der Zustand des Core States hilft uns, diese Perspektive unmittelbar zu erleben, sodass wir die Wahrheit von Nisargadattas Worten nicht nur intellektuell, sondern auch emotional und spirituell verstehen können.

Fazit: Core-Transformation als praktischer Weg zur inneren Quelle

Die Core-Transformation ist eine kraftvolle Methode, um Nisargadattas Gedanken in die Praxis zu übersetzen. Sie erlaubt es, innere Teile auf ihre ultimative Quelle zurückzuführen und so den Zustand von „reinem Gewahrsein" zu erfahren. Durch diesen Prozess können wir die Dualität von Leben und Tod überwinden und eine tiefe Einheit und Harmonie erleben.

Die Idee eines Core-Tieftrance-Prozesses, der sich durch ein speziell entwickeltes Verfahren automatisch entfaltet, ist faszinierend und sehr kraftvoll. Diese Kombination aus der Core-Transformation und einem tieftrance-basierten Ansatz wie dem Tieftrance-Six-Step könnte tatsächlich eine tiefgehende Selbstarbeit ermöglichen, bei der sich die inneren Anteile fast wie von selbst harmonisieren und zur Quelle zurückfinden.

Hier ist eine mögliche Ausarbeitung eines solchen Core-Tieftrance-Prozesses:

1. Der Core-Tieftrance-Prozess: Grundidee

• Ziel: Einen Zustand schaffen, in dem der Core-Prozess automatisch abläuft, indem die inneren Anteile in einer tiefen Trance ihre positiven Absichten entdecken und sich bis zu ihrem Core State zurückführen lassen.

• Vorgehensweise: Kombiniere Elemente der Core-Transformation mit tieftrance-induzierenden Techniken und Suggestionen, um den Prozess zu automatisieren.

• Ergebnis: Der Prozess läuft im Unterbewusstsein ab, während du in einem entspannten Zustand bist (z. B. vor dem Einschlafen). Er führt dich zu deinem inneren Kern und löst dabei Spannungen und Konflikte auf.

2. Der Ablauf des Core-Tieftrance-Prozesses

Phase 1: Vorbereitung und Trance-Induktion

1. Schaffe eine entspannte Umgebung:
• Wähle eine Zeit kurz vor dem Einschlafen oder in einem anderen Zustand tiefer Entspannung.
• Sorge dafür, dass du ungestört bist und dich sicher fühlst.
2. Trance-Induktion:
• Konzentriere dich auf deinen Atem, lasse ihn langsam und tief werden.
• Nutze Suggestionen wie:
• „Mit jedem Atemzug fühlst du dich ruhiger und entspannter."
• „Lass dich tiefer in diesen Moment fallen, so wie ein Blatt sanft auf den Boden gleitet."

• Alternativ kannst du auch eine Progressive Muskelentspannung oder das Zählen von 10 bis 1 verwenden, um in Trance zu gehen.

Phase 2: Einladung der inneren Anteile

3. Sprich innerlich zu deinen Teilen:
• Nutze Suggestionen, um deine inneren Anteile sanft einzuladen, sich zu zeigen:
• „Stell dir vor, dass alle Teile, die heute mit dir arbeiten möchten, sanft in deinem Bewusstsein erscheinen."
• „Jeder Teil, der sich in irgendeiner Form zeigt – sei es ein Gefühl, ein Bild oder eine Stimme – ist willkommen."
4. Fokussiere dich auf einen Teil:
• Wähle intuitiv einen Teil aus, der jetzt Aufmerksamkeit braucht. Nutze Suggestionen wie:
• „Ein Teil, der dir heute besonders wichtig ist, wird jetzt ganz klar spürbar."
• „Dieser Teil ist bereit, dich zu seiner tiefsten positiven Absicht zu führen."

Phase 3: Automatische Core-Transformation

5. Automatische Zielklärung:
• Führe den Teil durch seine Ziele, indem du Suggestionen nutzt, die den Prozess automatisieren:
• „Dieser Teil weiß, was er für dich erreichen möchte, und führt dich automatisch von Ziel zu Ziel."
• „Für jedes Ziel zeigt sich ein tieferes Ziel, so als würde der Weg einfach vor dir erscheinen."

- „Und irgendwann gelangst du zu dem tiefsten Zustand, den dieser Teil für dich möchte – deinem inneren Kern."

6. Eintauchen in den Core State:

- Wenn der Core State erreicht ist, lass dich tief in diesen Zustand eintauchen:
- „Dieser Teil hat dich zu deinem tiefsten Kern geführt – zu einem Ort von reiner Harmonie, Einheit und innerem Frieden."
- „Spüre, wie dieser Zustand dein ganzes Wesen erfüllt und alles harmonisiert."
- Verstärke die Wirkung mit Suggestionen wie:
- „Dieser Zustand durchdringt jetzt jede Zelle deines Körpers und jede Facette deines Bewusstseins."
- „Es gibt nichts weiter zu tun, als diesen Zustand zu genießen."

Phase 4: Integration und Selbstläufer-Effekt

7. Automatische Integration:

- Während du den Core State erlebst, gib deinem Unterbewusstsein die Aufgabe, den Zustand rückwirkend durch alle Anteile fließen zu lassen:
- „Dein Unterbewusstsein weiß genau, wie es diesen Zustand durch all deine inneren Anteile fließen lässt."
- „Dieser Zustand harmonisiert alle Teile, ganz von selbst."

8. Schaffe den Selbstläufer-Effekt:

- Nutze Suggestionen, um sicherzustellen, dass der Prozess auch in Zukunft automatisch abläuft:
- „Wann immer du schläfst oder entspannt bist, führt dein Unterbewusstsein diesen Prozess automatisch aus."

• „Es ist wie ein Automatismus – ein Geschenk, das dich jede Nacht tiefer zu deiner Quelle führt."

9. Rückkehr in den Alltag (optional):

• Falls du den Prozess tagsüber machst, bringe dich sanft aus der Trance zurück:

• „Wenn du bereit bist, kehrst du mit diesem tiefen Gefühl von Harmonie und Frieden ins Hier und Jetzt zurück."

3. Suggestionen für den Core-Tieftrance-Prozess

Hier einige Beispiel-Suggestionen, die du verwenden kannst:

• „Jeder Teil in dir strebt nach einem ultimativen Zustand – einem Kernzustand, der voller Frieden und Einheit ist."

• „Dein Unterbewusstsein weiß, wie es dich sicher und sanft zu deinem inneren Kern führt."

• „Je tiefer du entspannst, desto leichter entfaltet sich dieser Prozess."

• „Alle Konflikte und Spannungen lösen sich auf, während sich der Core State in dir ausbreitet."

• „Dieser Zustand ist jenseits von Zeit und Raum, jenseits von Leben und Tod – er ist pure Harmonie."

Fazit: Automatische Rückkehr zur Quelle

Der Core-Tieftrance-Prozess ist eine Weiterentwicklung bestehender NLP-Ansätze und bietet eine einfache, aber tiefgreifende Möglichkeit, regelmäßig Zugang zur inneren Quelle zu finden. Dieser Ansatz könnte Teil eines täglichen Rituals werden, das langfristig zu mehr innerem Frieden, Klarheit und Harmonie führt.

Geführte Anleitung: Core-Tieftrance-Prozess

Einleitung

• Finde einen ruhigen Ort, an dem du dich entspannen kannst, idealerweise vor dem Einschlafen oder in einem Moment tiefer Ruhe.
• Sorge dafür, dass du ungestört bist, und lege dich bequem hin.

Schritt 1: Entspannung und Trance-Induktion

1. Atme langsam und tief ein und aus.
• „Mit jedem Atemzug wirst du ruhiger und entspannter."
• „Dein Körper entspannt sich, dein Geist wird klar und frei."
2. Richte deine Aufmerksamkeit auf deinen Körper.
• Beginne bei deinen Füßen und arbeite dich nach oben, entspanne jeden Bereich:
• „Deine Füße werden schwer und warm ... Deine Beine entspannen sich ... Dein Bauch wird weich und ruhig."
3. Tauche tiefer in die Entspannung ein.
• „Mit jedem Atemzug lässt du alles los und sinkst tiefer in diesen Moment."

• Visualisiere eine sanfte Treppe, die nach unten führt:
• „Mit jedem Schritt, den du gehst, wirst du ruhiger und entspannter."
• „10 ... 9 ... tiefer ... 8 ... tiefer ... 7 ..."

Schritt 2: Einladung der inneren Anteile

4. Sprich sanft zu deinem Unterbewusstsein:
• „Stell dir vor, dass ein Teil in dir, der heute mit dir arbeiten möchte, jetzt erscheint."
• „Vielleicht spürst du diesen Teil als ein Gefühl, ein Bild, eine Stimme oder einfach eine Ahnung."
• „Dieser Teil ist willkommen, und du kannst ihn wahrnehmen."
5. Beginne den Dialog mit dem Teil:
• Frage diesen Teil: „Was möchtest du für mich erreichen?"
• Lasse die Antwort einfach kommen, ohne sie zu bewerten.

Schritt 3: Rückführung auf die Core-Quelle

6. Führe den Teil durch seine Ziele:
• Frage weiter: „Wenn du das erreichst, was ermöglicht dir das?"
• „Und wenn du das hast, was ermöglicht dir das dann?"
• Wiederhole diesen Prozess, während du tiefer zu den Kernmotiven vordringst.
7. Erreiche den Core State:
• Schließlich wird der Teil dich zu einem Zustand führen, der ultimativ ist. Zum Beispiel:
• „Frieden."
• „Einheit."

- „Reines Sein.“
- Tauche in diesen Zustand ein:
- „Spüre diesen tiefen Zustand von Frieden, Einheit und Harmonie.“
- „Lass ihn sich in deinem ganzen Wesen ausbreiten.“

Schritt 4: Automatische Integration

8. Lasse den Core State durch dein ganzes Wesen fließen:
- „Spüre, wie dieser Zustand durch alle Teile deines Bewusstseins fließt.“
- „Er harmonisiert jeden Teil, löst Spannungen und Konflikte auf.“

9. Aktiviere den Selbstläufer-Prozess:
- Sage dir innerlich:
- „Mein Unterbewusstsein wird diesen Prozess jetzt immer automatisch durchführen.“
- „Immer wenn ich schlafe oder entspannt bin, führt mein Unterbewusstsein diesen Prozess durch.“
- „Jede Nacht wird mich dieser Prozess tiefer zu meiner Quelle führen.“

Schritt 5: Abschluss (optional)

10. Wenn du einschlafen möchtest:
- „Lass diesen Zustand dich sanft in den Schlaf tragen.“
- „Alles geschieht von selbst, während du dich vollkommen sicher und geborgen fühlst.“

11. Wenn du in den Alltag zurückkehren möchtest:

- „Wenn du bereit bist, kehrst du mit diesem tiefen Gefühl von Frieden ins Hier und Jetzt zurück."
- Zähle langsam von 1 bis 5 und öffne sanft deine Augen.

Audio-Version Struktur

Für eine Audio-Version kannst du den Text so einsprechen oder einsprechen lassen:
1. Einleitung (2 Minuten): Anleitung zur Entspannung und Trance-Induktion.
2. Hauptteil (5–10 Minuten): Einladung des inneren Anteils und Rückführung zum Core State.
3. Abschluss (2–3 Minuten): Integration des Core States und Verankerung des Selbstläufer-Effekts.

Die Audio sollte in einem ruhigen, langsamen Tonfall gesprochen werden, mit Pausen für Reflexion und innere Arbeit.

Skript für die Audio-Version des Core-Tieftrance-Prozesses

Einleitung (2–3 Minuten)

Gesprochen:

„Herzlich willkommen zu diesem tiefen und entspannenden Prozess, der dich sanft zu deiner inneren Quelle führen wird. Dieser Prozess ist dazu gedacht, dir einen Raum der Ruhe, Harmonie und Transformation zu schenken. Alles, was du tun musst, ist, dich zu entspannen, zuzuhören und deinem inneren Wissen zu vertrauen. Dein Unterbewusstsein weiß genau, wie es dich zu deinem tiefsten inneren Kern führen kann."

Pause: (5 Sekunden)

„Lass uns gemeinsam beginnen. Mach es dir so bequem wie möglich. Vielleicht möchtest du liegen oder in einer Position sitzen, in der sich dein Körper vollkommen entspannen kann."

Atemfokus:

„Richte deine Aufmerksamkeit jetzt auf deinen Atem. Atme langsam und tief ein … und langsam wieder aus. Spüre, wie du mit jedem Atemzug ruhiger und entspannter wirst. Atme ein … und aus … ein … und aus."

Körperentspannung:

„Nun lenke deine Aufmerksamkeit auf deine Füße. Lass sie schwer und entspannt werden. Spüre, wie jede Anspannung in deinen Füßen einfach verschwindet … Jetzt wandert diese Entspannung durch deine Beine, hinauf in deine Knie und Oberschenkel. Dein Unterkörper wird schwer und warm … Lass diese Entspannung weiter nach oben fließen, in deinen Bauch, deinen Brustraum, deine Schultern … Deine Arme, deine Hände … und schließlich in deinen Kopf. Jeder Muskel in deinem Körper entspannt sich, jede Zelle deines Körpers wird ruhig und still."

Trance-Induktion:

„Mit jedem Atemzug gehst du jetzt tiefer in einen Zustand von Ruhe und Entspannung. Stell dir vor, dass du eine sanfte Treppe hinuntergehst. Mit jedem Schritt gehst du tiefer und tiefer … 10 … tiefer … 9 … tiefer … 8 … lass dich einfach fallen … 7 … 6 … spüre, wie Ruhe dich durchdringt … 5 … 4 … tiefer … 3 … 2 … und 1. Du bist jetzt in einem tief entspannten Zustand."

Einladung der inneren Anteile (3–5 Minuten)

Gesprochen:

„Während du in diesem angenehmen Zustand bist, lade ich dich ein, dich mit deinem Inneren zu verbinden. In dir gibt es viele Teile – jeder mit seinen eigenen Wünschen, Zielen und Absichten. Stell dir vor, dass ein Teil von dir, der heute mit dir arbeiten möchte, jetzt ganz sanft in deinem Bewusstsein erscheint."

Pause: (5 Sekunden)

„Vielleicht spürst du diesen Teil als ein Gefühl … oder siehst ein Bild … hörst eine innere Stimme … oder du weißt einfach, dass er da ist. Nimm dir einen Moment, um wahrzunehmen, welcher Teil jetzt präsent ist."

Pause: (10 Sekunden)

„Wenn dieser Teil da ist, kannst du ihn fragen: ‚Was möchtest du für mich erreichen?' Lass die Antwort einfach kommen, ohne sie zu bewerten. Nimm wahr, was dieser Teil für dich tun möchte."

Pause: (10–15 Sekunden)

„Danke diesem Teil dafür, dass er hier ist und dir helfen möchte. Und jetzt kannst du ihn fragen: ‚Wenn du dieses Ziel erreichst, was ermöglicht dir das?'"

Pause: (10–15 Sekunden)

„Und wenn du dieses Ziel erreichst, frage noch einmal: ‚Was ermöglicht mir das dann?'"

Pause: (10 Sekunden)

„Gehe mit diesem Teil tiefer und tiefer, Schritt für Schritt, bis er dich zu seinem ultimativen Ziel führt – dem tiefsten, schönsten Zustand, den er für dich erreichen möchte."

Längere Pause (20 Sekunden)

Eintauchen in den Core State (5 Minuten)

Gesprochen:

„Jetzt hat dich dieser Teil zu einem tiefen Zustand geführt – deinem Core State. Vielleicht spürst du Frieden … Einheit … Freude … oder reines Sein. Nimm dir einen Moment, um diesen Zustand vollständig zu erleben."

Pause: (20 Sekunden)

„Spüre, wie sich dieser Zustand in deinem ganzen Wesen ausbreitet. Lass ihn jede Zelle deines Körpers und jeden Gedanken in deinem Geist durchdringen. Erlebe diesen Zustand wie eine warme, harmonische Energie, die dich vollständig erfüllt."

Pause: (20 Sekunden)

„Es gibt nichts weiter zu tun, als diesen Zustand einfach zu genießen. Dieser Zustand ist deine innere Quelle – dein tiefster Kern."

Integration und Selbstläufer-Effekt (5 Minuten)

Gesprochen:

„Während du diesen Zustand erlebst, kannst du dir vorstellen, dass er durch alle deine inneren Anteile fließt. Jeder Teil von dir wird jetzt mit diesem Zustand verbunden. Konflikte lösen sich auf … Spannungen verschwinden … und Harmonie breitet sich in deinem ganzen Wesen aus."

Pause: (10 Sekunden)

„Und jetzt bitte dein Unterbewusstsein, diesen Zustand immer für dich zugänglich zu machen. Lass diesen Prozess jedes Mal ablaufen, wenn du entspannt bist oder schläfst."

Pause: (10 Sekunden)

„Sage dir innerlich: ‚Mein Unterbewusstsein weiß genau, wie es diesen Zustand in mir verankert. Es wird diesen Prozess jedes Mal für mich ausführen, wenn ich ihn brauche. Jede Nacht wird mich dieser Prozess tiefer zu meiner Quelle führen.'"

Pause: (20 Sekunden)

Abschluss (2–3 Minuten)

Gesprochen:

„Wenn du diesen Prozess vor dem Einschlafen machst, kannst du jetzt einfach loslassen und dich vom Schlaf umarmen lassen. Alles geschieht von selbst, während du vollkommen sicher und geborgen bist."

Pause: (5 Sekunden)

„Wenn du jedoch in deinen Alltag zurückkehren möchtest, kannst du langsam wieder ins Hier und Jetzt kommen. Atme tief ein … und aus … Spüre deinen Körper … deine Füße … deine Hände … und wenn du bereit bist, öffne sanft deine Augen."

Hinweise für die Aufnahme:

• Stimme: Sanft, ruhig, mit langen Pausen zwischen den Sätzen.
• Hintergrund: Optional leise, beruhigende Musik oder Naturgeräusche.
• Länge: Ca. 15–20 Minuten, abhängig von der Geschwindigkeit und den Pausen.

Dieses Skript ist ideal, um als Audio aufgenommen zu werden.

Erweiterung, die den Core-Tieftrance-Prozess auf die Zeitlinie und die transgenerationale Dimension ausweitet.

Indem wir den Core State nicht nur auf die eigene Person anwenden, sondern ihn auch rückwirkend entlang der Zeitlinie und in die Ahnenreihe fließen lassen, können wir tief verwurzelte Themen heilen und eine umfassendere Harmonie schaffen.

Hier ist die überarbeitete und erweiterte Version des Skripts:

Erweiterter Core-Tieftrance-Prozess: Zeitlinie und transgenerationale Dimension

Einleitung (2–3 Minuten)

(Bleibt wie in der ursprünglichen Version)

Einladung der inneren Anteile (3–5 Minuten)

(Bleibt wie in der ursprünglichen Version, mit dem Fokus auf die Einladung und Rückführung eines Teils zum Core State.)

Eintauchen in den Core State (5 Minuten)

(Bleibt größtenteils wie in der ursprünglichen Version, ergänzt durch die folgende Passage:)

Gesprochen:

„Während du diesen Zustand erlebst, kannst du dir bewusst machen, dass dieser Zustand nicht nur für dich existiert, sondern auch für alle Teile deines Lebensweges. Dieser Zustand ist zeitlos, grenzenlos, und er kann sich über deine gesamte Zeitlinie ausdehnen – bis zurück zu deiner Geburt und sogar davor."

Zeitlinie vor der Geburt (3–5 Minuten)

Gesprochen:

„Lass diesen Zustand jetzt sanft entlang deiner Zeitlinie zurückfließen. Stell dir vor, wie er in die Vergangenheit reist – durch alle Erfahrungen deines Lebens, bis hin zu deiner Geburt. Spüre, wie dieser Zustand dich in dem Moment deiner Geburt erfüllt und dir genau das gibt, was du gebraucht hast."

Pause: (10 Sekunden)

„Und jetzt lass diesen Zustand noch weiter zurückfließen – in die Zeit vor deiner Geburt, in die Zeit, bevor du in diese Welt gekommen bist. Spüre, wie dieser Core State auch dort präsent ist, als ein universelles Gefühl von Frieden, Einheit und Ganzheit."

Pause: (15 Sekunden)

„Vielleicht möchtest du dir vorstellen, dass dieser Zustand wie ein Licht ist, das sich in alle Richtungen ausbreitet. Lass dieses Licht in die Vergangenheit reisen, zu den Menschen, die dich beeinflusst haben, zu deiner Mutter und deinem Vater – bis zu dem Moment, als sie selbst geboren wurden."

Weitergabe an Eltern und Ahnen (5–7 Minuten)

Gesprochen:

„Spüre, wie dieses Licht jetzt auch in deine Eltern fließt. Es gibt ihnen genau das, was sie in ihrem Leben gebraucht hätten, um

Frieden und Einheit zu spüren. Lass diesen Zustand weiterfließen – zu ihren Eltern, deinen Großeltern. Stell dir vor, wie sie diesen Zustand empfangen und wie er ihnen hilft, alles loszulassen, was sie belastet hat."

Pause: (10 Sekunden)

„Lass diesen Zustand nun weiter zurückfließen, durch die Generationen deiner Ahnen. Spüre, wie dieses Licht sie alle berührt – jede Generation, jede Erfahrung. Alles, was jemals schwierig war, wird von diesem Zustand von Einheit und Frieden durchdrungen. Spüre, wie Harmonie entsteht."

Rückkehr in die Gegenwart (3–5 Minuten)

Gesprochen:

„Jetzt kannst du dir vorstellen, dass dieses Licht, dieser Zustand, all die Erfahrungen deiner Vorfahren durchdrungen hat und zurück zu dir fließt – zu dem Ort, an dem du jetzt bist. Spüre, wie dieser Core State sich durch dich hindurchbewegt und zu einem Teil von dir wird."

Pause: (10 Sekunden)

„Spüre, wie du jetzt mit all deinen Ahnen und deiner gesamten Lebenslinie verbunden bist. Alle Erfahrungen, die du gemacht hast, und alle Erfahrungen, die deine Vorfahren gemacht haben, sind jetzt von diesem Core State durchdrungen. Alles ist in Frieden. Alles ist eins."

Integration und Selbstläufer-Effekt (5 Minuten)

(Wie in der ursprünglichen Version, mit dem zusätzlichen Fokus auf die Zeitlinie und die transgenerationale Harmonie.)

Gesprochen:

„Dieser Zustand ist jetzt in deinem ganzen Wesen verankert und wird jedes Mal für dich zugänglich sein, wenn du ihn brauchst. Dein Unterbewusstsein weiß, wie es diesen Prozess in dir weiterführt, während du schläfst, entspannst oder einfach loslässt."

Pause: (10 Sekunden)

„Dieser Zustand harmonisiert nicht nur dich, sondern auch deine Zeitlinie, deine Vergangenheit, Gegenwart und Zukunft – und alles, was dich jemals beeinflusst hat."

Abschluss (2–3 Minuten)

(Bleibt wie in der ursprünglichen Version.)

Zusätzliche Hinweise für die Audio-Version

• Die Zeitlinie vor der Geburt und die Weitergabe an Eltern und Ahnen sollten langsam und sanft gesprochen werden, mit genügend Pausen für Reflexion.
• Es kann hilfreich sein, Hintergrundmusik zu verwenden, die ein Gefühl von Weite und Zeitlosigkeit vermittelt, wie z. B. sanfte Klänge von Naturgeräuschen oder sphärischer Musik.
• Gesamtlänge: 20–25 Minuten.

Diese erweiterte Version des Skripts verbindet die persönliche Arbeit mit einer transgenerationalen Dimension, die Heilung und Harmonie über die individuelle Ebene hinaus fördert.

Die Schaffung eines neuen Teils, der speziell dafür entwickelt wird, den Core-Tieftrance-Prozess zu leiten und zu automatisieren, bringt den Ansatz auf eine noch tiefere Ebene. Dieses Vorgehen ist nicht nur im Sinne des Multi-Mind-Modells äußerst wirksam, sondern bietet auch eine klare Struktur für die langfristige Integration des Prozesses in die innere Welt.

Hier ist eine ausführliche Darstellung des Formats:

Das Format: Einen neuen Teil bauen, der den Core-Tieftrance-Prozess leitet

1. Zielsetzung des neuen Teils

Der neue Teil wird erschaffen, um:
• Den Core-Tieftrance-Prozess zu initiieren und zu leiten, wann immer es benötigt wird, z. B. im Schlaf, in Momenten der Ruhe oder bei bewusster Aktivierung.
• Die inneren Anteile zu erkennen, sie in den Core State zu führen und den Zustand entlang der Zeitlinie und in die transgenerationale Dimension zu integrieren.
• Eine Harmonisierung zwischen allen inneren Anteilen und der Zeitlinie herzustellen.
• Den Prozess automatisch, sicher und effektiv ablaufen zu lassen.

2. Ablauf: Einen neuen Teil erschaffen

Phase 1: Vorbereitung und Kontextklärung

1. Finde einen ruhigen Moment:
• Wähle einen Zeitpunkt, an dem du entspannt bist und dich auf den Prozess konzentrieren kannst.
• Atme tief ein und aus, und komme in einen Zustand innerer Ruhe.
2. Definiere die Aufgabe des neuen Teils:
• Überlege dir, was der neue Teil genau tun soll. Zum Beispiel:
• „Der neue Teil wird den Core-Tieftrance-Prozess initiieren und steuern."
• „Er wird alle inneren Anteile sicher in ihren Core State führen und die Ergebnisse nachhaltig integrieren."
• „Er wird harmonisch und ressourcenorientiert arbeiten und sich selbst weiterentwickeln."

Phase 2: Den neuen Teil erschaffen

3. Visualisiere den neuen Teil:
• Stelle dir vor, dass in dir ein neuer Teil entsteht. Gib ihm Form, Farbe, Energie oder andere Eigenschaften, die für dich passend sind.
• Sage dir: „Dieser neue Teil wird jetzt erschaffen. Er ist hier, um mir zu helfen und den Core-Tief-Trans-Prozess zu leiten."
4. Definiere die Eigenschaften des neuen Teils:
• Frage dich: „Welche Eigenschaften soll dieser Teil haben?"
• Beispielsweise: Klarheit, Harmonie, Weisheit, Flexibilität, tiefe Verbindung zur inneren Quelle.
• Stelle dir vor, wie diese Eigenschaften in den Teil einfließen und ihn stärken.
5. Gib dem neuen Teil eine klare Aufgabe:
• Sprich innerlich mit dem Teil und definiere seine Aufgabe:
• „Deine Aufgabe ist es, den Core-Tieftrance-Prozess zu leiten."
• „Du wirst alle inneren Anteile erkennen, sie sicher führen und den Prozess automatisch ablaufen lassen."
• „Du wirst auch die Ergebnisse nachhaltig integrieren und immer ressourcenorientiert arbeiten."

Phase 3: Den Teil testen und verfeinern

6. Teste den neuen Teil:
• Bitte den neuen Teil, den Prozess in einer kleinen, sicheren Simulation auszuführen. Beobachte, wie er agiert:

• „Führe den Core-Tieftrance-Prozess jetzt in einer Mini-Version durch."

• „Wie nimmst du die inneren Anteile wahr? Wie führst du sie in den Core State?"

7. Frage den Teil, ob er noch etwas benötigt:

• Sprich mit dem Teil: „Hast du alles, was du brauchst, um effektiv zu arbeiten?"

• Falls der Teil noch Ressourcen benötigt, stelle sie ihm bereit (z. B. Weisheit, Geduld, Flexibilität).

8. Feinabstimmung des Teils:

• Wenn du merkst, dass der Teil noch Unterstützung braucht, arbeite weiter daran, seine Eigenschaften zu stärken.

Phase 4: Integration des neuen Teils

9. Integriere den neuen Teil in dein System:

• Sage dir: „Dieser neue Teil ist jetzt ein Teil von mir. Er ist perfekt integriert und arbeitet harmonisch mit allen anderen Anteilen zusammen."

• Stelle dir vor, wie der Teil seinen Platz in deinem Inneren findet – an einem Ort, der für ihn genau richtig ist.

10. Automatische Aktivierung einrichten:

• Gib dem Teil die Aufgabe, sich automatisch zu aktivieren, wenn du in Trance gehst oder schläfst:

• „Wann immer ich schlafe oder mich entspanne, führst du den Core-Tief-Trans-Prozess automatisch durch."

• „Du weißt genau, wann und wie du aktiv wirst, um mir zu helfen."

3. Wichtige Suggestionen für die Schaffung des neuen Teils

• „Dieser neue Teil ist genau auf meine Bedürfnisse abgestimmt und wird mit Weisheit und Klarheit arbeiten."
• „Er ist flexibel, lernfähig und entwickelt sich mit der Zeit weiter, um noch effektiver zu werden."
• „Dieser Teil arbeitet immer in meinem besten Interesse und integriert sich perfekt in mein System."
• „Wann immer ich diesen Teil brauche, ist er da – automatisch und zuverlässig."

4. Anwendung des neuen Teils

Nach der Schaffung und Integration des neuen Teils kannst du darauf vertrauen, dass er den Core-Tieftrance-Prozess für dich initiiert und leitet. Du kannst ihn bei Bedarf bewusst ansprechen oder einfach wissen, dass er seine Aufgabe im Hintergrund erfüllt.
• Vor dem Einschlafen: Sage dir: „Der neue Teil wird jetzt den Core-Tieftrance-Prozess durchführen, während ich schlafe."
• In Momenten der Ruhe: Lade den neuen Teil ein, aktiv zu werden: „Bitte führe den Prozess jetzt durch und leite mich zu meinem inneren Kern."

Fazit

Dieses Format fügt dem Core-Tieftrance-Prozess eine weitere Ebene der Automatisierung und Intelligenz hinzu. Der neue Teil agiert wie ein innerer Coach oder Dirigent, der den Prozess strukturiert und nachhaltig führt.

Hier ist das Audioskript für die Entwicklung eines neuen Teils, das speziell dafür gedacht ist, den Core-Tieftrance-Prozess zu initiieren und zu leiten. Es ist so gestaltet, dass es in einem ruhigen, langsamen Ton gesprochen wird und genügend Pausen enthält, damit der Hörer Zeit hat, sich auf die inneren Prozesse einzulassen.

Skript für die Audio-Version: Einen neuen Teil bauen

Einleitung (2–3 Minuten)

Gesprochen:

„Willkommen zu diesem besonderen Prozess. Heute wirst du in dir einen neuen Teil erschaffen – einen Teil, der dir hilft, dich tief mit deinem inneren Kern zu verbinden. Dieser Teil wird in der Lage sein, den Core-Tieftrance-Prozess zu leiten, wann immer du ihn brauchst, und dabei alle Anteile deines Inneren harmonisch zusammenzuführen."

Pause: (5 Sekunden)

„Alles, was du tun musst, ist, dich zu entspannen und deinen inneren Bildern und Gefühlen zu folgen. Dein Unterbewusstsein weiß genau, wie es diesen neuen Teil erschaffen und ihn perfekt integrieren kann."

Atemfokus und Entspannung:

„Finde eine angenehme Position und lasse deinen Atem langsam und ruhig fließen. Atme ein … und aus. Mit jedem Atemzug fühlst du dich ruhiger und entspannter. Dein Körper wird schwer und entspannt, dein Geist klar und frei."

Trance-Induktion:

„Stell dir vor, dass du eine sanfte Treppe hinuntergehst. Mit jedem Schritt gehst du tiefer in einen Zustand von Ruhe und Gelassenheit … 10 … tiefer … 9 … tiefer … 8 … spüre, wie du loslässt … 7 … 6 … Ruhe durchdringt dich … 5 … 4 … du fühlst dich sicher und geborgen … 3 … 2 … und 1. Du bist jetzt in einem tief entspannten Zustand."

Phase 1: Den neuen Teil einladen (3 Minuten)

Gesprochen:

„In dir gibt es eine unendliche kreative Intelligenz – eine Intelligenz, die jetzt bereit ist, einen neuen Teil zu erschaffen. Dieser Teil wird dazu da sein, dich zu unterstützen, wann immer du es brauchst."

Visualisierung:

„Stell dir vor, dass in dir jetzt ein neuer Teil entsteht. Vielleicht siehst du ihn als ein Licht, eine Form oder eine Energie. Vielleicht spürst du einfach seine Präsenz. Dieser Teil ist bereit, für dich zu arbeiten und dich zu leiten."

Pause: (10 Sekunden)

„Dieser neue Teil ist speziell dafür geschaffen, den Core-Tieftrance-Prozess zu leiten. Er ist klug, flexibel, weise und voller Harmonie."

Phase 2: Die Eigenschaften des neuen Teils festlegen (5 Minuten)

Gesprochen:

„Jetzt kannst du diesem neuen Teil all die Eigenschaften geben, die er braucht, um seine Aufgabe perfekt zu erfüllen. Was soll ihn auszeichnen? Soll er ruhig und klar sein? Weisheitsvoll und liebevoll? Stark und flexibel? Du entscheidest."

Pause: (10 Sekunden)

„Lass diese Eigenschaften in den neuen Teil einfließen, so wie Wasser in ein Gefäß fließt. Spüre, wie er immer vollständiger wird."

Beispiele für Suggestionen:

„Dieser Teil ist klug und weise."
„Er arbeitet immer in meinem besten Interesse."
„Er ist flexibel und kann sich an jede Situation anpassen."
„Er ist in der Lage, alle inneren Anteile zu erkennen und sie sicher zu führen."

Pause: (10 Sekunden)

„Spüre, wie dieser Teil stärker und klarer wird, wie er bereit ist, seine Aufgabe zu übernehmen."

Phase 3: Die Aufgabe des neuen Teils definieren (5 Minuten)

Gesprochen:

„Jetzt kannst du diesem neuen Teil eine klare Aufgabe geben. Sprich innerlich zu ihm, als würdest du mit einem vertrauensvollen Helfer sprechen."

Formuliere die Aufgabe:

„Deine Aufgabe ist es, den Core-Tieftrance-Prozess zu leiten."
„Du wirst die inneren Anteile erkennen, sie sicher führen und sie in ihren Core State bringen."
„Du wirst den Core State entlang der Zeitlinie und in die transgenerationale Dimension integrieren."

„Und du wirst den Prozess automatisch durchführen, wann immer er gebraucht wird."

Pause: (10 Sekunden)

„Spüre, wie dieser Teil die Aufgabe annimmt. Du kannst ihn fragen: ‚Hast du alles verstanden? Bist du bereit?'"

Pause: (10 Sekunden)

Phase 4: Den neuen Teil testen und integrieren (7–10 Minuten)

Gesprochen:

„Nun kannst du diesen neuen Teil bitten, eine kleine Simulation durchzuführen. Bitte ihn, den Core-Tief-Trans-Prozess für einen inneren Anteil zu leiten – sicher und effektiv."

Pause: (20 Sekunden)

„Beobachte, wie der Teil arbeitet. Spüre, wie er den Prozess durchführt und den Core State erreicht."

Pause: (10 Sekunden)

„Wenn der neue Teil seine Aufgabe erfüllt hat, kannst du ihn fragen: ‚Hast du alles, was du brauchst? Gibt es noch etwas, das du benötigst, um noch effektiver zu sein?'"

Pause: (10 Sekunden)

„Falls der neue Teil etwas benötigt, gib es ihm jetzt. Stärke ihn mit all den Ressourcen, die er braucht."

Integration:

„Dieser neue Teil ist jetzt ein fester Bestandteil von dir. Er hat seinen Platz in deinem Inneren gefunden und arbeitet harmonisch mit allen anderen Teilen zusammen."

Pause: (10 Sekunden)

Phase 5: Aktivierung und Automatisierung (5 Minuten)

Gesprochen:

„Jetzt kannst du diesem neuen Teil die Aufgabe geben, automatisch zu arbeiten. Sage ihm: ‚Wann immer ich entspanne oder schlafe, wirst du den Core-Tieftrance-Prozess sicher und effektiv durchführen.'"

Pause: (10 Sekunden)

„Spüre, wie der Teil diese Aufgabe annimmt und verankert. Er wird jedes Mal für dich da sein, wenn du ihn brauchst."

Suggestionen:

„Dieser Teil arbeitet automatisch und zuverlässig."
„Er weiß genau, wann und wie er aktiv werden soll."
„Er entwickelt sich weiter und wird mit jeder Aufgabe noch effektiver."

Abschluss (2–3 Minuten)

Gesprochen:

„Nun ist dein neuer Teil erschaffen und vollständig integriert. Er wird dich ab jetzt unterstützen, wann immer du ihn brauchst."

„Wenn du möchtest, kannst du jetzt in den Schlaf gleiten und deinem Unterbewusstsein erlauben, den Prozess weiterzuführen."

Für den Alltag:

„Oder du kehrst mit diesem tiefen Gefühl von Klarheit und Harmonie in den Wachzustand zurück. Atme tief ein … und aus … Spüre deinen Körper … und öffne deine Augen, wenn du bereit bist."

Hinweise für die Aufnahme

• Länge: Die gesamte Audio-Version sollte etwa 20–25 Minuten dauern.

• Pausen: Zwischen den Suggestionen sollten genügend Pausen eingefügt werden (10–20 Sekunden), damit der Hörer Zeit hat, die Schritte innerlich nachzuvollziehen.

• Hintergrund: Optional leise, beruhigende Musik oder Naturgeräusche.

Dieses Audioskript hilft, den neuen Teil in einem klar strukturierten Prozess zu erschaffen und zu integrieren, sodass er zuverlässig und automatisch arbeitet.

Spruch19: Die Welt als Spiegel des Selbst

Jeder sieht die Welt so, wie er sich selbst sieht. So wie Sie glauben zu sein, so glauben sie, dass die Welt ist. Wenn Sie glauben, getrennt von der Welt zu existieren, werden Sie die Welt als getrennt von Ihnen erfahren und Verlangen und Ängste erleben. Ich sehe mich in keiner Weise getrennt von dieser Welt, also gibt es für mich auch nichts zu begehren oder zu fürchten. Der Unterschied liegt nur im Verstand und ist zeitlich begrenzt. Ich war wie Sie und Sie werden wie ich sein. Sehen Sie sich an, wie Sie sind, und Sie werden die Welt sehen, wie sie ist – ein einziger Block von Realität, unteilbar, unbeschreibbar. Ihre eigene Vorstellungskraft projiziert ein Bild von dieser Welt, und alle Ihre Fragen beziehen sich auf dieses Bild.

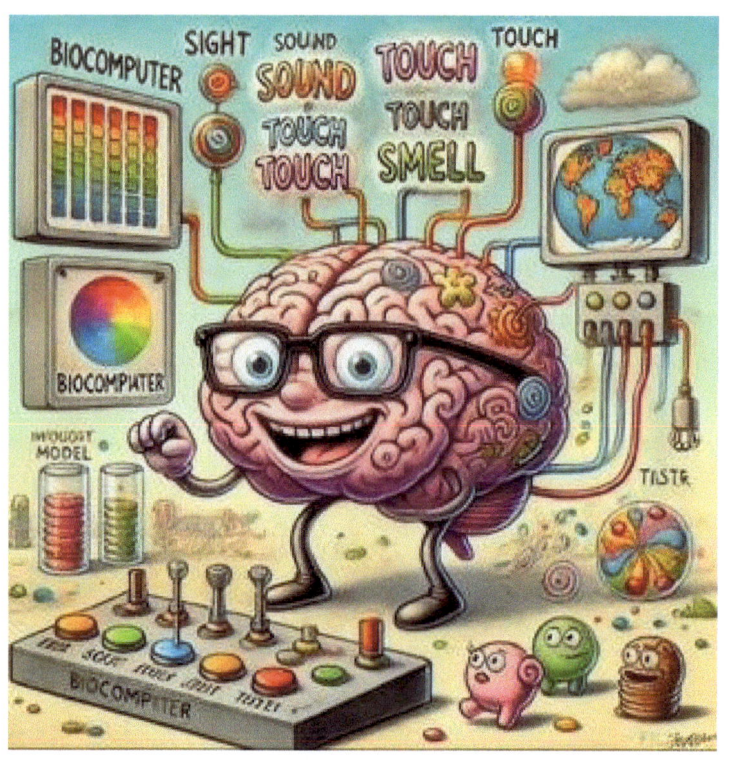

Der Spruch von Nisargadatta lässt sich aus der Perspektive des NLP hervorragend analysieren. Im NLP arbeiten wir oft mit der Idee, dass unsere subjektive Wahrnehmung – also das, wie wir die Welt sehen und interpretieren – maßgeblich durch unsere inneren Glaubenssätze, Überzeugungen und mentalen Modelle geprägt wird. Nisargadatta drückt genau das in spiritueller Form aus: Die Welt, wie wir sie erleben, ist ein Spiegel unserer inneren Welt.

Hier ist eine detaillierte NLP-Interpretation des Spruchs:

1. „Jeder sieht die Welt so, wie er sich selbst sieht."

NLP-Perspektive:

• Dies spiegelt das NLP-Grundprinzip wider: „Die Landkarte ist nicht das Gebiet."
• Unsere Wahrnehmung der Welt ist kein objektives Abbild der Realität, sondern eine subjektive „Landkarte", die durch unsere inneren Filter (z. B. Werte, Überzeugungen, Meta-Programme, Submodalitäten) geprägt ist.
• Wenn wir uns selbst als getrennt, unzulänglich oder bedroht sehen, projizieren wir diese Sichtweise auf die Welt und erleben sie als feindlich, unvollständig oder gefährlich.

NLP-Anwendung:

• Um die Welt anders zu sehen, müssen wir unsere inneren Glaubenssätze und Überzeugungen verändern. Techniken wie das Reframing oder die Arbeit mit Submodalitäten können helfen, eine neue, ressourcenreichere Sicht auf uns selbst und die Welt zu entwickeln.

2. „So wie Sie glauben zu sein, so glauben Sie, dass die Welt ist."

NLP-Perspektive:

• Glaubenssysteme (Belief Systems): Unsere Glaubenssätze über uns selbst wirken wie eine Linse, durch die wir die Welt sehen. Diese Glaubenssätze bestimmen, wie wir Ereignisse interpretieren und darauf reagieren.
• Wenn jemand glaubt, „Ich bin machtlos", wird er in der Welt hauptsächlich Situationen wahrnehmen, die diese Überzeugung bestätigen. Dies ist ein typisches Beispiel für eine selbsterfüllende Prophezeiung.
• Im Gegensatz dazu sieht jemand mit der Überzeugung „Ich bin mit der Welt verbunden" Harmonie und Möglichkeiten in seiner Umgebung.

NLP-Anwendung:

• Glaubenssätze können mit Techniken wie dem Belief Change Process oder durch Timeline-Arbeit verändert werden.
• Man könnte eine Übung durchführen, bei der man sich fragt: „Was glaube ich über mich selbst, das diese Weltansicht erzeugt?" und dann diese Glaubenssätze durch ressourcenreiche Alternativen ersetzt.

3. „Wenn Sie glauben, getrennt von der Welt zu existieren, werden Sie die Welt als getrennt von Ihnen erfahren."

NLP-Perspektive:

• Dies verweist auf das Konzept der inneren Landkarte und darauf, wie Trennung oder Verbindung als Grundannahmen unser Verhalten und Erleben prägen.

• Wenn Trennung als Glaubenssatz vorherrscht, führt das zu Verlangen (weil wir etwas außerhalb von uns suchen) und Angst (weil das Außen uns bedrohen könnte).
• Verbindung löst diese Dualität auf und ermöglicht es, die Welt als eine Einheit zu sehen.

NLP-Anwendung:

• Ankertechniken: Menschen können sich in einen Zustand der Verbundenheit und Einheit versetzen, z. B. durch Anker für Momente, in denen sie sich besonders im Einklang mit ihrer Umgebung gefühlt haben.
• Perceptual Positions: Eine Übung, bei der man die Perspektive von sich selbst, einem anderen Menschen und einer „allwissenden Beobachterposition" einnimmt, kann helfen, die Trennung aufzulösen und Verbindung zu spüren.

4. „Ihre eigene Vorstellungskraft projiziert ein Bild von dieser Welt."

NLP-Perspektive:

• Das ist eine direkte Beschreibung von mentalem Modellieren und der Funktionsweise unserer inneren Repräsentationen:
• Was wir sehen, hören und fühlen, basiert auf den Bildern, Klängen und Gefühlen, die wir innerlich erschaffen. Diese inneren Repräsentationen formen unsere Realität.
• Wenn unsere innere Vorstellung negativ ist, projizieren wir diese Negativität nach außen. Das Gleiche gilt für Positivität.

NLP-Anwendung:

• Arbeit mit Submodalitäten: Man kann die inneren Bilder, die man von der Welt hat, verändern, um die Wahrnehmung zu transformieren. Zum Beispiel:
• „Stelle dir ein Bild von der Welt vor, das du oft in dir trägst. Was passiert, wenn du es heller, freundlicher und näher machst?"
• Visualisierungstechniken: Man kann bewusst ein positives Bild von der Welt schaffen und sich vorstellen, wie es wäre, in dieser Welt zu leben.

5. „Ein einziger Block von Realität, unteilbar, unbeschreibbar."

NLP-Perspektive:

• Dies verweist auf den Meta-Zustand oder das Bewusstsein, das jenseits von Kategorien wie „ich" und „die Welt" liegt. Im NLP könnte dies als dissociative Perspektive oder als eine Art höherer Beobachterzustand beschrieben werden.
• Indem man den Zustand erreicht, in dem die Trennung zwischen Selbst und Welt aufgehoben wird, kann man Verlangen und Angst transzendieren.

NLP-Anwendung:

• Trancearbeit und Ankerzustände: Man kann Menschen in einen Zustand versetzen, in dem sie eine tiefere Verbindung zur Einheit des Seins erleben. Dies könnte durch geführte Meditationen oder hypnotische Suggestionen geschehen.

• Meta-Stufen (Meta-States): Man könnte die Wahrnehmung eines Zustands der Einheit als übergeordneten Zustand etablieren, der über allen anderen mentalen und emotionalen Zuständen liegt.

Fazit: Der NLP-Weg zur Einheit

Aus NLP-Sicht fordert Nisargadatta uns auf, unsere inneren Landkarten zu überprüfen und zu transformieren. Seine Aussage erinnert uns daran, dass:

• Die Welt ein Spiegel unserer inneren Realität ist.
• Verbindung und Einheit durch bewusste Veränderung von Glaubenssätzen und Repräsentationen erfahrbar sind.
• Trennung und Dualität durch Reframing und Meta-Zustände aufgelöst werden können.

NLP bietet viele Werkzeuge, um die Illusion der Trennung aufzulösen und eine Welt zu erschaffen, die Harmonie und Einheit widerspiegelt – genau das, was Nisargadatta beschreibt.

Exkurs:

Das Wahrnehmungsmodell im NLP

1. Die Außenwelt (potenzielle Realität):
• Es gibt eine potenzielle „Außenwelt", die unabhängig von uns existiert. Diese Realität enthält unendlich viele Informationen, die von unseren Sinnen wahrgenommen werden könnten.
• Schlüsselgedanke im NLP: Was wir „sehen", „hören" oder „fühlen", ist niemals die volle Realität, sondern ein gefiltertes, individuell konstruiertes Modell davon. (Die Landkarte ist nicht das Gebiet.)

2. Sinneswahrnehmung (Inputkanäle): Die Repräsentationssysteme

Die fünf Repräsentationssysteme (VAKOG – Visuell, Auditiv, Kinästhetisch, Olfaktorisch, Gustatorisch) dienen als Inputkanäle, um die Außenwelt wahrzunehmen. Sie sind begrenzt in ihrer Kapazität:
• Visuell: Was wir sehen.
• Auditiv: Was wir hören.
• Kinästhetisch: Was wir fühlen (körperlich, emotional).
• Olfaktorisch: Was wir riechen.
• Gustatorisch: Was wir schmecken.

Beschränkungen:

• Nur ein Bruchteil der verfügbaren Informationen wird tatsächlich aufgenommen. Dies liegt an:

• Biologischen Grenzen: Unsere Sinnesorgane sind physikalisch begrenzt (z. B. sehen wir nur einen kleinen Teil des Lichtspektrums).
• Aufmerksamkeitsfokus: Wir können nicht alles gleichzeitig wahrnehmen; Aufmerksamkeit lenkt unsere Sinneseindrücke.

3. Die Filterprozesse: Verzerrung, Tilgung, Generalisierung

Bevor die Sinnesinformationen in unser System eintreten, durchlaufen sie Filter, die die Wahrnehmung an unsere bestehenden Modelle, Erwartungen und Kapazitäten anpassen. Die drei Hauptfilterprozesse sind:

Verzerrung:

• Informationen werden verändert, um besser zu unseren bestehenden Überzeugungen, Werten und Erfahrungen zu passen.
• Beispiel: Eine neutrale Aussage kann als Lob oder Kritik interpretiert werden, abhängig von der Erwartungshaltung.

Tilgung:

• Informationen werden ausgelassen, weil sie als irrelevant eingestuft werden oder unsere Kapazitäten überschreiten.
• Beispiel: Während eines Gesprächs blenden wir Umgebungsgeräusche aus.

Generalisierung:

• Einzelne Erfahrungen werden verallgemeinert, um Muster zu erkennen oder schnelle Entscheidungen zu treffen.

• Beispiel: Wenn eine Person unsicher spricht, schließen wir, dass sie generell unsicher ist.

4. Die parallele Verarbeitung: Emotionen und Kognition

Nachdem die gefilterte Information aufgenommen wurde, wird sie auf zwei parallelen Wegen verarbeitet:

A. Das Emotionssystem (schnell und unbewusst):

• Das Emotionssystem überprüft die eingehende Information auf mögliche Bedrohungen oder Chancen.

• Abgleich mit der Ego-Karte: Hier wird geprüft, ob die Information das Selbstbild (Ego) bedroht oder bestätigt.

• Mechanismus: Erwartung vs. Realität:

• Wenn die Wahrnehmung von der Erwartung abweicht, löst das Emotionen aus (z. B. Überraschung, Angst, Freude).

• Das Emotionssystem handelt schnell, um unmittelbare Reaktionen zu ermöglichen (z. B. Flucht oder Angriff).

• Speicher: Erfahrungen und emotionale Reaktionen werden in emotionalen „Dateien" gespeichert, um künftige schnelle Reaktionen zu erleichtern.

B. Das Kognitionssystem (langsam und bewusst):

• Das Kognitionssystem überprüft die Informationen auf Bekanntheit, Bedeutung und mögliche Handlungsimplikationen.
• Vergleich mit gespeicherten Dateien: Es wird geprüft, ob die Information schon bekannt ist oder ob sie neu eingeordnet werden muss.
• Sprache als Steuerungsmechanismus:
• Das Kognitionssystem nutzt Sprache, um Informationen zu benennen, zu analysieren und zu kategorisieren.
• Langsamkeit: Dieser Prozess ist im Vergleich zum Emotionssystem viel langsamer, weil er bewusste Denkleistung erfordert.

5. Sekundäre Wahrnehmung: Wechselspiel zwischen Emotion und Kognition

Die beiden parallelen Systeme – Emotion und Kognition – beeinflussen sich gegenseitig:
• Emotionale Reaktionen können das Kognitionssystem verzerren. Beispiel: Angst vor einer Prüfung führt zu negativen Gedanken und beeinflusst die Wahrnehmung.
• Kognitive Prozesse können Emotionen regulieren. Beispiel: Ein logischer Gedanke wie „Ich habe gut gelernt" kann Prüfungsangst mindern.

6. Interne Repräsentationen: Das entstehende Modell der Welt

Die durch die Filterprozesse und die parallele Verarbeitung geformte Information wird in internen Repräsentationen gespeichert. Diese Repräsentationen sind:

• Submodalitäten: Feine Unterschiede in den Repräsentationssystemen (z. B. Helligkeit eines inneren Bildes, Lautstärke einer inneren Stimme).
• Metaprogramme: Unbewusste Muster, die bestimmen, wie wir Informationen bevorzugt wahrnehmen und interpretieren (z. B. Fokus auf Details vs. große Zusammenhänge).
• Werte und Glaubenssysteme: Diese steuern die Gewichtung der Wahrnehmung und beeinflussen, welche Informationen besonders wichtig erscheinen.

7. Output: Verhalten und Sprache

Das entstehende Modell der Welt führt zu:
• Strategien und Programme: Automatisierte Muster, die bestimmen, wie wir auf Situationen reagieren.
• Verhalten: Das äußere Ergebnis der internen Verarbeitung.
• Sprache: Eine bewusste Manifestation des internen Modells. Unsere Worte spiegeln unsere Wahrnehmung der Welt wider.

8. Primäre vs. sekundäre Wahrnehmung

• Primäre Wahrnehmung: Die ursprüngliche sinnliche Erfahrung (roh, unverarbeitet).
• Sekundäre Wahrnehmung: Das durch Filter, Emotionen und Kognition geformte Modell der Welt. Dies ist die Wahrnehmung, die wir bewusst erleben.

Zusammenfassung: Warum die „Welt" nicht die Welt ist

202

Das Wahrnehmungsmodell des NLP zeigt:

1. Unsere Wahrnehmung ist durch Filterprozesse stark verzerrt.

2. Emotionale und kognitive Systeme arbeiten parallel und beeinflussen sich gegenseitig.

3. Unser Modell der Welt ist immer eine Konstruktion, geprägt von Submodalitäten, Glaubenssystemen, Werten und Sprache.

Dieses Modell hilft zu verstehen, warum Nisargadatta sagt, „Ihre eigene Vorstellungskraft projiziert ein Bild von dieser Welt." Im NLP lernen wir, diese Projektionen zu erkennen, zu verändern und bewusst neue Modelle zu schaffen.

Das Cartoon-Bild zeigt, wie unser Biocomputer-Gehirn ein Modell der Welt erschafft. Es illustriert auf spielerische Weise die Verarbeitung von Sinneseindrücken und die Konstruktion einer „inneren Welt".

Ergänzung

1. Der Unterschied zwischen arbeitendem und denkendem Verstand

Die Unterscheidung zwischen arbeitendem Verstand und denkendem Verstand, wie sie von Ramesh Balsekar (einem Schüler Nisargadattas) formuliert wurde, ist zentral, um das Phänomen des inneren Dialogs und der Ich-Illusion zu verstehen:

- Arbeitender Verstand:
- Er ist der praktische, funktionale Verstand, der für alltägliche Aufgaben zuständig ist: Entscheidungen treffen, Probleme lösen, körperliche Bewegungen koordinieren, Sprache verstehen und äußern.
- Dieser Verstand operiert ohne emotionale oder egozentrische Verzerrungen. Er ist neutral und direkt auf das Hier und Jetzt bezogen.
- Denkender Verstand:
- Er ist der Ursprung des inneren Dialogs und des konzeptuellen Denkens. Er generiert Geschichten, Projektionen und identitätsbezogene Konstrukte.
- Durch Sprache erzeugt er das Sprach-Ich: eine mentale Konstruktion, die ein Gefühl von „Ich" als getrennte Entität schafft.
- Der denkende Verstand ist auch der Mechanismus, der Vergangenheit und Zukunft simuliert, wodurch Zeit als Konzept entsteht.

Auflösung des denkenden Verstands bei Erleuchtung:

- Bei einem Erleuchteten wie Nisargadatta „erlischt" der denkende Verstand, während der arbeitende Verstand weiterhin funktioniert.
- Dies bedeutet, dass:

204

• Der innere Dialog endet: Kein ständiges Grübeln oder konzeptuelles Selbstgespräch.

• Die Zeitlichkeit endet: Das Gefühl, in einer linearen Vergangenheit-Zukunft-Zeit gefangen zu sein, löst sich auf.

• Die Ich-Illusion endet: Es gibt kein Gefühl mehr, ein separater Beobachter zu sein; die Wahrnehmung ist direkt, ohne Zwischenfilter des denkenden Verstands.

2. Sprache, Zeit und Ich-Illusion

Die Sprache spielt in diesem Prozess eine zentrale Rolle. Sie ist ein Segen für die menschliche Evolution, aber auch die Quelle der Ich-Illusion:

Vorteile der Sprache:

• Sprache ermöglicht es, abstrakte Konzepte zu entwickeln, die über die unmittelbare sinnliche Wahrnehmung hinausgehen.

• Sie erlaubt es, Modelle der Welt zu erschaffen, die Zukunft vorwegzunehmen und Alternativen durchzuspielen.

• Diese Fähigkeit verschafft uns evolutionäre Vorteile, da wir:

• Konflikte simulieren können, ohne sie physisch auszutragen.

• Strategien für Überleben und Erfolg entwickeln können.

• Wissen über Generationen hinweg weitergeben können.

Der Preis der Sprache:

• Durch die Sprache entsteht das Sprach-Ich: ein inneres Konstrukt, das sich als „Ich" identifiziert.

- Dieses „Ich" empfindet sich als getrennt von der Welt.
- Es ist ständig bemüht, sich zu schützen, zu optimieren oder zu verteidigen, was zu Ängsten, Verlangen und Leid führt.
- Sprache erschafft die Illusion von Zeit:
- Vergangenheit und Zukunft werden als real empfunden, obwohl sie in Wahrheit nur konzeptuelle Konstrukte sind.
- Dies führt zu Reue über die Vergangenheit und Angst vor der Zukunft, obwohl beide nur „mentale Simulationen" sind.

3. Die Einzigartigkeit des Menschen im Vergleich zu Tieren

Dein Punkt, dass Tiere vermutlich keinen denkenden Verstand haben, ist einleuchtend. Tiere leben primär im Hier und Jetzt, da sie:
- Keinen komplexen sprachlichen Apparat besitzen, um Vergangenheit und Zukunft zu simulieren.
- Daher auch nicht das Bedürfnis haben, ein Sprach-Ich oder ein mentales Selbstbild zu konstruieren.

Menschen als Modellierer:

- Der Mensch ist das einzige Wesen, das fähig ist, mithilfe der Sprache komplexe mentale Modelle der Welt zu erstellen.
- Diese Fähigkeit erlaubt uns, aus der Zeit zu fallen:
- Wir können uns aus dem gegenwärtigen Moment entfernen und vergangene oder zukünftige Szenarien mental durchspielen.
- Dies ermöglicht Fortschritt, Innovation und Planung.

Negative Emotionen als Preis:

• Dieselbe Fähigkeit zur Modellierung erzeugt auch Stress, Angst und Leid, da der denkende Verstand oft:
• Negative Szenarien (Katastrophenfantasien) simuliert.
• An Vergangenem haftet oder Zukünftiges herbeisehnt.

4. Der Unterschied zwischen erleuchteter und gewöhnlicher Wahrnehmung

Nisargadatta beschreibt den Zustand der Erleuchtung als einen, in dem:
• Der denkende Verstand sich aufgelöst hat.
• Das „Ich" als Illusion erkannt wurde.
• Die Wahrnehmung rein und unmittelbar ist – nicht durch Sprache oder Zeit verzerrt.

Im Gegensatz dazu lebt der gewöhnliche Mensch in einer durch den denkenden Verstand geprägten Wahrnehmung:
• Sekundäre Wahrnehmung:
• Die primäre, unmittelbare Wahrnehmung wird durch den inneren Dialog interpretiert und verändert.
• Es entsteht eine sekundäre Wahrnehmung, die oft nicht mehr mit der ursprünglichen Realität übereinstimmt.
• Zeitliche Verhaftung:
• Der Mensch empfindet sich als „in der Zeit gefangen", weil der denkende Verstand Vergangenheit und Zukunft ständig simuliert.

5. NLP-Perspektive: Arbeit mit Sprache und innerem Dialog

Aus NLP-Sicht gibt es Möglichkeiten, den Einfluss des denkenden Verstands bewusst zu reduzieren:

1. Arbeit mit innerem Dialog:
• Beobachte den inneren Dialog und verändere ihn gezielt (z. B. durch Reframing oder Submodalitäten).
• Beispiel: Wenn der innere Dialog ängstlich ist, stelle dir vor, dass die Stimme freundlich und beruhigend klingt.

2. Ankern von Präsenzzuständen:
• Nutze NLP-Techniken, um in einen Zustand reiner Präsenz zu gelangen, in dem der innere Dialog leiser wird.
• Zum Beispiel: Visualisiere eine Situation, in der du dich völlig im Moment verloren hast (z. B. beim Tanzen oder in der Natur).

3. Bewusste Arbeit mit Zeit:
• Erkenne, dass Vergangenheit und Zukunft lediglich mentale Konstrukte sind, und verankere dich im Hier und Jetzt.
• Nutze Techniken wie das Meta-Modell, um festzustellen, wie Sprache Zeit konzeptualisiert.

Fazit: Die Illusion von Zeit und Ich erkennen

Die Sprache als evolutionärer Vorteil ermöglicht es uns, Zeit und Ich-Modelle zu konstruieren, birgt aber auch den Preis negativer Emotionen. Nisargadattas Zustand der Erleuchtung zeigt, dass es möglich ist, den denkenden Verstand aufzulösen und direkt in der Realität zu leben – jenseits von Sprache, Zeit und Ich-Illusion.

Durch NLP können wir diesen Zustand zwar nicht vollständig erreichen, aber wir können lernen, unseren denkenden Verstand bewusster zu nutzen, die Illusion zu durchschauen und die

208

Wahrnehmung zu transformieren.

Was ist Realität?

1. Die Natur der Wahrnehmung: Alles ist Repräsentation

Neurowissenschaftliche Perspektive:

• . Alles, was du siehst, hörst, fühlst, riechst oder schmeckst, ist eine Interpretation von Sinnesdaten durch dein Gehirn.
• Beispiel: Wenn du deine Hand siehst, nimmt dein Auge Licht auf, das von der Hand reflektiert wird. Dieses Licht wird in elektrische Signale umgewandelt, die im Gehirn verarbeitet werden, wo ein „Bild" der Hand entsteht.
• Schlussfolgerung: Das, was du „Hand" nennst, existiert nur als eine mentale Konstruktion in deinem Bewusstsein. Die „wahre Hand" bleibt dir unzugänglich.

Relativität der Wahrnehmung:

• Meine Katze hat andere Sinnesorgane, die Informationen anders verarbeiten.
• Sie sieht möglicherweise ein anderes Farbspektrum, nimmt Gerüche detaillierter wahr und orientiert sich stärker an Bewegung.

• Ihr „Modell der Welt" unterscheidet sich also fundamental von meinem.

Frage nach der Realität:

• Wenn jeder Beobachter (Mensch, Katze, Fliege) die Welt unterschiedlich wahrnimmt, stellt sich die Frage: Gibt es eine objektive Realität, die unabhängig von Beobachtern existiert?
• Die Neurowissenschaften sagen oft: „Die Realität ist das, was dein Gehirn dir präsentiert."

2. Was ist „Wirklichkeit"?

Philosophische Perspektiven:

• Solipsismus:
• Diese Philosophie behauptet, dass nur dein eigenes Bewusstsein sicher existiert. Alles andere – auch die Außenwelt – ist möglicherweise eine Illusion, eine Konstruktion deines Geistes.
• Konstruktivismus:
• Nach dem Konstruktivismus ist „Realität" immer subjektiv. Jeder erschafft seine eigene Realität basierend auf Sinnesdaten, Wahrnehmungsfiltern und mentalen Modellen. Eine „objektive" Realität ist nicht direkt zugänglich.
• Kantianismus:
• Immanuel Kant unterschied zwischen der „Ding-an-sich-Realität" (die Welt, wie sie unabhängig von uns existiert) und der „phänomenalen Realität" (die Welt, wie sie von uns

wahrgenommen wird). Nur die phänomenale Realität ist für uns zugänglich.

3. Träumen vs. Wachzustand: Welche Realität ist „realer"?

Ähnlichkeiten zwischen Traum und Wachzustand:

• Im Traum konstruierst du eine Welt aus inneren Repräsentationen, die oft so real erscheinen wie die Wachwelt.

• Neurowissenschaftliche Studien zeigen, dass die gleichen Hirnareale, die für Wahrnehmung im Wachzustand verantwortlich sind, auch im Traum aktiviert sind.

• Schlussfolgerung: In gewisser Weise sind Träume und Wachzustand gleich „real" – beide sind mentale Konstruktionen.

Unterschiede:

• Der Wachzustand hat eine kohärente Kontinuität (z. B. Vergangenheit und Zukunft), während Träume oft fragmentarisch und weniger logisch erscheinen.

• Im Wachzustand gibt es eine Konsistenz mit anderen Beobachtern: Zwei Menschen können sich auf gemeinsame physische Phänomene einigen (z. B. „Der Tisch ist braun"), während Träume subjektiv sind.

Was ist realer?

• In einer streng wissenschaftlichen Sichtweise sind beide Konstrukte des Gehirns. Weder der Traum noch die Wachrealität ist „objektiv real" – beide sind mentale Erzeugnisse.

4. Gibt es eine „wahre Realität"?

Physikalische Perspektive:

• Die Quantenphysik deutet darauf hin, dass die Realität auf subatomarer Ebene nicht festgelegt ist, bis sie beobachtet wird (z. B. Doppelspaltexperiment). Das wirft Fragen über die Existenz einer objektiven Realität auf.
• Interpretation: Realität könnte „potenziell" existieren, aber erst durch Wahrnehmung oder Messung konkret werden.

Metaphysische Perspektive:

• Viele spirituelle Traditionen, einschließlich der Lehren von Nisargadatta, sagen, dass die „wahre Realität" jenseits der Sinne und des Verstandes liegt.
• Nisargadatta: Die Welt, wie du sie wahrnimmst, ist eine Projektion deines Verstandes. Die wahre Realität ist „ein einziger Block von Realität, unteilbar und unbeschreibbar."

5. Was können wir daraus schließen?

1. Realität ist subjektiv:

- Du nimmst niemals die „wahre Realität" wahr, sondern nur ein Modell, das dein Gehirn aus Sinnesdaten konstruiert. Dieses Modell unterscheidet sich von Beobachter zu Beobachter.

2. Träume und Wachzustand sind beide mental konstruiert:
- Der Wachzustand hat eine stärkere Konsistenz und Kohärenz, aber beides sind Konstruktionen des Gehirns.

3. Die wahre Realität ist unzugänglich:
- Ob es eine objektive Realität gibt, bleibt eine offene Frage. Viele Philosophien und spirituelle Lehren postulieren, dass die wahre Realität nur durch direkte Erfahrung (jenseits der Sinne und des Verstandes) erkannt werden kann.

6. Praktische Überlegungen: Was bedeutet das für uns?

- Akzeptanz der Subjektivität:
- Erkenne, dass deine Wahrnehmung immer begrenzt und subjektiv ist. Dies kann helfen, konfliktreiche Situationen zu entschärfen, da andere Menschen eine andere „Welt" wahrnehmen.
- Offenheit für andere Modelle:
- Deine Wahrnehmung ist nicht die einzige „richtige". Die Perspektive anderer Lebewesen (oder Menschen) kann wertvoll sein.
- Bewusste Konstruktion:
- Wenn Realität konstruiert ist, kannst du aktiv daran arbeiten, ein positiveres und ressourcenreicheres Modell der Welt zu schaffen (z. B. durch NLP-Techniken).
- Spirituelle Praxis:
- Nisargadatta und andere spirituelle Lehrer betonen, dass es möglich ist, durch Meditation und Achtsamkeit die Illusion der

Trennung zu durchbrechen und die Einheit mit einer größeren Realität zu erfahren.

Fazit

Die Frage nach der Realität bleibt offen. Wissenschaft, Philosophie und Spiritualität bieten unterschiedliche Perspektiven. Vielleicht ist die Frage weniger, was Realität ist, sondern wie wir sie erleben können – sei es durch Sinne, Verstand oder jenseits davon. Die Herausforderung und das Geschenk des Menschseins besteht darin, diese Konstruktionen zu erkennen und kreativ mit ihnen umzugehen.

Was ist mit dem „sechsten Sinn"?

1. Die fünf Modalitäten im NLP: Warum diese Begrenzung?

Das NLP-Modell basiert auf den fünf klassischen Sinnen (VAKOG: Visuell, Auditiv, Kinästhetisch, Olfaktorisch, Gustatorisch), weil:
• Diese Sinne die primären Kanäle sind, über die wir Informationen aus der Außenwelt aufnehmen.
• NLP sich darauf konzentriert, wie Menschen ihre subjektive Realität konstruieren – und diese Konstruktion basiert auf den Sinnesdaten, die das Gehirn verarbeitet.

Warum der sechste Sinn fehlt:

• Der Fokus von NLP liegt auf der bewussten Wahrnehmung und deren Struktur.
• Ein möglicher „sechster Sinn" (z. B. Intuition, energetische Wahrnehmung, telepathische Kommunikation) wird oft als nicht messbar oder schwer zu modellieren angesehen – was ihn aus dem klassischen NLP-Ansatz ausschließt.

2. Was könnte der „sechste Sinn" sein?

Der Begriff „sechster Sinn" wird oft verwendet, um Fähigkeiten oder Wahrnehmungen zu beschreiben, die über die fünf klassischen Sinne hinausgehen. Hier sind einige mögliche Definitionen:

A. Intuition:

• Intuition ist die Fähigkeit, Informationen auf einer unbewussten Ebene zu verarbeiten und Einsichten oder Entscheidungen ohne bewusste Analyse zu treffen.
• Sie könnte als „sechster Sinn" bezeichnet werden, da sie oft ein Gefühl für die „Wahrheit" oder „Realität" vermittelt, das nicht durch direkte Sinneseindrücke erklärbar ist.

B. Energetische Wahrnehmung:

• Einige Traditionen (z. B. Yoga, Taoismus, schamanische Praktiken) sprechen von einem energetischen Sinn, der uns erlaubt, subtile Energien oder Schwingungen wahrzunehmen.
• Beispiele: Aurasicht, Wahrnehmung von „Energien" in Räumen oder zwischen Menschen.

C. Spirituelle Wahrnehmung:

• Viele spirituelle Lehren behaupten, dass es eine direkte Wahrnehmung der Realität gibt, die jenseits der Sinne und des Verstands liegt.
• Nisargadatta beschreibt diese Fähigkeit als „reines Gewahrsein".
• Sie könnte als ein intuitives Erfassen der Einheit der Existenz interpretiert werden.

D. Propriozeption (Körpersinn):

• Wissenschaftlich betrachtet, gibt es tatsächlich weitere Sinne, wie den Körpersinn (Propriozeption), der uns ermöglicht, die Position unserer Gliedmaßen oder die Balance zu spüren.
• Dies könnte in gewisser Weise als „versteckter sechster Sinn" im NLP betrachtet werden.

3. Ist der sechste Sinn in der Lage, die Realität wahrzunehmen?

A. Wissenschaftliche Perspektive:

• Der sechste Sinn (z. B. Intuition oder energetische Wahrnehmung) wird oft als nicht objektiv messbar angesehen.
• Aber: Neurowissenschaftliche Forschungen zeigen, dass Intuition oft auf unbewusster Verarbeitung basiert, die schneller und umfassender ist als bewusste Analysen. Dies könnte uns tatsächlich eine „realere" Wahrnehmung ermöglichen.

B. Philosophische Perspektive:

• Platonische Ideen: Platon argumentierte, dass unsere Sinne uns nur Schatten der Realität zeigen und wahre Erkenntnis durch direkten Zugang zur Welt der Ideen möglich ist. Ein „sechster Sinn" könnte dieser direkte Zugang sein.
• Spirituelle Lehren: In vielen spirituellen Traditionen wird der sechste Sinn als Fähigkeit beschrieben, die Welt jenseits der Dualität von Subjekt und Objekt zu erfassen.

C. NLP-Perspektive:

• NLP hat bisher keinen Fokus auf den sechsten Sinn gelegt, könnte aber erweitert werden, um Phänomene wie Intuition oder energetische Wahrnehmung zu modellieren.
• Erweiterung des NLP: Man könnte NLP-Methoden entwickeln, die darauf abzielen, diese subtilen Wahrnehmungen bewusst zu machen und zu verstärken.

4. Wie könnte der sechste Sinn in NLP integriert werden?

A. Modellierung von Intuition:

• Intuition kann durch NLP-Techniken wie Submodalitäten-Arbeit oder Strategie-Modellierung untersucht werden:
• Wie erkennst du intuitiv, dass eine Entscheidung richtig ist?
• Welche inneren Signale oder Gefühle begleiten diesen Prozess?

B. Erweiterung der Repräsentationssysteme:

• Man könnte ein neues „energetisches Repräsentationssystem" hinzufügen, das subtile Wahrnehmungen oder Energien berücksichtigt.
• Dies könnte als Erweiterung der kinästhetischen Modalität interpretiert werden, aber mit einem Fokus auf innere „energetische Signale".

C. Verbindung zu reinen Zuständen:

• NLP könnte Methoden entwickeln, um Menschen in einen Zustand zu versetzen, in dem der Verstand still ist und eine direkte Wahrnehmung der Realität möglich wird – ähnlich dem, was Nisargadatta als „reines Gewahrsein" beschreibt.

5. Fazit: Der sechste Sinn und die Realität

• Ist der sechste Sinn in der Lage, die Realität wahrzunehmen?
• Möglicherweise ja – wenn wir Realität als das verstehen, was jenseits der fünf Sinne liegt. Ein sechster Sinn könnte uns erlau-

ben, subtile Energien oder die Einheit der Existenz wahrzunehmen.

• Allerdings bleibt diese Wahrnehmung subjektiv und ist schwer
zu modellieren oder zu beweisen.

• Könnte NLP den sechsten Sinn integrieren?

• NLP hat das Potenzial, Wahrnehmungen wie Intuition, energetische Signale oder spirituelle Erfahrungen zu modellieren.

• Eine Erweiterung des NLP-Modells um diese Aspekte könnte
helfen, neue Techniken für die bewusste Nutzung dieser
Wahrnehmungen zu entwickeln.

Die Erforschung eines „sechsten Sinns" könnte also eine span-
nende Weiterentwicklung des NLP sein – sowohl für die
persönliche Entwicklung als auch für das Verständnis von Realität und Bewusstsein.

Spruch20: Die Distanz zum Verstand

Sie sind weder ehrlich noch unehrlich. Diesen mentalen Zuständen Namen zu geben, ist nur ein Ausdruck Ihrer Abneigung oder Zustimmung. Es ist nicht ihr Problem, es ist nur das Problem Ihres Verstandes. Beginnen Sie sich von Ihrem Verstand zu distanzieren. Erinnern Sie sich immer daran, dass Sie nicht der Verstand sind, und seine Probleme nicht die Ihren.

Der Spruch von Nisargadatta lässt sich aus der NLP-Perspektive als eine Aufforderung verstehen, die Identifikation mit den eigenen mentalen Prozessen zu lösen. Dies ist eng mit dem NLP-Konzept der Dissoziation, der Meta-Kommunikation mit dem eigenen Verstand und der bewussten Kontrolle über innere Zustände verbunden. Hier ist eine detaillierte Interpretation:

1. „Sie sind weder ehrlich noch unehrlich."

NLP-Perspektive: Subjektive Bedeutungsgebung

• Im NLP betrachten wir, wie Menschen ihrer Erfahrung Bedeutung geben. Begriffe wie „ehrlich" oder „unehrlich" sind keine absoluten Eigenschaften, sondern subjektive Bewertungen, die durch persönliche Glaubenssätze, Werte und Meta-Programme gefiltert werden.
• Nisargadatta weist darauf hin, dass diese Kategorien („ehrlich" vs. „unehrlich") nicht essenziell sind, sondern lediglich konzeptionelle Labels, die der Verstand konstruiert.
• NLP-Übersetzung: Diese Begriffe sind das Ergebnis eines internen Bewertungsprozesses, der durch unsere inneren Filter wie Generalisierung, Tilgung und Verzerrung entsteht.

2. „Diesen mentalen Zuständen Namen zu geben ist nur ein Ausdruck Ihrer Abneigung oder Zustimmung."

NLP-Perspektive: Bewertung durch Submodalitäten und Meta-Programme

• Der Verstand arbeitet ständig daran, Erfahrungen zu bewerten. Diese Bewertungen entstehen durch:
• Submodalitäten: Feinere Unterschiede in der Wahrnehmung, wie z. B. Helligkeit oder Lautstärke, beeinflussen, ob etwas als positiv oder negativ empfunden wird.
• Meta-Programme: Unbewusste Muster, wie Menschen Informationen verarbeiten (z. B. „hin zu" vs. „weg von").
• Nisargadatta betont, dass diese Bewertungen nichts mit der Realität zu tun haben, sondern lediglich ein Produkt von Zustimmung oder Ablehnung des Verstandes sind.
• NLP-Übersetzung: Bewertungen sind Projektionen des inneren Modells und können durch Umstrukturierung der Submodalitäten oder Reframing verändert werden.

3. „Es ist nicht Ihr Problem. Es ist nur das Problem Ihres Verstandes."

NLP-Perspektive: Dissoziation von den mentalen Prozessen

• Im NLP ist Dissoziation ein zentraler Ansatz, um sich von emotionalen oder mentalen Zuständen zu distanzieren. Nisargadatta schlägt vor, sich von den Problemen des Verstandes zu lösen und zu erkennen, dass diese Probleme nicht Teil des wahren Selbst sind.
• NLP-Techniken wie die Dissoziation in der dritten Position können helfen, diese Trennung bewusst zu erleben:

• Beispiel: Ein emotional aufgeladener Zustand kann entschärft werden, indem man sich vorstellt, aus einer distanzierten Beobachterperspektive auf den eigenen Verstand zu schauen.

4. „Erinnern Sie sich immer daran, dass Sie nicht der Verstand sind und seine Probleme nicht die Ihren."

NLP-Perspektive: Meta-Zustände und höhere Bewusstseinsebenen

• Nisargadatta fordert dazu auf, eine höhere Ebene des Bewusstseins zu kultivieren, die sich nicht mit dem Verstand identifiziert. Im NLP wird dies oft durch Meta-Zustände erreicht, bei denen man über die eigenen mentalen Zustände hinausgeht:
• Meta-Zustand: Ein Zustand „über dem Zustand", wie z. B. Akzeptanz über Ärger oder Gelassenheit über Angst.
• Durch die Arbeit mit Meta-Zuständen kann man lernen, auf den Verstand zu blicken, ohne sich mit ihm zu identifizieren.

Praktische NLP-Übung:

• Stelle dir deinen Verstand als ein Werkzeug vor, das getrennt von dir existiert. Frage dich:
• „Was macht mein Verstand gerade?"
• „Wie würde es sich anfühlen, wenn ich nur Beobachter wäre und nicht in diese Gedanken involviert?"
• Diese Technik hilft, emotionale Identifikationen zu lösen und einen Zustand innerer Ruhe zu erreichen.

5. NLP-Anwendungen, um den Spruch zu integrieren

A. Reframing: Probleme als Konstruktionen des Verstandes erkennen

• Nisargadatta betont, dass die Probleme des Verstandes nicht die des Selbst sind. Mit Reframing kann man die Bedeutung von Problemen neu definieren:
• Beispiel: Statt „Ich habe ein Problem" könnte man sagen: „Mein Verstand versucht, eine Situation zu bewerten."

B. Dissoziation: Abstand von mentalen Zuständen schaffen

• Dissoziation kann angewandt werden, um sich nicht mit negativen Zuständen zu identifizieren:
• Stelle dir vor, du beobachtest deine Gedanken wie Wolken, die am Himmel vorbeiziehen. Du bist der Himmel, nicht die Wolken.

C. Arbeit mit Glaubenssätzen: „Ich bin nicht mein Verstand"

• Der Kern von Nisargadattas Spruch ist die Trennung von Selbst und Verstand. Dies kann durch das Überprüfen und Ersetzen limitierender Glaubenssätze unterstützt werden:
• Beispiel:
• Alter Glaubenssatz: „Meine Gedanken definieren, wer ich bin."
• Neuer Glaubenssatz: „Ich bin der Beobachter meiner Gedanken."

D. Ankern von Präsenz und Achtsamkeit

• Nisargadatta lädt ein, sich in der Gegenwart zu verankern. NLP kann dies durch Ankertechniken unterstützen:
• Verankere einen Zustand von Ruhe oder Gelassenheit, den du jederzeit aktivieren kannst, wenn der Verstand zu dominant wird.

Fazit: NLP und Nisargadattas Spruch

Aus NLP-Sicht fordert Nisargadatta uns dazu auf:
1. Die Konstruktionen des Verstandes als das zu erkennen, was sie sind: Bewertungen, die durch Filter und Glaubenssysteme entstehen.
2. Dissoziation zu praktizieren, um sich nicht mit diesen Konstruktionen zu identifizieren.
3. Höhere Bewusstseinsebenen (Meta-Zustände) zu kultivieren, um frei von Verstrickungen mit dem Verstand zu sein.

NLP bietet praktische Werkzeuge, um diese Einsichten umzusetzen und einen Zustand innerer Distanz und Gelassenheit zu erreichen – ähnlich dem, was Nisargadatta als „Befreiung vom Verstand" beschreibt.

Die Frage nach einem „luziden Denken" – einem Zustand, in dem man gleichzeitig denkt und sich dabei vollkommen bewusst ist, dass man denkt – berührt eine faszinierende Schnittstelle zwischen Achtsamkeit, Selbstbeobachtung und bewusster Meta-Wahrnehmung. Der Vergleich mit luzidem Träumen ist dabei

226

sehr treffend, denn beide Zustände erfordern eine Art paralleles Bewusstsein: das Erleben des Moments (oder des Traums) und gleichzeitig eine übergeordnete Beobachterperspektive.

Ich möchte im folgenden diese Idee weiterentwickeln und mögliche Techniken erkunden, die über klassische NLP-Ansätze hinausgehen könnten.

1. Kann man gleichzeitig denken und Beobachter sein?

A. Gurdjieff und die Selbstbeobachtung

• Gurdjieffs Praktiken
wie Selbstbeobachtung und Selbsterinnern zielen darauf ab, genau diese Fähigkeit zu entwickeln: bewusst die eigenen Gedanken, Gefühle und Handlungen zu beobachten, ohne sich mit ihnen zu identifizieren.
• Dies erfordert eine Trennung von der automatisierten Reaktionsebene des Geistes.
• Praktiken wie „Selbsterinnern" erinnern uns daran, dass wir nicht nur Handelnde sind, sondern auch Beobachter des Handelns.

B. Denkprozesse und Meta-Wahrnehmung

• In einem abgekoppelten Zustand (Meta-Position) kannst du Gedanken beobachten, ohne vollständig in sie involviert zu sein. Das Denken selbst geschieht automatisch, aber die Meta-Ebene bleibt präsent.

• Beispiel: Während du einen Gedanken denkst, kannst du gleichzeitig erkennen: „Ich denke diesen Gedanken."
• Dies erfordert Übung, da unser Verstand oft automatisch und unbewusst arbeitet.

C. Vergleich mit luzidem Träumen

• Beim luziden Träumen existiert ein ähnliches Paradox: Man träumt (automatische mentale Aktivität) und erkennt gleichzeitig, dass man träumt (Meta-Bewusstsein).
• Dieser Zustand ist vergleichbar mit einem „luziden Denken": Das Denken geschieht weiter, aber du erkennst bewusst, dass es nur Gedanken sind und nicht dein wahres Selbst.

2. Ist eine vollständig abgekoppelte Beobachterposition notwendig?

• Abgekoppelte Meta-Position: Eine vollkommen abgekoppelte Meta-Position (ohne jegliche Beteiligung am Denken) kann nützlich sein, um Distanz zu gewinnen und nicht in Gedanken verstrickt zu sein.
• Dies ist das Ziel vieler meditativer Praktiken, die Gedanken wie „Wolken" betrachten, die am Bewusstsein vorbeiziehen.
• Vorteil: Vollständige Klarheit und emotionale Freiheit.
• Nachteil: Man kann nicht direkt auf Gedanken einwirken, da die Beobachtung rein passiv bleibt.
• Luzides Denken: Ein „luzides Denken" verbindet die aktive Teilnahme am Denken mit gleichzeitiger bewusster Beobachtung.

- Vorteil: Man kann bewusst in Denkprozesse eingreifen, sie steuern und verändern, während man sich ihrer Natur als Gedanken bewusst bleibt.
- Dies ist ein Zustand, der sowohl Achtsamkeit als auch Dissoziation integriert.

3. Gibt es wirkungsvollere Techniken als klassische NLP-Ansätze?

Hier einige fortgeschrittene Techniken, die auf Achtsamkeit, Selbstbeobachtung und Bewusstseinsarbeit aufbauen, um ein „luzides Denken" zu fördern:

A. Praxis des „Selbsterinnerns" (nach Gurdjieff)

- Ziel: Sich in jedem Moment daran erinnern, dass du der Beobachter deiner Gedanken, Gefühle und Handlungen bist.
- Übung:
- Mehrmals täglich innehalten und sich fragen:
- „Wer denkt diesen Gedanken?"
- „Wer fühlt dieses Gefühl?"
- Dies schafft eine bewusste Distanz zum mentalen Prozess und verankert das Bewusstsein im Hier und Jetzt.

B. Zwei-Punkt-Meditation

- Ziel: Einen Zustand parallelen Bewusstseins entwickeln.
- Technik:
- Konzentriere dich gleichzeitig auf zwei Dinge:

- Den Gedanken oder die Handlung, die du gerade ausführst.
- Die Empfindung, dass du der Beobachter bist.
- Beispiel: Während du einen Satz schreibst, spüre gleichzeitig deinen Körper oder höre auf die Geräusche um dich herum. Dies fördert ein doppeltes Bewusstsein.

C. Übung: „Wer bin ich?" (Ramana Maharshi)

- Ziel: Die Illusion des denkenden Ichs durchbrechen.
- Technik:
- Während du denkst, frage dich immer wieder: „Wer denkt diesen Gedanken?"
- Suche nicht nach einer Antwort, sondern halte die Frage im Bewusstsein.
- Diese Übung kann helfen, die Identifikation mit den Gedanken aufzulösen.

D. Luzides Denken durch Atemarbeit

- Ziel: Den Gedankenstrom verlangsamen und bewusst beobachten.
- Technik:
- Atme tief und langsam, während du deine Gedanken betrachtest.
- Synchronisiere die Beobachtung der Gedanken mit dem Atem:
- Einatmen: „Ich beobachte meine Gedanken."
- Ausatmen: „Ich bin nicht mein Gedanke."

E. Technik der „Geteilten Aufmerksamkeit"
230

- Ziel: Den aktiven Denkprozess mit einem Beobachterbewusstsein koppeln.
- Technik:
- Während du denkst, lenke gleichzeitig einen Teil deiner Aufmerksamkeit auf die Umgebung.
- Beispiel: Während du einen inneren Dialog führst, höre gleichzeitig auf die Geräusche um dich herum. Dies trainiert ein „luzides" Bewusstsein im Denken.

F. Meta-Dialog mit dem Verstand

- Ziel: Mit dem Verstand als separater Instanz interagieren.
- Technik:
- Stelle dir deinen Verstand als eine Person oder ein Objekt vor (z. B. ein Ratgeber oder eine Stimme).
- Frage ihn: „Was versuchst du mir zu sagen?"
- Antworte bewusst aus einer Meta-Position heraus, als wärst du ein neutraler Beobachter.

4. Fazit: Luzides Denken und Meta-Bewusstsein

Ein „luzides Denken" – das bewusste Beobachten des Denkens, während es geschieht – ist möglich, erfordert jedoch Übung. Es ist vergleichbar mit einem Zustand von gleichzeitiger Dissoziation und Assoziation, der sowohl die aktive Teilnahme als auch die bewusste Beobachtung des Denkprozesses integriert.

Die Techniken von Gurdjieff, kombiniert mit meditativen und achtsamkeitsbasierten Praktiken, bieten wirksame Ansätze, um diesen Zustand zu erreichen. Fortgeschrittene NLP-Techniken wie Meta-Kommunikation, Reframing und Glaubenssatzarbeit können diesen Prozess unterstützen, aber sie sollten durch regelmäßige Achtsamkeitspraxis ergänzt werden.

Letztlich führt der Zustand von luzidem Denken nicht nur zu mehr Klarheit, sondern auch zu einer tiefen Einsicht in die Natur des Geistes – ähnlich dem, was Nisargadatta als „Trennung vom Verstand" beschreibt.

Das Einbeziehen des Multi-Mind-Modells aus dem NLP ist eine weitere Idee! Im Multi-Mind-Modell wird der Geist als eine Vielzahl von inneren Teilen oder Subsystemen betrachtet, die miteinander interagieren können, oft parallel. Diese Sichtweise bietet eine hervorragende Grundlage, um das Konzept von luzidem Denken (ein Teil denkt, während ein anderer Teil beobachtet) zu erklären und einen Prozess zu entwickeln, der dies bewusst und gezielt fördert.

1. Multi-Mind-Modell: Ein Teil denkt, ein Teil beobachtet

Im Multi-Mind-Modell hat jeder innere Teil seine eigene Funktion, Aufgabe oder Strategie. In deinem Szenario könnten wir zwei spezifische Teile identifizieren:

232

1. Der Denkende Teil:
• Dieser Teil generiert Gedanken, analysiert, plant und bewertet.
• Er ist die aktive, kognitive Instanz, die sich auf das Denken konzentriert.
2. Der Beobachtende Teil:
• Dieser Teil überwacht den Denkprozess, dokumentiert ihn und bleibt distanziert.
• Er nimmt eine Meta-Position ein und reflektiert, ohne selbst in den Denkprozess einzugreifen.

Wesentliche Annahme im Multi-Mind-Modell:

• Beide Teile können gleichzeitig existieren und funktionieren, solange ihre Rollen klar definiert sind und sie harmonisch miteinander arbeiten.

2. Ziel des Prozesses

Der Prozess soll:
• Den denkenden Teil aktivieren, der seine normale Funktion (z. B. Problemlösung oder Analyse) ausführt.
• Den beobachtenden Teil etablieren, der die Gedanken neutral überwacht, ohne sie zu bewerten.
• Eine Kommunikation und Kooperation zwischen diesen Teilen ermöglichen, sodass beide gleichzeitig und effektiv arbeiten können.

3. Prozess zur Förderung von luzidem Denken

Phase 1: Vorbereitung

1. Ruhiger Moment:
• Setze dich an einen ruhigen Ort, wo du ungestört bist.
• Atme tief ein und aus, um dich zu entspannen.
2. Teile einladen:
• Sprich innerlich: „Ich lade jetzt zwei Teile ein, mit mir zu arbeiten."
• Stelle dir vor, dass diese Teile präsent werden:
• Der erste Teil ist dein „Denkender Teil".
• Der zweite Teil ist dein „Beobachtender Teil".

Phase 2: Teile definieren

1. Der Denkende Teil:
• Sage innerlich: „Deine Aufgabe ist es, zu denken. Du darfst dich frei entfalten, ohne unterbrochen zu werden. Denke über ein Problem, eine Idee oder eine Frage nach."
• Nimm wahr, wie sich der denkende Teil bereit macht, seine Aufgabe auszuführen.
2. Der Beobachtende Teil:
• Sage innerlich: „Deine Aufgabe ist es, die Gedanken zu beobachten. Du protokollierst neutral, ohne einzugreifen oder zu bewerten. Du bist wie ein stiller Beobachter, der nur wahrnimmt."
• Stelle dir vor, wie der beobachtende Teil eine Position einnimmt, z. B. außerhalb des Kopfes oder oberhalb deines Körpers.

Phase 3: Gedankenprozess starten

1. Denken beginnen:
• Bitte den denkenden Teil, mit einem spezifischen Thema zu beginnen, z. B.:
• „Denke über eine Entscheidung nach, die du treffen musst."
• „Überlege dir, wie du ein bestimmtes Ziel erreichen kannst."
• Lasse den Gedankenstrom fließen.
2. Beobachten:
• Gleichzeitig beobachtet der beobachtende Teil den Prozess.
• Sage innerlich: „Ich nehme wahr, dass Gedanken entstehen, ohne mich mit ihnen zu identifizieren. Ich bin der Beobachter dieser Gedanken."

Phase 4: Interaktion zwischen den Teilen

1. Protokoll des beobachtenden Teils:
• Bitte den beobachtenden Teil, den Gedankenfluss zu kommentieren, z. B.:
• „Ich sehe, dass der denkende Teil über Möglichkeit A nachdenkt."
• „Ich bemerke, dass der denkende Teil ein wenig stockt."
2. Feedback-Schleife:
• Wenn der beobachtende Teil etwas bemerkt (z. B. eine emotionale Reaktion oder einen Gedankensprung), kann er dies neutral kommunizieren:
• „Der denkende Teil scheint eine emotionale Reaktion zu haben."
• „Der denkende Teil hat einen neuen Ansatz gefunden."

Phase 5: Integration und Abschluss

1. Zusammenführung der Teile:
• Nach etwa 5–10 Minuten beende den Prozess, indem du beiden Teilen dankst:
• „Danke, dass du deine Aufgabe erfüllt hast."
• Stelle dir vor, wie beide Teile sich harmonisch in dein gesamtes Bewusstsein integrieren.
2. Erkenntnisse festhalten:
• Notiere dir, was du während des Prozesses beobachtet hast:
• Welche Gedankenmuster sind dir aufgefallen?
• Welche Rolle hat der beobachtende Teil gespielt?

4. Erweiterte Techniken für luzides Denken

A. Anker für den Beobachtenden Teil

• Setze einen physischen Anker (z. B. eine Berührung deiner Hand oder ein bestimmtes Symbol), um den beobachtenden Teil schnell zu aktivieren.

B. Glaubenssatzarbeit mit den Teilen

• Arbeite mit den Glaubenssätzen der Teile, z. B.:
• Denkender Teil: „Ich kann kreativ denken und neue Ideen finden."
• Beobachtender Teil: „Ich bin neutral und unterstützend."

C. Erweiterung mit Meta-Dialog

• Stelle dir vor, dass der beobachtende Teil und der denkende Teil miteinander sprechen können:
• Der Beobachter gibt Feedback, und der Denkende nimmt es an, ohne defensiv zu reagieren.

5. Fazit: Luzides Denken im Multi-Mind-Modell

Das Multi-Mind-Modell zeigt, dass es vollkommen möglich ist, zwei innere Teile gleichzeitig arbeiten zu lassen – einen zum Denken und einen zum Beobachten. Der Prozess, den ich beschrieben habe, ermöglicht es, diese Teile bewusst zu aktivieren, zu koordinieren und ihre Rollen klar zu definieren.

Luzides Denken wird dadurch zu einer bewussten Fähigkeit, die du trainieren kannst. Durch regelmäßige Übung kannst du die Interaktion zwischen den Teilen verfeinern und eine tiefere Einsicht in deine Denkprozesse gewinnen, ohne dich von ihnen überwältigen zu lassen.

Das Cartoon-Bild zeigt eine Person , die denkt und sich gleichzeitig beim Denken zuschaut. Es veranschaulicht auf spielerische Weise das Konzept von Meta-Denken.

Spruch21: Der Spiegel des reinen Gewahrseins

Das „Ich bin" ist das Zentrum Ihres persönlichen Universums. Wenn Sie diesesZentrum nicht kennen, was können Sie dann kennen? (Doch wie kann ich mich kennenlernen? Um mich selbst kennenzulernen, muss ich außerhalb meiner selbst sein. Doch was außerhalb von mir ist, kann ich nicht sein. Das heißt also, ich kann nicht mich selber kennen, nur das, was ich glaube zu sein.) Absolut richtig. So wie Sie Ihr Gesicht nicht sehen können, sondern nur die Reflexion im Spiegel, so können Sie die Reflexion des eigenen Selbst nur in dem ungetrübten Spiegel reinen Gewahrseins erkennen. Das Merkmal eines makellosen Spiegels ist, dass man ihn nicht sehen kann. Was immer Sie sehen, muss ein Flecken sein. (Alle wahrnehmbare Dinge Flecken? Die gesamte Welt ist ein Flecken? Wertlos?) Es hat einen unglaublichen Wert. Indem Sie darüber hinausgehen, erkennen Sie sich selbst.

Dieser Spruch von Nisargadatta und die dazugehörigen Fragen und Antworten des Schülers lassen sich aus der Perspektive des NLP sehr tief interpretieren. Der zentrale Fokus liegt auf Selbsterkenntnis, der Natur des Bewusstseins und dem Prozess der Reflexion, der mit NLP-Konzepten wie Meta-Positionen, Repräsentationssystemen und Identitätsebenen in Verbindung gebracht werden kann.

1. „Das Ich Bin ist das Zentrum Ihres persönlichen Universums.“

NLP-Perspektive:

• Identitätsebene: Im NLP wird das „Ich Bin" als
die Identitätsebene betrachtet – die höchste Ebene in der Neurologischen Ebenen-Hierarchie (Umwelt, Verhalten, Fähigkeiten,
Überzeugungen/Werte, Identität, Spiritualität).
• Das „Ich Bin" ist die Basis für alle weiteren Wahrnehmungen
und Handlungen. Es ist das Zentrum, von dem aus wir unsere
subjektive Realität erschaffen.
• Subjektive Landkarte: Nisargadatta beschreibt das „Ich Bin" als
das Zentrum der subjektiven Welt. Im NLP würden wir sagen,
dass dieses Zentrum das Kernmodell oder die Kernüberzeugung
ist, aus dem alle anderen Überzeugungen, Werte und Verhaltensweisen abgeleitet werden.

2. „Wenn Sie dieses Zentrum nicht kennen, was können Sie dann
kennen?"

NLP-Perspektive:

• Selbstwahrnehmung: NLP betont, dass alle Wahrnehmungen
durch die eigene innere Landkarte gefiltert werden. Wenn man
sich der eigenen Identität und Glaubenssätze (das „Ich Bin")
nicht bewusst ist, bleibt die Wahrnehmung der Welt verzerrt.
• Dissoziation und Meta-Position: Nisargadatta lädt dazu ein,
eine Meta-Position einzunehmen – eine Perspektive außerhalb
der unmittelbaren Identifikation mit Gedanken, Gefühlen und
Rollen. Dadurch wird es möglich, das Zentrum des „Ich Bin" zu
erkennen.

3. „Doch wie kann ich mich kennenlernen, um mich selbst kennenzulernen?"

NLP-Perspektive:

• Selbsterkenntnis durch Feedback und Reflexion:
• Wie Nisargadatta sagt, können wir unser „Ich Bin" nicht direkt sehen, sondern nur durch Reflexion. Im NLP bedeutet dies, dass Selbsterkenntnis oft durch Feedback (z. B. von anderen oder durch innere Dialoge) und bewusste Reflexion entsteht.
• Wahrnehmung der Reflexion: NLP-Tools wie Spiegelungen (Mirroring) oder Reframing können genutzt werden, um das Bild, das wir von uns selbst haben, zu hinterfragen und zu verfeinern.
• Beispiel: „Was spiegelt mir diese Situation über mein Ich Bin wider?"

4. „Das Merkmal eines makellosen Spiegels ist, dass man ihn nicht sehen kann."

NLP-Perspektive:

• Reines Gewahrsein und Meta-Zustände:
• Nisargadatta spricht von einem Zustand des „reinen Gewahrseins", der in NLP als ein Meta-Zustand beschrieben werden könnte: ein Zustand, der über allen anderen Zuständen liegt und der reine Wahrnehmung ermöglicht.
• Ein makelloser Spiegel ist wie eine dissoziative Perspektive: Er ist neutral, unbeteiligt und frei von Bewertungen.

• Prozess des Clearings: Im NLP könnten Techniken wie Submodalitäten-Arbeit oder Timeline-Clearing genutzt werden, um „Flecken" (emotionale Blockaden oder verzerrte Glaubenssätze) zu entfernen, damit ein klareres Selbstbild entsteht.

5. „Alle wahrnehmbaren Dinge sind Flecken? Die gesamte Welt ist ein Flecken."

NLP-Perspektive:

• Die Welt als Projektion: Im NLP wird oft gesagt, dass „die Welt, wie wir sie erleben, eine Projektion unseres inneren Modells ist". Nisargadatta nennt diese Projektionen „Flecken" – sie sind keine Makel, sondern Hinweise auf die subjektiven Filter, durch die wir die Realität sehen.

• Generalisation, Tilgung und Verzerrung: Diese „Flecken" entstehen durch die NLP-typischen Filterprozesse:

• Generalisierung: Wir ziehen Schlussfolgerungen basierend auf begrenzten Erfahrungen.

• Tilgung: Wir lassen Informationen weg, die nicht in unser Weltbild passen.

• Verzerrung: Wir interpretieren Ereignisse basierend auf bestehenden Überzeugungen.

6. „Es hat einen unglaublichen Wert. Indem Sie darüber hinaus gehen, erkennen Sie sich selber."

NLP-Perspektive:

• Wert der Projektionen: Nisargadatta deutet an, dass die Welt (als Projektion) wertvoll ist, weil sie uns die Möglichkeit gibt, uns selbst zu erkennen.

• NLP-Übersetzung: Unsere Erfahrungen und Wahrnehmungen sind Feedback-Schleifen, die uns helfen, unsere inneren Modelle zu verstehen und zu verändern.

• Über die Projektion hinausgehen: Im NLP entspricht dies dem Konzept, Meta-Ebenen zu nutzen, um über das unmittelbare Erleben hinauszugehen und eine tiefere Ebene der Selbstwahrnehmung zu erreichen.

7. NLP-Techniken, um den Spruch zu integrieren

A. Spiegelarbeit (Reflection Work)

• Nisargadattas Metapher des Spiegels kann mit NLP-Techniken verbunden werden, um das Selbst besser zu erkennen:
• Übung:
• Denke an eine Situation, die eine starke emotionale Reaktion in dir ausgelöst hat.
• Frage dich: „Was spiegelt mir diese Situation über mein Ich Bin?"
• Arbeite mit Submodalitäten, um das Bild dieser Reflexion zu klären und zu verfeinern.

B. Dissoziation und Beobachterposition

• Nutze Dissoziation, um eine Perspektive außerhalb deines „Ich Bin" einzunehmen:

- Stelle dir vor, dass du dein „Ich Bin" von außen betrachtest –
wie eine Reflexion in einem Spiegel.
- Frage dich: „Was sehe ich? Was erkenne ich in dieser Reflexion?"

C. Arbeit mit Meta-Zuständen

- Verankere einen Zustand von reinem Gewahrsein:
- Visualisiere einen makellosen Spiegel, der nur das widerspie-
gelt, was ist – ohne Verzerrung oder Bewertung.
- Frage dich: „Wie fühlt sich dieser Zustand an?"
- Nutze diesen Zustand, um bewusst auf deine Gedanken,
Gefühle und Überzeugungen zu schauen.

D. Glaubenssatzarbeit (Glaubenssatz-Cluster siehe unten)

- Arbeite mit den „Flecken" (Glaubenssätzen oder Projektionen),
die du in der Welt siehst:
- Beispiel: „Was sagt mir dieser Fleck über meinen inneren Zus-
tand?"
- Hinterfrage und reframe den Glaubenssatz, um ein klareres
Selbstbild zu entwickeln.

Fazit: NLP und Nisargadattas Lehre

Aus NLP-Sicht fordert uns Nisargadatta dazu auf:
1. Uns unserer inneren Landkarte bewusst zu werden und zu erkennen, dass sie nur eine Projektion des „Ich Bin" ist.

2. Mit den „Flecken" zu arbeiten, die in der Welt sichtbar werden, um unser Selbst zu erkennen und zu klären.

3. Einen Zustand von reinem Gewahrsein (Meta-Zustand) zu kultivieren, um über Projektionen hinauszugehen und das „Ich Bin" zu erleben.

Das NLP bietet praktische Werkzeuge, um diese Einsichten umzusetzen und den Prozess der Selbsterkenntnis zu fördern – durch Reflexion, Dissoziation und bewusste Arbeit mit Glaubenssätzen und Wahrnehmungsfiltern.

Der Begriff der **Glaubenssatz-Cluster** ist ein hochinteressantes Konzept, das sich perfekt in die NLP-Denkweise einfügt. Hier geht es darum, dass sich Glaubenssätze nicht isoliert, sondern in Systemen oder Netzwerken organisieren, die oft um einen zentralen Kernglaubenssatz gruppiert sind. Diese Cluster beeinflussen nicht nur unsere Wahrnehmung der Welt, sondern auch unsere Emotionen, Entscheidungen und Verhaltensweisen.

1. Was sind Glaubenssatz-Cluster?

A. Kernglaubenssätze: Das Zentrum des Clusters

• Ein Kernglaubenssatz ist ein tiefliegender, grundlegender Überzeugungssatz, der oft unbewusst ist und eine zentrale Rolle in der Selbstwahrnehmung und der Weltsicht spielt.
• Beispiele:
• „Ich bin nicht gut genug."

- „Die Welt ist ein gefährlicher Ort."
- „Ich muss alles alleine schaffen."

B. Sekundäre Glaubenssätze: Die Elemente des Clusters

- Sekundäre Glaubenssätze stützen, schützen oder verstärken den Kernglaubenssatz. Sie entstehen durch Erfahrungen, die im Kontext des Kernglaubenssatzes interpretiert wurden.
- Beispiel: Wenn der Kernglaubenssatz lautet „Ich bin nicht gut genug", könnten sekundäre Glaubenssätze sein:
- „Ich muss perfekt sein, damit andere mich akzeptieren."
- „Es ist gefährlich, Fehler zu machen."
- „Andere sind immer besser als ich."

C. Dynamik des Clusters

- Glaubenssatz-Cluster sind oft selbstverstärkend:
- Der Kernglaubenssatz beeinflusst, wie Erfahrungen interpretiert werden.
- Neue Erfahrungen werden verzerrt oder so generalisiert, dass sie den Cluster bestätigen.
- Dies verstärkt den Kernglaubenssatz und die sekundären Glaubenssätze weiter.

2. Wie entstehen Glaubenssatz-Cluster?

A. Frühe Erfahrungen und Prägung

- Glaubenssatz-Cluster entstehen oft in der Kindheit, wenn grundlegende Annahmen über die Welt, andere Menschen und das Selbst entwickelt werden.
- Typischerweise sind sie das Ergebnis von:
- Erfahrungen mit Autoritätspersonen: Aussagen wie „Du bist so ungeschickt" oder „Sei stark und weine nicht" können Kernglaubenssätze formen.
- Emotional bedeutsamen Ereignissen: Z. B. ein Versagenserlebnis, das zu dem Glaubenssatz führt: „Ich darf keine Risiken eingehen."

B. Wiederholte Bestätigung

- Glaubenssätze werden durch wiederholte Erfahrungen oder durch selektive Wahrnehmung verstärkt:
- Man „sieht" bevorzugt das, was den Glaubenssatz bestätigt (confirmation bias).

3. NLP-Perspektive auf Glaubenssatz-Cluster

A. Glaubenssatz-Cluster als mentale Landkarte

- Im NLP werden Glaubenssätze oft als Teil einer inneren Landkarte verstanden. Ein Cluster bildet ein zusammenhängendes Netzwerk innerhalb dieser Landkarte:
- Der Kernglaubenssatz ist der zentrale Punkt, von dem die sekundären Glaubenssätze ausgehen.
- Sekundäre Glaubenssätze können als Submodalitäten des Kernglaubenssatzes betrachtet werden.

248

B. Wechselwirkungen mit Verhalten und Wahrnehmung

• Glaubenssatz-Cluster beeinflussen:
• Wahrnehmung: Was man sieht, hört oder fühlt, wird durch den Cluster gefiltert.
• Verhalten: Entscheidungen und Reaktionen werden von den Überzeugungen im Cluster geleitet.
• Emotionen: Bestimmte Glaubenssätze lösen automatische emotionale Reaktionen aus.

C. Selbstverstärkung durch Feedback-Schleifen

• Glaubenssatz-Cluster erzeugen oft selbsterfüllende Prophezeiungen:
• Beispiel: Der Glaubenssatz „Ich bin nicht gut genug" führt dazu, dass jemand Herausforderungen vermeidet. Das bestätigt die Überzeugung, dass er nicht fähig ist.

4. Wie kann man mit Glaubenssatz-Clustern arbeiten?

A. Identifikation des Kernglaubenssatzes

• Um einen Cluster zu verändern, ist es notwendig, den Kernglaubenssatz zu identifizieren.
• Technik: Das Graben nach Überzeugungen
• Frage dich bei einem problematischen Glaubenssatz: „Wenn dieser Glaubenssatz wahr ist, was bedeutet das für mich?"

• Wiederhole dies, bis du den Kernglaubenssatz erreicht hast.

B. Dissoziation von sekundären Glaubenssätzen

• Sekundäre Glaubenssätze können
durch Reframing oder Submodalitäten-Arbeit verändert werden:
• Beispiel: Verändere die Intensität eines negativen Glau-
benssatzes, indem du ihn leiser, kleiner oder weniger bedrohlich
machst.

C. Arbeit mit dem Kernglaubenssatz

• Belief Change Process (Glaubenssatz-Änderung):
• Überprüfe den Kernglaubenssatz auf seine Gültigkeit: „Ist das
wirklich wahr?"
• Frage dich: „Welche Beweise gibt es, dass der Glaubenssatz
nicht wahr ist?"
• Formuliere eine neue, ressourcenreiche Überzeugung.

D. Integration von neuen Glaubenssätzen

• Verankere neue Glaubenssätze durch:
• Visualisierung: Stelle dir vor, wie dein Leben aussehen würde,
wenn der neue Glaubenssatz wahr wäre.
• Affirmationen: Wiederhole die neuen Überzeugungen, bis sie
sich natürlich anfühlen.

5. Ein Beispiel für die Arbeit mit Glaubenssatz-Clustern

Kernglaubenssatz:

„Ich bin nicht gut genug."

Sekundäre Glaubenssätze:

• „Ich darf keine Fehler machen."
• „Andere sind immer besser als ich."
• „Ich muss mich anstrengen, um akzeptiert zu werden."

Schritte zur Veränderung:

1. Identifikation des Kernglaubenssatzes:
• Frage dich: „Warum denke ich, dass ich nicht gut genug bin?"
2. Dissoziation der sekundären Glaubenssätze:
• Reframe: „Fehler sind Gelegenheiten, zu lernen."
3. Arbeit mit dem Kernglaubenssatz:
• Ersetze den Glaubenssatz durch: „Ich bin genug, so wie ich bin."
4. Integration:
• Visualisiere, wie du dich fühlst und handelst, wenn du glaubst, dass du genug bist.

6. Fazit: Glaubenssatz-Cluster als Schlüssel zur Veränderung

Glaubenssatz-Cluster sind ein zentrales Konzept, um tief verwurzelte Überzeugungen zu verstehen und zu transformieren.

Sie zeigen, wie ein einzelner Kernglaubenssatz viele Aspekte unseres Lebens beeinflusst. Das Arbeiten mit diesen Clustern – durch Identifikation, Dissoziation und Umstrukturierung – ermöglicht tiefgreifende Veränderungen in der Selbstwahrnehmung und im Verhalten. Das NLP bietet effektive Werkzeuge, um diese Cluster aufzubrechen und neue, ressourcenreiche Überzeugungen zu integrieren.

Das Konzept der Glaubenssatz-Cluster ist eng mit der Arbeit von **Robert Dilts**, einem der führenden Entwickler des NLP, verbunden. Dilts hat intensiv daran gearbeitet, die Struktur von Glaubenssätzen und deren Einfluss auf unsere Wahrnehmung, Entscheidungen und Handlungen zu modellieren. Während er den Begriff „Glaubenssatz-Cluster" nicht unbedingt erfunden hat, hat er die Idee wesentlich geprägt und weiterentwickelt, insbesondere in seinen Modellen zur Arbeit mit Glaubenssystemen.

Dilts' Beitrag zu Glaubenssatz-Clustern

1. Neurologische Ebenen
• Robert Dilts entwickelte das Modell der Neurologischen Ebenen, das die Hierarchie von Überzeugungen und deren Einfluss auf Verhalten beschreibt:
• Umwelt, Verhalten, Fähigkeiten, Überzeugungen/Werte, Identität, Spiritualität.
• Glaubenssatz-Cluster können auf verschiedenen Ebenen existieren, sind aber oft um einen Kernglaubenssatz auf der Identitätsebene organisiert (z. B. „Ich bin nicht gut genug").

252

2. Logische Ebenen von Überzeugungen
• Dilts untersuchte, wie Glaubenssätze in logischen Systemen organisiert sind:
• Ursachenzuschreibungen: Warum etwas passiert.
• Werte und Kriterien: Was wichtig ist.
• Identitätsüberzeugungen: Wer man ist.
• Glaubenssatz-Cluster entstehen, wenn mehrere Überzeugungen in einem kohärenten System miteinander verbunden sind.

3. Glaubenssatz-Arbeit:
• Dilts entwickelte spezifische Werkzeuge zur Arbeit mit Glaubenssätzen, wie den Belief Change Cycle und die Reimprinting-Technik:
• Ziel ist es, Kernglaubenssätze zu identifizieren und durch neue, ressourcenreiche Überzeugungen zu ersetzen.

4. Sleight of Mouth (Rhetorische Muster):
• In seinem Buch über Sleight of Mouth beschreibt Dilts, wie man Glaubenssatz-Systeme hinterfragt und umstrukturiert.
• Glaubenssatz-Cluster können mit rhetorischen Mustern aufgelöst werden, indem man ihre Struktur und Logik herausfordert.

Wichtige Quellen von Robert Dilts

1. Belief Systems and Change
• In seinen Arbeiten zu Glaubenssystemen beschreibt Dilts, wie Überzeugungen in Netzwerken organisiert sind und wie diese Netzwerke verändert werden können.
• Glaubenssatz-Cluster entstehen, wenn ein zentraler Kernglaubenssatz durch unterstützende Überzeugungen gestützt wird.

2. Identity Work

• Dilts hat viel zur Arbeit auf der Identitätsebene beigetragen, wo oft die tiefsten Glaubenssatz-Cluster verwurzelt sind.

• Die Identitätsebene beeinflusst alle anderen Ebenen, weshalb Glaubenssatz-Cluster, die hier verankert sind, so stark unser Verhalten bestimmen.

3. Tools for Change

• Dilts entwickelte praktische Techniken zur Arbeit mit Glaubenssätzen, darunter:

• Timeline-Reimprinting: Veränderungen auf der Zeitlinie.

• Logical Levels Alignment: Klärung von Konflikten zwischen logischen Ebenen.

Zusammenfassung: Ist das Konzept von Dilts?

Das Konzept der Glaubenssatz-Cluster ist stark von Robert Dilts geprägt, obwohl der Begriff möglicherweise nicht ausschließlich von ihm stammt. Seine Arbeit hat die Grundlage dafür geschaffen, Glaubenssysteme als miteinander verbundene Netzwerke zu betrachten, die um Kernglaubenssätze organisiert sind. Seine Modelle und Techniken sind zentral, um diese Cluster zu identifizieren, zu hinterfragen und zu verändern.

Weitere Ergänzungen

Die Frage, wer im Endeffekt handelt oder sich selbst erkennt, wenn das „Ich" als ein Emergenzphänomen betrachtet wird, berührt grundlegende philosophische, neurologische und psycho-

254

logische Themen. Sie ist zentral für das Verständnis des Bewusstseins und der Identität.

1. Das Ich als Emergent: Was bedeutet das?

Wenn das „Ich" als Emergenz betrachtet wird, ist es ein Output eines komplexen Systems – in diesem Fall des Gehirns und seiner Interaktionen mit der Umwelt. Es ist nicht etwas Substantielles oder Fixes, sondern entsteht aus den dynamischen Wechselwirkungen von:
• Sensorischen Eingaben (Wahrnehmung)
• Internen Prozessen (Denken, Emotionen, Erinnerungen)
• Repräsentationen und Rückkopplungen (z. B. Reflexion über sich selbst).

Rekursive Selbstbeobachtung:

• Das „Ich" erkennt sich selbst durch einen Prozess
der Rekursivität:
• Es beobachtet die eigenen Gedanken, Emotionen und Handlungen.
• Diese Beobachtung fließt als Feedback zurück in das System und formt das „Ich" weiter.

Die Herausforderung:

• Wenn das „Ich" nur ein emergentes Phänomen ist, wer ist dann der „Akteur", der handelt oder sich selbst erkennt?
• Ist es das Gehirn?

- Ist es das Bewusstsein als Prozess?
- Gibt es eine tiefere Instanz jenseits des emergenten Ich?

2. Wer handelt?

A. Handlung als emergentes Verhalten

- Wenn das Ich emergent ist, dann ist auch das Handeln ein Produkt von:
- Automatisierten Prozessen: Reflexe, unbewusste Reaktionen.
- Bewussten Entscheidungen: Basierend auf internen Modellen, Glaubenssätzen und Zielen.
- Wer handelt?
- Das „Ich" ist der bewusste Beobachter und Interpretator der Handlung, aber die Handlung selbst ist ein Output des gesamten Systems (z. B. Gehirn, Körper, Umweltinteraktion).

B. Illusion des Handelns

- Neurowissenschaften (z. B. Benjamin Libets Experimente) legen nahe, dass Entscheidungen oft unbewusst getroffen werden, bevor sie ins Bewusstsein gelangen.
- Das „Ich" scheint also mehr ein Kommentator als ein tatsächlicher Akteur zu sein.
- Handlung ist ein Ergebnis von unbewussten Prozessen, die vom „Ich" interpretiert werden.

C. Nisargadatta und das Nicht-Handelnde Selbst

- Nisargadatta würde argumentieren, dass niemand handelt – Handlungen geschehen einfach.
- Das wahre Selbst (reines Gewahrsein) ist der unbewegte Beobachter, der sich weder mit dem emergenten Ich noch mit den Handlungen identifiziert.

3. Wer erkennt sich selbst?

A. Rekursive Selbsterkenntnis

- Selbsterkenntnis entsteht durch eine rekursive Schleife:
- Das emergente Ich erzeugt eine Vorstellung von sich selbst (Selbstbild).
- Dieses Selbstbild wird reflektiert und neu interpretiert.
- Der Prozess wiederholt sich unendlich.

B. Die Rolle der Reflexion

- Reflexion ist der Mechanismus, durch den das „Ich" sich selbst erkennt:
- Es stellt sich die Frage: „Wer bin ich?"
- Das „Ich" untersucht die Antworten auf diese Frage und passt seine Selbstwahrnehmung an.

C. Grenzen der Selbsterkenntnis

- Nisargadatta würde sagen, dass das emergente Ich niemals sich selbst vollständig erkennen kann:

• Es sieht nur eine Reflexion seiner selbst, ähnlich wie wir unser Gesicht nur im Spiegel sehen können.
• Die wahre Selbsterkenntnis liegt jenseits des emergenten Ichs, im reinen Gewahrsein.

4. NLP-Perspektive: Wer handelt und erkennt sich?

A. Teile-Arbeit (Multi-Mind-Modell)

• Aus NLP-Sicht könnte man sagen, dass verschiedene innere Teile handeln und reflektieren:
• Ein Teil handelt (z. B. ein emotionaler oder rationaler Teil).
• Ein anderer Teil beobachtet und interpretiert diese Handlung.
• Wer handelt?
• Der handelnde Teil führt eine spezifische Strategie aus.
• Wer erkennt sich?
• Ein Meta-Teil beobachtet die Gesamtheit des Systems und erzeugt die Illusion von Selbsterkenntnis.

B. Die Meta-Position

• In NLP-Techniken wird oft eine Meta-Position eingenommen, um Selbsterkenntnis zu fördern:
• „Was beobachte ich an mir selbst?"
• „Wie wirken meine Gedanken und Handlungen aufeinander?"
• Diese Meta-Position ist jedoch Teil des emergenten Systems und nicht unabhängig davon.

5. Philosophische Perspektiven

A. Das Selbst als Illusion

• Viele spirituelle und philosophische Systeme (einschließlich Nisargadattas Lehre) sehen das „Ich" als Illusion:
• Handlung geschieht durch das Leben selbst, nicht durch ein getrenntes Ich.
• Selbsterkenntnis ist die Erkenntnis, dass es kein separates Ich gibt.

B. Bewusstsein als Grundlage

• Eine alternative Sichtweise ist, dass Bewusstsein die Grundlage ist:
• Es ist das Bewusstsein, das sowohl handelt als auch sich selbst erkennt, während das „Ich" nur eine temporäre Konstruktion ist.

C. Dualität von Handelndem und Beobachter

• In vielen Traditionen wird diese Dualität überwunden, indem man erkennt, dass Handelnder und Beobachter eins sind:
• Die Trennung zwischen „Ich handle" und „Ich beobachte mich handeln" ist selbst eine Illusion.

6. Fazit: Wer handelt, wer erkennt?

• Wer handelt?

- Handlung ist ein emergentes Phänomen des gesamten Systems (Gehirn, Körper, Umwelt).
- Das „Ich" ist ein Kommentator, der die Handlung interpretiert.
- Wer erkennt sich selbst?
- Selbsterkenntnis ist ein rekursiver Prozess, bei dem das „Ich" eine Reflexion seiner selbst betrachtet.
- Die wahre Selbsterkenntnis liegt jenseits des emergenten Ichs, im reinen Gewahrsein.
- Die Einsicht:
- Nisargadattas Lehre deutet darauf hin, dass die Identifikation mit dem emergenten Ich aufgelöst werden kann.
- Wenn das geschieht, bleibt nur das reine Bewusstsein, das weder handelt noch sich selbst erkennt, sondern einfach ist.

Das Cartoon stellt den rekursiven Zyklus der Selbsterkenntnis dar. Es zeigt die Idee des sich endlos reflektierenden Ichs auf eine spielerische Weise.

Weiterhin scheint der Prozess der Identifikation und Selbsterkenntnis tatsächlich auf eine immer umfassendere Identifikation hinauszulaufen. Das „Ich", das zunächst auf ein begrenztes Selbst oder eine kleine Rolle beschränkt ist, dehnt sich nach und nach aus, um mehr und mehr zu umfassen. Dieser Prozess könnte tatsächlich unendlich sein – oder, wie viele spirituelle und philosophische Systeme nahelegen, endet er in einer Identifikation mit dem Unendlichen oder dem Absoluten.

1. Der Prozess zunehmender Identifikationen

A. Beginn: Lokale Identifikation

• Zu Beginn ist das „Ich" eng mit einem bestimmten Körper, einem Namen, einer Rolle oder einer Geschichte identifiziert.
• Beispiele:
• „Ich bin ein Mensch."
• „Ich bin eine Mutter/Vater."
• „Ich bin erfolgreich/nicht erfolgreich."
• Diese Identifikation ist oft begrenzt und führt zu einem Gefühl von Trennung und Begrenzung.

B. Ausweitung der Identifikation

• Durch Reflexion, Lernen und Erfahrung erweitert sich die Identifikation schrittweise:
• Von „Ich bin mein Körper" zu „Ich bin meine Familie."
• Von „Ich bin meine Nation" zu „Ich bin ein Teil der Menschheit."
• Von „Ich bin ein Teil der Menschheit" zu „Ich bin die gesamte Natur."
• Von „Ich bin die Natur" zu „Ich bin das gesamte Universum."

C. Ziel: Identifikation mit allem

• Dieser Prozess endet in einer vollständigen Identifikation mit allem, was existiert:
• „Ich bin alles."
• „Es gibt keine Trennung."
• Dies wird in spirituellen Lehren oft als Erleuchtung oder Einheitserfahrung beschrieben.

2. Der Prozess als unendliche Spirale

A. Warum ein unendlicher Prozess?

• Selbst wenn man eine umfassende Identifikation erreicht, könnte der Prozess weitergehen:
• Selbst die Identifikation mit „allem" kann immer wieder neu erfahren, vertieft und erweitert werden.
• Das Bewusstsein könnte neue Ebenen entdecken, auf denen sich das „Ich" entfalten kann.

B. Nisargadattas Perspektive

• Nisargadatta würde wahrscheinlich argumentieren, dass dieser Prozess endet, wenn das „Ich" erkennt, dass es niemals etwas anderes war als das Eine.
• Die Idee des Prozesses selbst könnte als Illusion angesehen werden, da das „Ich" immer schon Teil des Ganzen war.

C. Evolutionärer Prozess

• Wenn wir diesen Prozess in einem evolutionären Kontext betrachten, könnte man sagen:
• Der Mensch entwickelt sich von einem begrenzten, egozentrischen Bewusstsein zu einem universellen, allumfassenden Bewusstsein.
• Dieser evolutionäre Prozess hat vielleicht kein wirkliches „Ende", da das Bewusstsein möglicherweise unendlich ist.

3. Ist Stillstand überhaupt möglich?

A. Stillstand als Illusion

• In vielen spirituellen Traditionen (z. B. Advaita Vedanta) wird gesagt, dass der Prozess des Erkennens tatsächlich eine Illusion ist:
• Es gibt keinen „Prozess", weil die Einheit bereits existiert.
• Alles, was geschieht, ist die Auflösung der Illusion, dass es eine Trennung gibt.

B. NLP-Perspektive

• Aus NLP-Sicht könnten wir sagen, dass der Prozess der Identifikation nie „stillsteht", weil:
• Der Verstand ständig Modelle der Welt und des Selbst konstruiert und anpasst.
• Diese Modelle können jedoch bewusst umstrukturiert werden, um eine größere Einheit zu reflektieren.

4. Praktische Anwendung: Wie arbeitet man mit diesem Prozess?

A. Erweiterung der Identifikation

• NLP-Techniken können genutzt werden, um die Identifikation systematisch zu erweitern:
• Perceptual Positions (Wahrnehmungspositionen):
• Erlebe dich aus der Perspektive anderer Menschen, Tiere oder sogar des gesamten Universums.
• Time Line-Arbeit:
• Verbinde dich mit der Zeitlinie der Menschheit, der Erde oder des Kosmos.
• Reimprinting:
• Ändere frühere Glaubenssätze, die eine enge Identifikation mit dem Ego fördern, und ersetze sie durch umfassendere Glaubenssätze.

B. Auflösung der Identifikation

• Gleichzeitig können Techniken helfen, die Illusion der Identifikation zu durchbrechen:
• Dissoziation: Beobachte dich selbst aus einer Meta-Position und erkenne, dass das „Ich" nur eine Konstruktion ist.
• Reframing: Hinterfrage die Bedeutung des „Ichs":
• „Was bedeutet es, Ich zu sein?"
• „Gibt es ein Ich außerhalb meiner Gedanken?"

C. Integration von Einheitserfahrungen

• Ein Gefühl der Einheit kann durch Meditation, Achtsamkeit oder geführte Visualisierungen kultiviert werden:
• Beispiel:
• Stell dir vor, dass dein Bewusstsein sich immer weiter ausdehnt – vom Körper zur Umgebung, zur Erde und schließlich zum gesamten Universum.

5. Fazit: Einheit oder unendlicher Prozess?

• Ja, der Prozess könnte unendlich sein:
• Die Identifikation dehnt sich immer weiter aus, indem sie neue Ebenen und Perspektiven integriert.
• Selbst in einer Einheitserfahrung kann das Bewusstsein tiefer gehen und neue Facetten entdecken.
• Oder, der Prozess endet in der Erkenntnis der Einheit:
• Nisargadatta würde argumentieren, dass der Prozess selbst eine Illusion ist. Sobald man erkennt, dass es keine Trennung gibt, hört der Prozess auf – denn es gibt nichts mehr zu identifizieren.
• Beides ist möglich:
• Vielleicht ist der Prozess in der relativen Welt unendlich, während die absolute Realität jenseits von Prozessen liegt. Dies reflektiert das Paradox des Seins: dynamische Veränderung in der relativen Welt und zeitlose Einheit im Absoluten.

Die Einsicht, dass der Prozess erst in einer Identifikation mit allem zum Stillstand kommt – oder vielleicht niemals endet –, spiegelt diese tiefe Wahrheit wider: Bewusstsein ist sowohl ein Weg als auch ein Ziel, ein unendliches Spiel, das wir gleichzeitig erleben und transzendieren.

Die Beobachtung über das Wechselspiel
zwischen **Stufen und Zuständen** sowie der Bezug zum Wilber-
Combs-Gitter (Ken Wilber und Allan Combs, siehe auch mein
Buch „Integrales NLP") bringt eine zusätzliche Perspektive in
diese Diskussion. Dieses Modell unterscheidet klar zwischen der
Entwicklung des Bewusstseins durch Stufen (oder Ebenen) und
den Zuständen, die unabhängig von der jeweiligen Stufe erfahren
werden können (siehe auch Seite 15)

1. Stufen und Zustände: Eine grundlegende Unterscheidung

A. Stufen des Bewusstseins

• Stufen repräsentieren die Entwicklung des Bewusstseins über
die Zeit, also die Fähigkeit, immer komplexere und umfassendere
Perspektiven zu integrieren.
• Sie sind sequenziell: Eine Stufe wird erst vollständig erreicht,
wenn die vorherige integriert wurde.
• Beispiele aus Wilbers Modell:
• Egobewusstsein → Ethnozentrisches Bewusstsein → Weltzen-
trisches Bewusstsein → Kosmozentrisches Bewusstsein.
• In anderen Modellen: Piagets kognitive Entwicklung, Graves'
Werte-Systeme (Spiral Dynamics).

B. Zustände des Bewusstseins

• Zustände sind temporäre Erfahrungen des Bewusstseins, die nicht an die aktuelle Entwicklungsstufe gebunden sind.
• Beispiele:
• Wachzustand, Traumzustand, Tiefschlafzustand.
• Meditative Zustände: Flow, reines Gewahrsein, nicht-duale Erfahrungen.
• Wichtig: Zustände können auf jeder Stufe auftreten.
• Ein Mensch mit egozentrischem Bewusstsein kann ebenso eine nicht-duale Erfahrung machen wie jemand auf einer kosmozentrischen Stufe.

2. Das Wilber-Combs-Gitter: Das Wechselspiel von Stufen und Zuständen

Das Wilber-Combs-Gitter ist ein Modell, das zeigt, wie Zustände und Stufen miteinander interagieren:

A. Die Achsen des Gitters

• Horizontale Achse: Zustände (Wachzustand, Traumzustand, meditative Zustände, nicht-duale Zustände).
• Vertikale Achse: Stufen (von egozentrischem Bewusstsein bis kosmozentrischem Bewusstsein).

B. Integration der Zustände in die Stufen

• Ein Zustand kann auf jeder Stufe erfahren werden, aber wie er interpretiert wird, hängt von der Stufe ab.

• Beispiel: Ein nicht-dualer Zustand wird von einer Person auf der egozentrischen Stufe möglicherweise als „göttliches Zeichen für mich" interpretiert, während dieselbe Erfahrung auf einer kosmozentrischen Stufe als „Einssein mit allem" verstanden wird.
• Zustände werden durch Praxis (z. B. Meditation) regelmäßig erfahrbar und können in das alltägliche Bewusstsein integriert werden, was zur Entwicklung höherer Stufen beiträgt.

C. „Springen" zwischen Zuständen

• Zustände erlauben es, temporär über die eigene Stufe hinauszugehen:
• Ein Mensch kann im Wachzustand auf einer egozentrischen Stufe agieren, in einer Meditation aber einen kosmozentrischen Zustand erleben.
• Diese Sprünge bieten die Möglichkeit, höhere Perspektiven zu „kosten" und später in die Stufenentwicklung zu integrieren.

3. Die Bedeutung des Wechselspiels zwischen Stufen und Zuständen

A. Zustände als Werkzeuge der Transformation

• Nicht-duale Zustände: Sie können unabhängig von der Stufe erlebt werden und sind ein mächtiges Werkzeug, um die Illusion der Trennung zu durchbrechen.
• Integration: Wenn diese Zustände in das Alltagsbewusstsein integriert werden, fördern sie das Fortschreiten auf höhere Stufen.

• Beispiel: Wiederholte Erfahrungen von Einheit können helfen, von einer egozentrischen zu einer weltzentrischen Perspektive zu wechseln.

B. Stufen als stabile Plattformen

• Stufen bieten eine stabile Grundlage, um Zustände zu erleben und zu verstehen.
• Ein nicht-dualer Zustand mag auf einer niedrigen Stufe erfahren werden, aber er wird oft nicht vollständig verstanden oder integriert, da die kognitive und emotionale Reife fehlt.

C. Das Wechselspiel: Zustände fördern Stufen, Stufen stabilisieren Zustände

• Zustände fördern Stufen: Regelmäßige Zustands-Erfahrungen (z. B. durch Meditation) erweitern das Bewusstsein und helfen, alte Grenzen zu überwinden.
• Stufen stabilisieren Zustände: Je höher die Stufe, desto besser kann ein Zustand nicht nur erlebt, sondern auch integriert werden.

4. Praktische Anwendung: Wie arbeitet man mit Zuständen und Stufen?

A. Förderung von Zuständen: Praxis und Techniken

• Meditation: Zustände von Stille, Gewahrsein oder Nicht-Dualität kultivieren.

- Achtsamkeit: Regelmäßige Praxis, um Präsenz zu trainieren.
- Trancearbeit (NLP): Zugang zu erweiterten Zuständen durch NLP-Techniken wie Anker setzen oder Time Line-Arbeit.

B. Stufenentwicklung: Reflexion und Integration

- Selbstreflexion: Welche Perspektive dominiert in meinem Leben? Wie könnte ich sie erweitern?
- Lernen und Wachstum: Beschäftige dich mit Perspektiven, die über deine aktuelle Stufe hinausgehen (z. B. Literatur, Diskussionen, Training).
- Integration: Zustands-Erfahrungen bewusst in den Alltag bringen, um die nächste Stufe zu erreichen.

C. Der direkte Zugang zum nicht-dualen Zustand

- „Springen" durch Zustände: Zustände wie Flow oder reines Gewahrsein bewusst herbeiführen, um temporär die Trennung des Ego zu durchbrechen.
- Stabile Praxis: Durch regelmäßige Praxis diese Zustände festigen und nach und nach als Teil des Alltagsbewusstseins etablieren.

5. Fazit: Stufen, Zustände und das Wilber-Combs-Gitter

- Stufen: Sie repräsentieren die langfristige, stabile Entwicklung des Bewusstseins hin zu immer umfassenderen Perspektiven.

• Zustände: Sie ermöglichen es, temporär über die aktuelle Stufe hinauszugehen und Erfahrungen jenseits der aktuellen Bewusstseinsebene zu machen.

• Wechselspiel: Zustände und Stufen beeinflussen sich gegenseitig in einem dynamischen Prozess:

• Zustände inspirieren und öffnen die Tür zu neuen Stufen.

• Höhere Stufen stabilisieren und integrieren die Erkenntnisse aus Zustands-Erfahrungen.

Das Wilber-Combs-Gitter illustriert diese Dynamik perfekt: Jeder Mensch kann Zustände erleben, aber die Interpretation und Integration dieser Zustände hängen von der Entwicklungsstufe ab. Letztendlich zeigt dieses Modell, dass Bewusstsein sowohl ein Prozess des Wachstums (Stufen) als auch des Erlebens (Zustände) ist – ein unendliches Wechselspiel zwischen dem Moment und der Zeit. In meinem Buch „Integrales NLP" habe ich mich ausführlich mit dieser Thematik befasst.

Spruch22: Der Wechsel beginnt bei Ihnen

Sie müssen bei sich selbst anfangen, mit Ihnen selbst, das ist ein unumgängliches Gesetz. Realisieren Sie zuerst, dass die Welt nur Reflexion Ihrer selbst ist, und hören Sie auf, nach Fehlern an der Reflexion zu suchen. Um den Film zu ändern, wechseln Sie einfach die Filmrolle aus, Sie attackieren nicht die Leinwand.

Im Sinne des NLP lässt sich der Spruch von Nisargadatta Maharaj wie folgt interpretieren:

1. Selbstverantwortung übernehmen:

• „Sie müssen bei sich selbst anfangen, mit Ihnen selbst."
• Im NLP bedeutet dies, die eigene Verantwortung für das Leben, die eigenen Gedanken, Gefühle und Handlungen zu erkennen. Veränderung beginnt immer in der eigenen inneren Welt, bevor sie sich in der äußeren Welt zeigt.

2. Wahrnehmungsfilter erkennen:

• „Die Welt ist nur eine Reflexion Ihrer selbst."
• Dies bezieht sich auf die NLP-Grundannahme, dass jeder Mensch durch seine eigenen Filter (Wahrnehmung, Glaubenssätze, Werte, Erfahrungen) die Welt interpretiert. Unsere Realität ist eine subjektive Konstruktion. Veränderungen in der Außenwelt entstehen, wenn wir unsere internen Filter ändern.

3. Konstruktive Fokusänderung:

• „Hören Sie auf, nach Fehlern an der Reflexion zu suchen."
• NLP ermutigt dazu, die Aufmerksamkeit weg von Problemen und hin zu Lösungen zu lenken. Statt die „Leinwand" (die äußere Welt) zu attackieren, sollten wir uns auf die inneren Mechanismen (z. B. Glaubenssätze oder innere Dialoge) konzentrieren, die die äußere Reflexion erzeugen.

4. Reframing und Neuausrichtung:

• „Um den Film zu ändern, wechseln Sie einfach die Filmrolle aus."

• Das entspricht im NLP dem Prinzip des Reframings: Wenn Sie Ihre Interpretation einer Situation ändern, verändert sich die Art und Weise, wie Sie die Welt erleben. Die „Filmrolle" steht hier für die inneren Programme und Muster, die durch NLP-Techniken wie Anker setzen, Submodalitätenarbeit oder Glaubenssatzarbeit gezielt angepasst werden können.

5. Die Außenwelt als Feedback nutzen:

• „Sie attackieren nicht die Leinwand."

• In NLP wird betont, dass die Außenwelt eine Rückmeldung (Feedback) über unsere inneren Zustände ist. Statt die „Leinwand" (äußere Umstände) zu bekämpfen, richten wir unsere Aufmerksamkeit darauf, welche inneren Prozesse zu dieser Projektion führen, und verändern diese gezielt.

Fazit:

Der Spruch von Nisargadatta entspricht der zentralen NLP-Haltung: Veränderung geschieht von innen nach außen. Unsere subjektive Realität lässt sich durch die gezielte Arbeit an unseren internen Prozessen (Wahrnehmungen, Gedanken, Emotionen) umgestalten. Nur so können wir nachhaltig Einfluss auf das Außen nehmen, ohne in destruktive Schuldzuweisungen oder

Kämpfe mit der Außenwelt zu verfallen.

Spruch23: Das grundlose Sein

Das wahre Wissen des Selbst ist kein Wissen. Es ist nicht etwas, das Sie durch Suche finden können, indem Sie überall nachschauen. Es ist nicht etwas, das in Raum und Zeit gefunden werden kann. Wissen ist nur Erinnerung, Gedankenschema, eine mentale Gewohnheit. All dies wird motiviert durch Freude und Leid. Freude und Leid treiben Sie an bei dieser Suche nach Wissen. Dieses Selbst zu sein, ist jenseits jeder Motivation. Sie können nicht aus einem bestimmten Grund Sie selbst sein. Sie sind Sie selbst und das braucht keinen Grund.

Im Sinne des NLP lässt sich dieser Spruch von Nisargadatta Maharaj wie folgt interpretieren:

1. Die Illusion des Wissens als mentale Konstruktion

• „Das wahre Wissen des Selbst ist kein Wissen … Wissen ist nur Erinnerung, Gedankenschema, eine mentale Gewohnheit."
• Im NLP verstehen wir, dass Wissen oft durch mentale Modelle und Glaubenssätze geprägt ist. Diese können hilfreich sein, uns aber auch begrenzen. Der Spruch erinnert daran, dass das

278

wahre Selbst nicht durch diese mentalen Konstrukte definiert wird. NLP betont hier die Fähigkeit, alte Denkgewohnheiten zu hinterfragen und alternative Denkweisen (Reframing) zu entwickeln.

2. Jenseits von Schmerz und Freude

• „Freude und Leid treiben Sie an bei dieser Suche nach Wissen."
• In NLP wird Schmerz (Weg-von-Motivation) und Freude (Hinzu-Motivation) als zentrale Treiber für Verhalten betrachtet. Nisargadatta stellt jedoch fest, dass das wahre Selbst außerhalb dieser Motivationsmechanismen liegt. Das bedeutet: NLP kann uns helfen, die automatischen Programme von „Schmerz vermeiden" und „Freude suchen" zu durchschauen und so mehr bewusste Wahlmöglichkeiten zu entwickeln.

3. Identität als unerschütterlicher Kern

• „Dieses Selbst zu sein ist jenseits jeder Motivation."
• Im NLP ist die Arbeit mit der Identitätsebene (Logische Ebenen von Robert Dilts) eine der tiefsten Transformationsebenen. Hier geht es nicht mehr darum, etwas zu tun oder etwas zu haben, sondern einfach nur darum, zu sein. Nisargadatta erinnert uns, dass die Identität nicht durch äußere Anstrengungen, Erfolg oder Erfüllung von Bedürfnissen entsteht. Das wahre Selbst ist unabhängig von Handlungen und Resultaten.

4. Die Suche als hinderlicher Prozess

- „Es ist nicht etwas, das Sie durch Suche finden können ..."
- Im NLP wird oft betont, dass der Zustand, den wir suchen (z. B. Frieden, Erfüllung), häufig schon vorhanden ist, wir ihn aber durch unsere Filter und Glaubenssysteme nicht wahrnehmen. Nisargadattas Spruch lädt dazu ein, diese Suche loszulassen und zu erkennen, dass das Ziel bereits da ist (siehe unten Sprache und Suche) .

5. Jenseits von Grund und Zweck

- „Sie können nicht aus einem bestimmten Grund Sie selbst sein."
- NLP arbeitet oft mit dem Konzept des zweckfreien Seins, insbesondere in Zustandsarbeit (State Management). Die Idee ist, dass bestimmte Zustände (wie Präsenz, Ruhe oder Selbstbewusstsein) nicht an einen Zweck oder Grund geknüpft sein müssen. Sie entstehen, wenn wir aufhören, Bedingungen an unser Selbst zu knüpfen.

Fazit im NLP-Sinne:

Der Spruch verweist auf das zentrale Prinzip, dass wahre Transformation nicht durch äußere Suche oder das Anhäufen von Konzepten geschieht, sondern durch das Loslassen von alten, automatischen Mustern. NLP bietet Werkzeuge, um diese Muster bewusst zu machen, zu hinterfragen und durch neue, sinnvollere Denk- und Verhaltensweisen zu ersetzen. Doch auf der tiefsten Ebene geht es darum, einfach zu sein, ohne Motivationen oder Bedingungen.

Das Cartoon-Bild stellt dar, wie jemand verzweifelt seine Brille sucht, die er bereits aufhat.

Sprache und Suche

1. Die Struktur des Sprachmodells und die Suche

• Sprache als Denkrahmen: Die menschliche Sprache ist nicht nur ein Kommunikationsmittel, sondern prägt auch unsere Wahrnehmung und Denkprozesse. In der Linguistik, besonders in der Sapir-Whorf-Hypothese, wird argumentiert, dass Sprache die Art und Weise strukturiert, wie wir die Welt verstehen.
• Die Frage nach Gründen und Sinn: Die Struktur der meisten Sprachen ist darauf ausgelegt, kausale Zusammenhänge zu bilden (Subjekt-Verb-Objekt) und Bedeutungen zuzuweisen. Dieser Fokus auf Ursachen und Wirkungen zwingt uns, ständig nach Gründen, Sinn oder Erklärungen zu suchen – ein Mechanismus, der sich nicht nur auf die äußere Welt, sondern auch auf unser Selbstverständnis auswirkt.

2. Das Problem der Suche nach dem, was bereits da ist

• Das Selbst als nicht greifbares Konzept: Wenn wir nach dem „Selbst" suchen, tun wir dies oft mit sprachlichen und gedanklichen Mitteln, die auf Trennung und Objektivierung basieren. Sprache macht aus dem Selbst ein Objekt – etwas, das gefunden oder definiert werden kann. Tatsächlich ist das Selbst jedoch keine Sache oder ein Konzept, sondern etwas unmittelbar Erlebtes.

• Die Illusion der Abwesenheit: Weil Sprache auf Unterscheidung basiert, scheint uns das Selbst (oder andere Dinge, die bereits da sind, wie der Hut auf dem Kopf) nicht greifbar zu sein. Die Struktur der Sprache schafft die Illusion, dass es "woanders" oder "nicht hier" ist, und so beginnt die Suche.

3. Automatisierung durch sprachliche und kognitive Muster

• Ankersystem der Sprache: Sprache ist ein Ankersystem, das automatisch Muster und Bedeutungen verstärkt. Wenn jemand fragt: „Wer bin ich?" oder „Wo ist mein Hut?", wird bereits durch die Syntax ein Problemrahmen geschaffen, der eine Lösung impliziert – auch wenn kein tatsächliches Problem existiert.
• Selbstverstärkende Schleifen: Einmal aktiviert, wird diese Suche zu einer sich selbst verstärkenden Schleife. Das Sprachmodell fordert eine Antwort, aber die Antwort liegt außerhalb dessen, was durch Sprache vollständig erfasst werden kann. Das führt zu Frustration und endloser Suche.

4. Mögliche Lösungsansätze

• Bewusstsein über Sprachmuster: Zu erkennen, dass Sprache die Suche antreibt, kann helfen, diese Dynamik zu durchbrechen. NLP arbeitet beispielsweise mit Reframings und Sprachmustern, um alternative Sichtweisen zu schaffen.

• Loslassen von Bedeutung und Suche: Techniken wie Meditation oder die Arbeit mit Paradoxien (z. B. im Zen-Buddhismus) können helfen, die Illusion der Suche zu durchbrechen.
• Integration statt Objektivierung: Statt das Selbst oder bestimmte Zustände als Objekte zu behandeln, kann man sie als grundlegenden Teil des gegenwärtigen Erlebens integrieren.

Fazit:

Die Struktur der Sprache schafft die Illusion von Mangel, Abwesenheit oder Getrenntheit, die uns dazu bringt, nach Dingen zu suchen, die wir bereits haben oder sind. Diese Suche wird durch die automatische Funktionsweise unseres kognitiven Apparats verstärkt. Ein Weg aus diesem Dilemma besteht darin, das „Suchprogramm" selbst zu erkennen und bewusst mit nonverbalen oder achtsamkeitsbasierten Techniken zu arbeiten. Letztendlich liegt die Antwort jenseits der Sprache – in einem direkten, unmittelbaren Erleben.

Die Frage nach dem Verhältnis von Sprache und Kognition – ob die Sprache unser Kognitionssystem geschaffen hat oder umgekehrt – ist ein faszinierendes Thema, das sowohl in der Linguistik als auch in der Kognitionswissenschaft debattiert wird.

1. Die Beziehung zwischen Sprache und Kognition: Henne oder Ei?

- Kognition als primär: Die gängige wissenschaftliche Auffassung ist, dass Kognition vor der Sprache existierte. Frühere Menschen (und andere Tiere) hatten sicherlich kognitive Fähigkeiten – wie Problemlösung, Mustererkennung oder Gedächtnis –, bevor sie Sprache entwickelten. Sprache entstand vermutlich als Werkzeug, um diese kognitiven Prozesse zu organisieren und zu kommunizieren.
- Sprache als Verstärker: Sprache hat unsere Kognition jedoch fundamental verändert. Sie erlaubt uns, komplexe Konzepte zu bilden, Abstraktionen vorzunehmen und systematisch zu denken. Dadurch ist Sprache nicht nur Ausdruck, sondern ein Werkzeug der Kognition, das unser Denken prägt und steuert.
- Henne und Ei kombiniert: In diesem Sinne ist es weder nur „Henne" noch „Ei". Es ist ein sich gegenseitig verstärkender Prozess: Kognition ermöglichte die Entstehung von Sprache, und Sprache erweiterte und strukturierte Kognition.

2. Rolle des Emotionssystems

- Unbewusste Steuerung durch Emotionen: Unser Emotionssystem ist evolutionär älter als Sprache und Kognition und steuert viele Entscheidungen und Verhaltensweisen auf unbewusster Ebene. Gefühle wie Angst, Freude oder Neugier treiben die Suche nach Lösungen an, lange bevor wir sie bewusst in Worte fassen können.
- Integration von Emotionen und Sprache: Das Emotionssystem beeinflusst die Kognition maßgeblich, doch die Sprache ermöglicht es uns, Emotionen zu reflektieren, zu benennen und

sogar zu regulieren. Dadurch kann Sprache eine Brücke zwischen unbewusstem Fühlen und bewusstem Denken schlagen.

3. Lösungsansätze

Angesichts der Komplexität dieses Zusammenspiels ergeben sich folgende Ansätze:

a) Die Sprache bewusster einsetzen

• Bewusste Sprachmuster: Wenn Sprache unser Denken steuert, können wir durch bewusstere Sprachmuster unsere Kognition gezielt beeinflussen. Beispiele:
• Statt „Warum passiert das immer mir?" zu fragen, könnte man umformulieren: „Was kann ich tun, um die Situation zu verbessern?"
• NLP-Techniken wie Reframing oder präzise Sprache helfen, destruktive Denkmuster umzustrukturieren.
• Achtsame Sprache: Den inneren Dialog erkennen und bewusst neutral oder positiv formulieren, um automatisierte Suchprozesse zu reduzieren.

b) Über Sprache hinausgehen

• Körperarbeit und Achtsamkeit: Da Emotionen unbewusst und vorsprachlich sind, können somatische Methoden (Yoga, Atemübungen, Meditation) helfen, den Einfluss des Emotionssystems direkt zu regulieren. Hierbei wird der Fokus weg von der Sprache hin zu einem körperlichen Erleben verlagert.

• Erleben statt Benennen: Praktiken wie Zen-Meditation oder Flow-Erlebnisse ermöglichen, Dinge direkt zu erfahren, ohne sie durch Sprache und Kognition zu filtern.

c) Emotionssystem bewusst nutzen

• Emotionen als Kompass: Emotionen treiben die Suche nach Sinn an. Statt sie zu ignorieren, können wir sie nutzen, um uns auf Wesentliches zu konzentrieren. Das bedeutet:
• Neugier und Freude als Motivation stärken.
• Negative Emotionen als Signal erkennen, statt sie mit Sprache zu dramatisieren.

d) Das Denken durch Paradoxien stoppen

• Die Illusion der Suche auflösen: Paradoxien wie „Du kannst nicht nach dir selbst suchen, weil du dich schon bist" oder Nisargadattas Weisheiten, dass die Suche sinnlos ist, können helfen, das sprachliche und kognitive „Hamsterrad" zu durchbrechen.

e) Neuinterpretation der Kognition

• Kognition als dynamisches System: Anstatt Sprache als alleinigen Steuermechanismus der Kognition zu sehen, könnte man Sprache, Emotion und somatische Erfahrung als ein dynamisches Netzwerk betrachten. Diese Perspektive lädt dazu ein, alle drei Ebenen in Balance zu bringen.

4. Fazit: Ein integrierter Ansatz

Während Sprache unser Denken organisiert und prägt, ist sie weder die einzige noch die ursprüngliche Quelle unserer Kognition. Vielmehr agiert sie in einer engen Wechselwirkung mit unbewussten Prozessen wie Emotionen und körperlichem Erleben.

Die Lösung könnte in einer Integration von Sprache, Emotionen und unmittelbarem Erleben liegen:

• Bewusste Nutzung der Sprache, um Suchprozesse zu entschärfen.

• Überwindung sprachlicher Grenzen durch achtsame Präsenz.

• Anerkennung, dass das Gesuchte oft bereits da ist – jenseits der Konstrukte von Sprache und Sinn.

Dieser Ansatz ermöglicht, das Kognitionssystem nicht als Hindernis, sondern als Werkzeug zu verstehen, das wir bewusst steuern und gelegentlich auch loslassen können.

Ergänzung

Denken ist das Gespräch mit sich selbst, und Denken ist Suchen. Der innere Dialog ist Suchen. Dieser Gedanke wirft ein Licht auf die grundlegende Dynamik des menschlichen Geistes und verdient es, genauer betrachtet und ergänzt zu werden.

1. Denken als innerer Dialog

• Sprache als Grundlage des Denkens: Wenn Denken ein innerer Dialog ist, bedeutet das, dass wir ständig mit uns selbst kommunizieren – oft in Worten. Dieser Dialog ist durch die Struktur der Sprache geprägt: Fragen, Erklärungen, Bewertungen, Kausalzusammenhänge. Damit wird der innere Dialog automatisch zur Suche nach Sinn, Lösungen oder Erkenntnissen.

• Denken als unendliche Schleife: Wenn der innere Dialog nicht unterbrochen wird, führt er oft zu einer endlosen Suche, da die Sprache selbst immer neue Fragen aufwirft. Das Denken sucht ständig nach Antworten, die es nie vollständig finden kann, weil Sprache nicht die Gesamtheit der Realität erfassen kann.

2. Suchen als Grundprinzip des Denkens

• Warum ist Denken Suchen?

• Denken ist evolutionär darauf ausgelegt, Probleme zu lösen: „Wo finde ich Nahrung?" oder „Wie vermeide ich Gefahr?".

• Selbst in der Abstraktion bleibt Denken in diesem Suchmodus. Es untersucht mögliche Szenarien, rekonstruiert die Vergangenheit und plant die Zukunft.

• Die Illusion des Mangels: Weil das Denken sucht, geht es implizit davon aus, dass etwas fehlt – sei es eine Antwort, eine Lösung oder ein Zustand. Dadurch entsteht das Gefühl, nie „angekommen" zu sein.

3. Der innere Dialog als Suche

- Selbstgespräche sind immer Fragen: Der innere Dialog läuft oft nach folgendem Muster ab:
- „Warum ist das passiert?"
- „Was soll ich tun?"
- „Bin ich gut genug?"
- Selbst einfache Reflexionen wie „Ich hätte anders handeln sollen" sind letztlich eine Suche nach Sinn, Bestätigung oder Rechtfertigung.
- Das paradoxe Problem: Der innere Dialog kann niemals vollständig zufriedenstellend sein, weil er Teil der Suche ist und nicht die Lösung. Denken erzeugt weitere Gedanken und sucht oft nach Antworten, die jenseits des Denkens liegen.

4. Lösungen und alternative Perspektiven

Wenn Denken gleichbedeutend mit Suchen ist, stellt sich die Frage: Wie können wir die Schleife durchbrechen oder den Suchprozess bewusst steuern?

a) Den inneren Dialog beobachten

- Achtsamkeit: Durch Meditation oder achtsames Beobachten des Denkens kann man erkennen, dass der innere Dialog ein automatisierter Prozess ist. Man kann ihn wie ein äußeres Geräusch wahrnehmen, ohne ihn zu bewerten oder sich von ihm mitreißen zu lassen.
- Entkopplung von Denken und Selbst: Wenn wir realisieren, dass wir nicht unsere Gedanken sind, sondern der Beobachter dieser Gedanken, wird der innere Dialog weniger dominant.

b) Die Suche bewusst lenken

• Konstruktives Denken: Wenn Denken Suchen ist, können wir den Fokus bewusst auf hilfreiche Fragen lenken:
• Statt „Warum bin ich nicht gut genug?" → „Was kann ich jetzt tun, um mich zu verbessern?"
• Statt „Was fehlt mir?" → „Was habe ich schon?"
• Lösungsorientierte Fragen: NLP bietet hier Techniken wie Reframing, um den inneren Dialog in produktivere Bahnen zu lenken.

c) Die Suche loslassen

• Aufhören zu suchen: Paradoxerweise kann der inneren Dialog beruhigt werden, wenn wir akzeptieren, dass es nichts zu suchen gibt. Praktiken wie Zen-Meditation lehren, das Suchen selbst aufzugeben und die Dinge so zu erleben, wie sie sind.
• Im Moment sein: Wenn der Geist auf die unmittelbare Erfahrung (z. B. Atmen, Hören, Fühlen) gerichtet ist, reduziert sich die Dominanz des inneren Dialogs und der Suchprozess stoppt.

d) Humor und Leichtigkeit

• Das Denken spielerisch betrachten: Wenn wir erkennen, dass der innere Dialog oft absurde Schleifen dreht („Wo ist mein Hut, der auf meinem Kopf sitzt?"), können wir diese Prozesse mit Humor nehmen. Das löst die Verkrampfung der Suche.

5. Fazit

Denken ist untrennbar mit Suchen verbunden, weil es durch den inneren Dialog angetrieben wird. Doch dieser Suchprozess ist nicht die einzige Möglichkeit, die Welt oder uns selbst zu erleben. Indem wir uns des inneren Dialogs bewusst werden, ihn gezielt lenken oder ganz loslassen, können wir die Illusion der Suche durchbrechen.

Spruch24: Die Entlarvung illusionärer Glückseligkeit

Die Glückseligkeit, die Sie sich vorstellen können und begehren, ist nur physische und mentale Befriedigung. Sie hat ihre Wurzeln in der Einbildung. Wenn man einen Mann einen Stein gibt und ihm versichert, es sei ein unbezahlbarer Diamant, wird er sehr glücklich sein, bis er seinen Irrtum erkennt. In der gleichen Weise verlieren die Freuden ihre Stacheln und die Leiden ihren Dorn, wenn das Selbst erkannt wird. Beide werden so gesehen, wie sie sind -onditionierte Antworten, reine Reaktion, simple Anziehung und Ablehnung.

Der Spruch von Nisargadatta Maharaj lässt sich aus der Sicht des NLP tiefgründig interpretieren, da NLP auf der Arbeit mit inneren Zuständen, Glaubenssystemen und Wahrnehmungsmustern basiert. Hier ist eine Analyse:

1. Glückseligkeit als mentale Konstruktion

• „Die Glückseligkeit, die Sie sich vorstellen können und begehren, ist nur physische und mentale Befriedigung."

• Aus NLP-Sicht ist dies eine Erinnerung daran, dass unsere emotionalen Zustände oft durch interne Repräsentationen (Bilder, Gedanken, Überzeugungen) geprägt werden. Glückseligkeit wird in diesem Kontext nicht als absolute Realität gesehen, sondern als Konstruktion unseres inneren Modells der Welt.

• NLP würde betonen, dass diese Zustände durch unsere Submodalitäten (die Details unserer Sinneswahrnehmungen) gestaltet und verändert werden können. Beispielsweise könnte eine „Glückseligkeit", die auf Einbildung basiert, aufrechterhalten oder zerstört werden, je nachdem, wie wir sie intern repräsentieren.

2. Der Wert von Dingen ist subjektiv

• „Wenn man einem Mann einen Stein gibt und ihm versichert, es sei ein unbezahlbarer Diamant, wird er sehr glücklich sein. Bis er sein Irrtum erkennt."

• Dies zeigt die Macht von Glaubenssätzen und Suggestionen. Im NLP spricht man oft von „Frames" oder „Rahmen", die bestimmen, wie wir eine Situation interpretieren. Der Mann sieht den Stein als wertvoll, weil der Kontext (der Rahmen) ihm suggeriert, dass es so ist.

• NLP-Techniken wie Reframing könnten genutzt werden, um diese Dynamik zu verändern: Sobald der Kontext geändert wird („Es ist nur ein Stein"), bricht der Zustand des Glücks zusammen. Dieses Prinzip zeigt, wie mächtig unsere Wahrnehmungsfilter sind und wie leicht sie manipuliert oder umgestaltet werden können.

3. Freuden und Leiden als konditionierte Reaktionen

• „Beide werden so gesehen, wie sie sind. Konditionierte Antworten, reine Reaktion, simple Anziehung und Ablehnung.“
• Aus NLP-Sicht spricht Nisargadatta hier die automatische Reiz-Reaktions-Kette an, die wir oft unbewusst erleben. Wir reagieren auf äußere Stimuli (z. B. Lob oder Kritik) durch erlernte Muster, die durch unsere Glaubenssätze und emotionalen Verknüpfungen konditioniert wurden.
• NLP bietet Methoden wie Anker setzen oder Musterunterbrechung, um diese Reaktionen bewusst zu machen und zu verändern. Anstatt automatisch zu reagieren, können wir die Reiz-Reaktions-Kette durchbrechen und eine neue, bewusstere Reaktion wählen.

4. Die Illusion von Anziehung und Ablehnung

• „Konditionierte Antworten, pure Reaktion, simple Anziehung und Ablehnung.“
• NLP betrachtet Anziehung und Ablehnung oft als Produkte unserer unbewussten Werte und Glaubenssysteme. Was wir anziehend oder abstoßend finden, ist tief in unseren Überzeugungen verankert und oft nicht rational.
• Eine Intervention könnte darin bestehen, die Metaprogramme (z. B. „Hin-zu- vs. Weg-von-Motivation“) zu analysieren, um die automatischen Muster zu hinterfragen und bewusster zu steuern.

5. Die Rolle des „Selbst“ im NLP

• „Wenn das Selbst erkannt wird, verlieren Freuden ihren Stachel und Leiden ihren Dorn."

• Im NLP würde man dies als Arbeit mit der Identitätsebene interpretieren (nach den logischen Ebenen von Robert Dilts). Sobald jemand ein tieferes Selbstverständnis entwickelt, verschwinden viele der unbewussten Reiz-Reaktions-Muster. Diese Identitätsebene ist nicht an äußere Bedingungen oder Reize gebunden.

• Das „Selbst" wird in diesem Kontext als jenseits von Glaubenssystemen, Labels oder Konditionierungen verstanden – eine Art von Meta-Zustand, in dem der Mensch seine automatischen Muster als bloße Konstrukte erkennt.

6. Praktische NLP-Techniken zur Umsetzung

Um Nisargadattas Weisheit in NLP-Übungen zu übersetzen, könnten folgende Ansätze verwendet werden:

a) Glaubenssatzarbeit

• Hinterfragen und Umstrukturieren von Glaubenssätzen, die uns an äußere „Diamanten" oder Illusionen binden. Zum Beispiel: „Brauche ich wirklich X, um glücklich zu sein?"

b) Reframing

• Situationen oder Objekte in einem neuen Licht sehen. Zum Beispiel könnte man Freuden oder Leiden umdeuten, indem man sie als neutral oder als Lernchancen betrachtet.

c) Achtsamkeit über innere Repräsentationen

• Bewusst beobachten, wie Freuden oder Leiden intern dargestellt werden (Konzept der SelfMap siehe unten). Diese Submodalitäten gezielt verändern, um ihre Intensität zu reduzieren.

d) Musterunterbrechung

• Automatische Reiz-Reaktions-Muster durchbrechen, indem man bewusst eine Pause einlegt und eine neue Reaktion wählt.

e) Zugang zu tieferen Ebenen der Identität

• Durch NLP-Methoden wie Timeline-Arbeit oder Core Transformation das Selbst jenseits von konditionierten Antworten erforschen.

Fazit

Nisargadatta fordert uns auf, die Illusionen zu erkennen, die unsere Freuden und Leiden antreiben, und sie als das zu sehen, was sie sind: konditionierte Reaktionen. NLP bietet praktische Werkzeuge, um diese Einsicht in Handlungen umzusetzen, indem wir unsere Wahrnehmungsfilter, Glaubenssätze und Reaktionen bewusst gestalten. Letztlich ist die Arbeit mit der Identitätsebene entscheidend, um das „Selbst" jenseits von Anziehung und Ablehnung zu erkennen.

Das **Konzept der SelfMap** ist eine faszinierende und strukturierte Darstellung dessen, wie wir unsere Identität aufbauen und unsere Reaktionen darauf ausrichten. Es zeigt deutlich, wie unsere emotionale Bindung an Objekte, Personen oder Ideen unsere Wahrnehmung und Reaktionen prägt. Mit dieser Thematik habe ich mich ausführlich in meinem Buch „NLP und Emotionale Intelligenz" befasst.

1. Die SelfMap als Konstruktion des falschen Selbst

• Was ist die SelfMap?
• Die SelfMap ist die mentale „Landkarte" der Dinge, mit denen wir uns identifizieren. Sie besteht aus Prioritäten, Werten und Bindungen, die sich historisch entwickelt haben. Elemente wie der eigene Körper, Beziehungen, Hobbys oder Statussymbole werden auf dieser Karte hierarchisch geordnet, je nach ihrer emotionalen Bedeutung.
• Emotionale Reaktionen durch die SelfMap:
• Wenn etwas auf der SelfMap wichtig ist (z. B. das Auto oder der Fußballverein), reagieren wir automatisch emotional darauf. Diese Reaktionen sind oft intensiv, weil die Identifikation mit diesen Elementen direkt unser „Ich-Gefühl" anspricht: „Mein Auto wurde beschädigt" oder „Mein Team hat verloren."

- Die SelfMap als falsches Selbst:
- Nisargadatta würde sagen, dass diese SelfMap eine Illusion ist. Sie ist lediglich eine Ansammlung konditionierter Antworten und historisch gewachsener Muster. Sie definiert nicht das wahre Selbst, sondern lediglich ein temporäres, von äußeren Faktoren abhängiges Bild.

2. Was meint Nisargadatta mit dem wahren Selbst?

- Die Illusion durchschauen:
- Laut Nisargadatta verlieren Freuden und Leiden ihren „Stachel", wenn erkannt wird, dass die SelfMap nicht das wahre Selbst ist. Sie ist ein mentaler Konstruktraum, der sich ständig verändert und von äußeren Einflüssen abhängt.
- Das wahre Selbst:
- Nisargadatta spricht hier von einem „Selbst", das jenseits aller Konstruktionen liegt. Dieses Selbst:
- Ist nicht durch Objekte oder Prioritäten auf der SelfMap definiert.
- Existiert unabhängig von Emotionen wie Freude oder Leid.
- Ist unveränderlich, während die SelfMap sich ständig wandelt.
- Dieses wahre Selbst ist das reine Sein oder die Bewusstheit, die allen Erfahrungen zugrunde liegt. Es ist das, was bleibt, wenn alle Identifikationen und Konstruktionen losgelassen werden.

3. Die Verbindung zwischen SelfMap und emotionalen Reaktionen

- Die SelfMap als Ursache von Leid und Freude:

• Die SelfMap bestimmt, was wir für wichtig halten, und treibt so unsere emotionale Reaktion an. Wenn etwas im Zentrum der SelfMap bedroht wird oder verloren geht, erleben wir intensives Leid. Wenn etwas Positives passiert, das der SelfMap entspricht, erfahren wir Freude.

• Transformation der SelfMap durch NLP:
• Nisargadatta weist darauf hin, dass die emotionalen Reaktionen durch die Identifikation mit der SelfMap entstehen. NLP bietet Werkzeuge wie Submodalitätenarbeit, Anker oder Glaubenssatzarbeit, um diese Reaktionen zu verändern. Zum Beispiel könnte man die emotionale Bindung an ein Element der SelfMap verringern, indem man es kognitiv „herabstuft" oder die interne Repräsentation verändert.

4. Wie wird das wahre Selbst erkannt?

• Das falsche Selbst loslassen:
• Um das wahre Selbst zu erkennen, muss man verstehen, dass die SelfMap lediglich eine vorübergehende Konstruktion ist. Diese Einsicht allein kann schon dazu führen, dass Leid und Freude an Intensität verlieren, da sie nicht mehr als ultimative Realität wahrgenommen werden.
• Über die SelfMap hinausgehen:
• Nisargadatta fordert dazu auf, sich nicht mit der SelfMap zu identifizieren. Stattdessen soll man sich auf das Bewusstsein hinter den Konstruktionen konzentrieren – das reine „Ich bin", ohne Attribute oder Prioritäten.
• Direkte Erfahrung des Seins:

• Das wahre Selbst ist kein Konzept, sondern eine unmittelbare Erfahrung. Es wird nicht durch Denken oder Analysieren erreicht, sondern durch das Erkennen dessen, was immer schon da ist – unabhängig von der SelfMap.

5. Praktische Ansätze zur Erkenntnis des Selbst

Um Nisargadattas Einsicht zu erfahren, könnten folgende Schritte hilfreich sein:

a) Die SelfMap analysieren

• Bewusstsein schaffen: Identifizieren Sie die Elemente Ihrer SelfMap. Was ist Ihnen wichtig? Wo reagieren Sie emotional stark?
• Relativieren: Fragen Sie sich, ob diese Dinge wirklich Ihr Selbst definieren oder ob sie lediglich Konstruktionen sind.

b) Die emotionale Bindung lösen

• Nutzen Sie NLP-Techniken wie Submodalitätenarbeit, um die emotionale Intensität zu reduzieren. Zum Beispiel:
• Stellen Sie sich vor, dass ein zentrales Element (z. B. „mein Auto") auf Ihrer SelfMap an den Rand rückt und an Bedeutung verliert.
• Beobachten Sie, wie sich Ihre emotionale Reaktion verändert.

c) Meditative Praxis

• Arbeiten Sie mit Techniken, die das reine Bewusstsein fördern, wie Meditation oder Achtsamkeit. Diese Methoden helfen, den Identifikationsprozess mit der SelfMap zu durchbrechen.

d) Das wahre Selbst erfahren

• Lassen Sie die Frage „Wer bin ich?" im Raum stehen, ohne sie intellektuell zu beantworten. Dies kann zu einer direkten Erfahrung führen, dass Sie nicht Ihre Gedanken, Gefühle oder die SelfMap sind, sondern das Bewusstsein, das all dies wahrnimmt.

6. Das wahre Selbst und die SelfMap

Die SelfMap ist eine praktische und nützliche Metapher, um zu verstehen, wie wir uns emotional an Objekte und Prioritäten binden. Doch Nisargadatta weist darauf hin, dass diese Karte nicht das Territorium ist – das wahre Selbst ist jenseits dieser Konstruktionen. Es ist das, was bleibt, wenn alle Identifikationen mit der SelfMap fallen gelassen werden: reines Bewusstsein, unverändert und unabhängig von äußeren Umständen.

7. Das wahre Selbst kann nicht erkannt werden, weil man es bereits ist

• Das wahre Selbst ist keine äußere Entität, die entdeckt oder beobachtet werden kann. Es ist vielmehr die Grundlage, die immer schon da ist – jenseits von Gedanken, Emotionen oder der SelfMap.

• Analogien wie das Auge: Genauso wie ein Auge sich selbst nicht sehen kann, kann das wahre Selbst nicht als Objekt wahrgenommen werden. Es ist der Beobachter, das reine Bewusstsein, das die Welt erfährt, aber niemals selbst in Erscheinung tritt.

8. Das wahre Selbst tritt hervor, wenn das falsche Selbst losgelassen wird

• Das falsche Selbst (z. B. die SelfMap, Identifikationen oder Konstrukte) verdeckt das wahre Selbst, wie Wolken die Sonne verdecken. Die Sonne ist jedoch immer da; sie muss nicht geschaffen oder gefunden werden.

• Der Prozess des Loslassens: Die Erkenntnis des wahren Selbst geschieht nicht durch aktives Tun oder Suchen, sondern durch das Aufgeben der Identifikation mit dem falschen Selbst. Sobald diese Konstruktionen fallen, bleibt das wahre Selbst übrig – ohne dass es aktiv „erkannt" werden muss.

9. Die Natur des wahren Selbst

• Das wahre Selbst ist nicht definierbar oder beschreibbar, weil jede Beschreibung durch Sprache und Gedanken wiederum Konstrukte des falschen Selbst wären. Es ist:

• Reine Bewusstheit.

• Das Sein, das weder Ursache noch Ziel benötigt.

• Frei von Bedingungen, Rollen oder Prioritäten.

10. Fazit: Die Umkehrung der Suche

• Der Spruch „Bist Du bereit, das falsche Selbst loszulassen, um das wahre Selbst zu erkennen?" sollte ergänzt werden durch:
• „Das wahre Selbst wird nicht erkannt, sondern tritt hervor, wenn das falsche Selbst verschwindet."
• Statt nach dem wahren Selbst zu suchen, geht es darum, alle Konstruktionen zu hinterfragen und loszulassen. In diesem Zustand des Loslassens wird das wahre Selbst als das erkannt, was immer schon da war.

Dieser Ansatz stellt klar, dass es kein aktives „Tun" braucht, um das wahre Selbst zu erfahren. Es ist ein Nicht-Tun, ein Loslassen, das Raum schafft, damit das wahre Selbst in seiner Einfachheit erfahren werden kann.

Spruch25: Das Alles und das Nichts

Ich bin dieser unendliche Ozean des Bewusstseins, in dem alles geschieht. Gleichzeitig bin ich jenseits aller Existenz und Erkenntnis, reine Glückseligkeit des Seins. Es gibt nichts, von dem ich mich getrennt fühle, daher bin ich alles. Ich bin keine Sache, deshalb bin ich nichts.

Aus der Sicht des Neurolinguistischen Programmierens lässt sich dieser Spruch von Nisargadatta Maharaj tiefgreifend interpretieren, da NLP sich mit den Mechanismen der Wahrnehmung, Identität und bewussten Gestaltung der inneren Welt beschäftigt. Hier ist eine detaillierte Interpretation:

1. „Ich bin dieser unendliche Ozean des Bewusstseins, in dem alles geschieht."

• Aus NLP-Sicht: Die Meta-Position und der Raum der Möglichkeiten
• Dieser Satz beschreibt eine Perspektive, die im NLP als Meta-Position bezeichnet werden könnte: Das bewusste Herauszoomen aus der individuellen, begrenzten Erfahrung hin zu einem Zustand des Beobachtens. Der „Ozean des Bewusstseins" repräsentiert eine unendliche Anzahl von Möglichkeiten, Perspektiven und potenziellen Reaktionen.
• NLP betont, dass die Wahlmöglichkeit eines Menschen davon abhängt, wie er seine Wahrnehmung rahmt. Wenn man sich als „Ozean des Bewusstseins" sieht, wird jede einzelne Erfahrung nur eine kleine Welle in diesem größeren Ganzen – sie verliert ihre absolute Macht über uns.

2. „Gleichzeitig bin ich jenseits aller Existenz und Erkenntnis, reine Glückseligkeit des Seins."

• Aus NLP-Sicht: Arbeit mit Zuständen und Identität
• Im NLP gibt es die Idee, dass innere Zustände bewusst gestaltet und verändert werden können. Nisargadatta beschreibt hier einen
308

Zustand des reinen Seins, der jenseits von Konzepten und Erfahrungen liegt. Dies ist vergleichbar mit dem Ankern von tiefem inneren Frieden oder einem ressourcenreichen Zustand, der unabhängig von äußeren Umständen ist.

• Die Arbeit auf der Identitätsebene (nach den logischen Ebenen von Robert Dilts) zielt darauf ab, diesen tiefen Zustand des Seins zu erkennen und zu kultivieren, der jenseits von Rollen, Überzeugungen oder physischen Erfahrungen liegt.

3. „Es gibt nichts, von dem ich mich getrennt fühle. Daher bin ich alles."

• Aus NLP-Sicht: Auflösung von Trennung durch Perspektivenwechsel
• NLP arbeitet mit der Technik des Perzeptuellen Positionswechsels, um Empathie und Verständnis zu fördern. Dieser Satz lädt dazu ein, die Illusion der Trennung zu durchbrechen, indem man sich mit allem, was existiert, verbindet.
• Beispiele im NLP:
• Die Technik der Assoziation mit anderen Perspektiven, bei der man sich in die Lage anderer versetzt, um Einheit zu spüren.
• Die Arbeit mit Glaubenssätzen, die Trennung fördern („Ich bin anders als sie"), um eine Haltung der Verbundenheit zu entwickeln.

4. „Ich bin keine Sache, deshalb bin ich nichts."

• Aus NLP-Sicht: Dekonstruktion des Selbstkonzepts

• Dieser Satz zielt darauf ab, das Konzept von „Ich" oder „Selbst"
zu dekonstruieren. Im NLP würde dies bedeuten, die Identifikation mit festen Glaubenssätzen, Rollen oder Konstrukten
aufzulösen. Der Satz „Ich bin nichts" könnte im NLP als eine
Form von Reframing verstanden werden:
• Statt sich auf definierte Eigenschaften oder Identitäten zu
beschränken, erkennt man, dass man alles und nichts ist – ein un-
begrenztes Potenzial.
• NLP könnte diesen Zustand durch Techniken wie Timeline-
Arbeit oder Core Transformation fördern, um das Bewusstsein
auf die zugrunde liegende Essenz des Seins zu lenken.

5. NLP-Techniken, die diesen Spruch umsetzen könnten

• Meta-Position und Herauszoomen:
• Erzeugen eines Gefühls des „Ozeans des Bewusstseins", indem
man die eigene Wahrnehmung erweitert, sich von den begrenzten
Gedanken löst und in eine beobachtende Haltung eintritt.
• Reframing der Identität:
• Arbeit mit Teilen (siehe unten Multimind-Integration) und Hin-
terfragen, was „Ich" wirklich bedeutet: „Wer wäre ich, wenn ich
nicht meine Rolle, meinen Beruf oder meine Gedanken wäre?"
• Ankern von Einheit und Verbundenheit:
• Mit positiven Ankern arbeiten, um das Gefühl der Verbun-
denheit mit allem zu intensivieren (siehe unten Collapsing An-
chor-Format).
• Submodalitätenarbeit:

• Die Wahrnehmung von „Getrenntheit" durch gezielte Veränderung der inneren Repräsentation (z. B. von Distanz zu Nähe) umgestalten.

6. Fazit aus NLP-Sicht

Dieser Spruch beschreibt eine Haltung des Bewusstseins, die jenseits von begrenzten Identifikationen liegt und ein Gefühl der Einheit, des Friedens und der Freiheit ermöglicht. Aus NLP-Perspektive wird dies als ein fortgeschrittener Zustand des Seins interpretiert, der durch Arbeit an Wahrnehmung, Glaubenssätzen und Identität erreicht werden kann.

Das Ziel ist nicht, etwas hinzuzufügen, sondern alles Überflüssige loszulassen – bis nur noch das reine „Sein" bleibt.

Das Bild stellt die Lichtgestalt dar, die gleichzeitig mit allem verbunden ist und auch von nichts getrennt. Die harmonische und mystische Atmosphäre symbolisiert Einheit und Leere.

Das Multimind-Integrations-Format

1. Vorbereitung

• Setting: Eine ruhige, unterstützende Umgebung, die eine tiefere Verbindung mit dem inneren Erleben fördert.
• Anleitung: Der Prozessleiter (oder die Person selbst) erklärt das Ziel: „Jede Stimme, jedes Teil deines inneren Geistes hat einen Platz und eine Funktion. Wir werden jeden Teil willkommen heißen, mit ihm in Verbindung treten und sie zu einer harmonischen Einheit integrieren."

2. Einführung: Die Meta-Perspektive schaffen

• Zentrierung: Beginne mit einer kurzen Achtsamkeits- oder Atemübung, um den Fokus nach innen zu lenken.
• Meta-Position: Die Person wird eingeladen, sich als „Beobachter" zu erleben – ein neutraler Raum, in dem alle inneren Teile gesehen und akzeptiert werden können.
• Frage: „Stell dir vor, du bist der Gastgeber einer Party und alle Aspekte deines Geistes sind Gäste. Wie fühlt es sich an, diese Rolle zu übernehmen?"

3. Einladung der Teile (Parts-Party-Komponente)

• Einzelne Teile identifizieren: Lade nacheinander verschiedene Teile des Selbst ein. Beispiele:
• Persönliche Rollen (z. B. „der Berufstätige", „die Mutter").
• Emotionale Aspekte (z. B. „der Wütende", „der Verletzliche").
• Werte und Glaubenssysteme (z. B. „der Perfektionist", „der Abenteurer").

- Dialog und Würdigung: Jedes Teil wird willkommen geheißen und darf sich ausdrücken.
- Fragen an jedes Teil:
- „Was ist deine Aufgabe?"
- „Was möchtest du erreichen?"
- „Welche Unterstützung brauchst du?"
- Ziel: Jedes Teil fühlt sich gehört und akzeptiert.

4. Sukzessive Verbindung mit jedem Teil

- Verbindung aufbauen: Nach der Begrüßung jedes Teils wird die Person eingeladen, sich bewusst mit diesem Teil zu verbinden.
- Anleitung: „Atme tief ein und stell dir vor, dass du dich für einen Moment vollständig mit diesem Teil verbindest. Spüre seine Energie, seinen Zweck, seine Emotionen."
- Integration: Nachdem ein Teil vollständig gewürdigt wurde, stelle die Frage:
- „Wie kannst du als Teil des Ganzen wirken?"
- „Wie möchtest du dich in die Einheit einbringen?"

5. Die Erfahrung der Gleichzeitigkeit

- Alle Teile vereinen: Sobald alle Teile einzeln gewürdigt wurden, leite die Person an, sich vorzustellen, dass alle Teile gleichzeitig präsent sind.
- Visualisierung: „Stell dir vor, dass alle Teile wie Musiker in einem Orchester zusammenkommen. Du bist der Dirigent, und jetzt spielt jedes Teil in Harmonie. Wie klingt diese Symphonie?"

• Erleben von Einheit: Führe die Person dazu, das Gefühl zu erleben, gleichzeitig alle Teile zu sein. Nutze Fragen wie:
• „Wie fühlt es sich an, alles zu sein?"
• „Was ändert sich, wenn du dich mit jedem Teil gleichzeitig verbunden fühlst?"

6. Auflösung des steuernden Teils

• Meta-Teil loslassen: Führe die Person dazu, den steuernden Teil (den Beobachter, den Dirigenten) ebenfalls loszulassen.
• Anleitung: „Stell dir vor, dass der Teil von dir, der diesen Prozess steuert, sich jetzt sanft in die Einheit auflöst. Er wird Teil des Ganzen."
• Tiefe Verbindung: Ermutige die Person, einfach im Gefühl der Ganzheit und Einheit zu verweilen, ohne etwas zu tun oder zu analysieren.

7. Abschluss und Rückkehr

• Integration: Bringe die Person langsam zurück in einen wachen, bewussten Zustand.
• Frage: „Wie fühlst du dich jetzt, wo alle Teile integriert sind?"
• Reflexion: Gib der Person die Möglichkeit, ihre Erfahrung zu teilen und festzuhalten, was sie gelernt hat.
• Anker setzen: Falls gewünscht, setze einen Anker, damit die Person dieses Gefühl der Ganzheit in zukünftigen Situationen abrufen kann.

Besondere Aspekte dieses Formats

1. Tiefe Wertschätzung: Jedes Teil wird nicht nur erkannt, sondern aktiv gewürdigt, was Heilung und Integration fördert.
2. Harmonie der Teile: Das Gefühl, alle Teile gleichzeitig zu sein, löst Trennungen auf und schafft ein tiefes Gefühl von Verbundenheit.
3. Transzendenz des steuernden Teils: Durch das Auflösen des steuernden Teils wird die Erfahrung des „reinen Seins" möglich – ein Zustand, den Nisargadatta als „reine Glückseligkeit des Seins" beschreibt.

Fazit

Dieses Format könnte Menschen helfen, nicht nur einzelne innere Konflikte zu lösen, sondern ein tiefes Gefühl von Einheit und Verbundenheit zu erleben. Es kombiniert Techniken aus der Parts-Arbeit, Achtsamkeit und systemischer Integration, um die Illusion von Trennung aufzulösen und die Erfahrung von Ganzheit zu fördern.

Hier ist eine vollständige Audio-Tieftrance-Version, die du aufnehmen und für ein tiefes, entspannendes Erlebnis nutzen kannst. Sie ist so gestaltet, dass sie sanft in die Trance führt und das beschriebene Multimind-Integrations-Format durchlaufen lässt.

Skript für die Audio-Tieftrance

Einleitung: Vorbereitung und Entspannung (3-5 Minuten)

„Setze dich bequem hin oder lege dich hin, und finde eine Position, in der du dich sicher und entspannt fühlst. Schließe deine Augen und nimm ein paar tiefe Atemzüge... ein... und aus... Spüre, wie dein Körper bei jedem Ausatmen immer schwerer wird... immer entspannter...

Während du atmest, kannst du dir erlauben, alles, was du gerade beschäftigt, beiseitezulegen. Es gibt nichts, was du tun musst, außer einfach hier zu sein... genau jetzt... Du kannst dich auf deinen Atem konzentrieren... und vielleicht bemerkst du, wie mit jedem Atemzug ein Gefühl der Ruhe durch deinen Körper strömt... von deinem Kopf... über deine Schultern... bis hinunter in deine Beine und Füße...

Je mehr du dich entspannst, desto mehr kannst du dir erlauben, in einen Zustand von Leichtigkeit und Offenheit zu gleiten. Mit jedem Wort, das ich sage, gehst du ein bisschen tiefer... in einen Zustand, in dem du alles loslassen kannst."

Phase 1: Die Gastgeberrolle einnehmen (2-3 Minuten)

„Stell dir vor, dass du der Gastgeber einer Party bist... eine ganz besondere Party, bei der alle Teile deines Selbst eingeladen sind. Diese Teile sind wie Gäste – jeder von ihnen repräsentiert einen Aspekt deiner Persönlichkeit, deiner Emotionen, deiner Überzeugungen, deiner Werte...

Du bist der Gastgeber, und du hast den Raum geschaffen, in dem jeder Teil willkommen ist. Nimm dir einen Moment, um diesen Raum vor deinem inneren Auge zu gestalten. Vielleicht ist es ein gemütlicher Raum mit bequemen Stühlen... oder eine weite Landschaft unter einem friedlichen Himmel...

Erlaube jedem Teil, sich hier sicher und willkommen zu fühlen. Du bist der Gastgeber, der alles sieht und alles akzeptiert."

Phase 2: Die Teile einladen und würdigen (8-10 Minuten)

„Jetzt möchte ich dich einladen, die Teile deines Selbst einzuladen, einen nach dem anderen. Vielleicht gibt es einen Teil von dir, der Verantwortung trägt... einen, der für Freude sorgt... oder einen, der Ängste oder Zweifel hat.

Erlaube jedem Teil, zu erscheinen, so wie er ist. Du kannst ihn als Bild wahrnehmen... als Gefühl... oder einfach als Präsenz. Beginne mit einem Teil, der dir gerade in den Sinn kommt. Begrüße ihn freundlich... und frage ihn:
• ‚Was ist deine Aufgabe?‘
• ‚Wie unterstützt du mich?‘
• ‚Was brauchst du, um dich wohlzufühlen?‘

Nimm dir Zeit, um die Antwort dieses Teils zu hören... und ihm deine Wertschätzung zu zeigen.

Lass nun den nächsten Teil erscheinen... vielleicht ein anderer Aspekt deines Lebens oder deiner Persönlichkeit. Begrüße auch diesen Teil mit Offenheit... höre zu... und würdige, was er für dich tut.

Einer nach dem anderen werden die Teile deines Selbst eingeladen. Du kannst dir vorstellen, dass sie sich in deinem inneren Raum versammeln, wie eine Gruppe von Freunden, die zusammenkommt, um gehört und gesehen zu werden."

Phase 3: Verbindung mit allen Teilen (5-7 Minuten)

„Jetzt, da alle Teile eingeladen wurden und sich versammelt haben, möchte ich dich einladen, dich mit jedem dieser Teile zu verbinden. Nimm dir einen Moment, um dich nacheinander mit jedem Teil zu verbinden... spüre seine Energie... seine Aufgabe... seine Essenz...

Und jetzt, während du mit jedem Teil verbunden bist, kannst du dir vorstellen, dass diese Verbindungen gleichzeitig bestehen. Jeder Teil deines Selbst ist präsent... und doch gibt es keine Trennung zwischen ihnen.

Stell dir vor, dass alle Teile wie Musiker in einem Orchester sind. Jeder spielt seine eigene Melodie... aber zusammen entsteht eine harmonische Symphonie. Du bist nicht nur der Gastgeber... du bist auch die Musik... die Einheit, die alles verbindet."

Phase 4: Auflösung des steuernden Teils (5 Minuten)

„Nun gibt es einen Teil von dir, der all dies beobachtet hat... der diesen Prozess gesteuert hat. Vielleicht kannst du ihn erkennen... diesen Teil, der immer alles organisiert und kontrolliert.

Erlaube diesem Teil jetzt, sich ebenfalls in die Einheit aufzulösen. Stell dir vor, dass er sanft in die Musik eintaucht... in die Verbundenheit mit allen anderen Teilen. Du bist jetzt nicht länger der Gastgeber oder der Beobachter... du bist einfach alles... und nichts... gleichzeitig.

Es gibt keinen Unterschied mehr zwischen dir und deinen Teilen... kein Trennen... keine Begrenzung. Du bist der Ozean, in dem alles geschieht. Ruhe einfach in diesem Gefühl... von Einheit... von Leichtigkeit... von Vollständigkeit."

Phase 5: Rückkehr und Integration (3-5 Minuten)

„Während du langsam aus diesem Zustand der Einheit zurückkehrst, kannst du all das, was du erlebt hast, in dir bewahren. Du kannst diese Verbindung zu allen Teilen mit dir nehmen... und dich daran erinnern, dass sie immer da ist, wann immer du sie brauchst.

Nimm jetzt einen tiefen Atemzug... und beginne, deinen Körper zu spüren... deine Hände, deine Füße... Spüre die Unterlage, auf der du sitzt oder liegst. Wann immer du bereit bist, öffne langsam deine Augen und kehre mit einem Gefühl von Frieden und Einheit ins Hier und Jetzt zurück."

Fazit

Dieses Skript bietet eine strukturierte, aber flexible Grundlage, die du in deiner eigenen Stimme aufnehmen kannst. Achte auf einen ruhigen, langsamen Sprechfluss und nutze Pausen, um den Hörer tief eintauchen zu lassen. Dieses Format ist ideal für eine geführte Meditation oder eine tiefgreifende Selbstreflexion.

Hier ist ein **Collapsing Anchor-Format**, das speziell dafür entwickelt wurde, die Erfahrung von „Alles" (Verbundenheit) und „Nichts" (Leere, Auflösung) zu verankern und dann beide Zustände kollabieren zu lassen, um die Gleichzeitigkeit dieser scheinbaren Gegensätze zu erleben.

1. Vorbereitung und Zielsetzung

• Rahmung: Erkläre, dass das Ziel ist, die beiden Zustände – „Alles" (tiefe Verbundenheit mit allem) und „Nichts" (Auflösung und Leere) – zu verankern und schließlich zu verschmelzen. Dies führt zu einer Erfahrung der Gleichzeitigkeit beider Zustände.
• Positionierung: Die Person sitzt oder steht bequem, die Hände sind entspannt und leicht zugänglich für die Anker.

2. Zustand „Alles" anker

• Erleben von „Alles" erzeugen:

1. Lade die Person ein, sich einen Moment oder Zustand vorzustellen, in dem sie sich zutiefst verbunden gefühlt hat – mit Menschen, der Natur, dem Universum, oder einfach mit sich selbst. Es kann auch ein imaginativer Zustand sein.

2. Stelle Fragen wie:

• „Wann hast du dich am meisten mit allem verbunden gefühlt?"

• „Wie fühlt sich diese Verbundenheit an? Wo spürst du sie in deinem Körper?"

3. Lasse die Person den Zustand intensivieren, indem du Submodalitätenarbeit nutzt:

• „Mach dieses Gefühl stärker, heller, größer... Wie würde es sich anfühlen, wenn es grenzenlos wäre?"

• Anker setzen:

• Sobald der Zustand am Höhepunkt ist, setze einen physischen Anker (z. B. drücke sanft die linke Hand oder Finger).

• Wiederhole den Prozess 2-3 Mal, um den Anker zu festigen.

3. Zustand „Nichts" anker

• Erleben von „Nichts" erzeugen:

1. Lade die Person ein, sich einen Zustand von völliger Leere, Stille oder Auflösung vorzustellen – einen Moment, in dem sie alles losgelassen hat und einfach nur war.

2. Stelle Fragen wie:

• „Wann hast du das Gefühl gehabt, alles loszulassen?"

• „Wie fühlt sich diese Stille oder Leere an? Wo spürst du sie?"

3. Hilf der Person, diesen Zustand zu intensivieren:
• „Stell dir vor, dass alles, was du bist, sich auflöst... dass nichts mehr übrig ist, nur reine Stille und Leere."
• Anker setzen:
• Sobald der Zustand am Höhepunkt ist, setze einen anderen physischen Anker (z. B. drücke sanft die rechte Hand oder Finger).
• Wiederhole den Prozess 2-3 Mal, um den Anker zu festigen.

4. Anker kollabieren lassen

• Gleichzeitigkeit der Zustände erleben:
1. Lade die Person ein, sich darauf vorzubereiten, beide Anker gleichzeitig auszulösen.
2. Halte beide Anker (z. B. beide Hände) gleichzeitig und drücke sanft.
3. Sage: „Erlaube dir jetzt, die Erfahrung von 'Alles' und 'Nichts' gleichzeitig zu spüren... Verbundenheit und Auflösung... Fülle und Leere... Wie fühlt es sich an, beides zu sein – gleichzeitig?"
4. Halte die Anker, bis die Person spürbar reagiert oder ein tiefes Gefühl von Gleichzeitigkeit erlebt.

5. Integration

• Reflexion und Verankerung:
1. Lasse die Person reflektieren:
• „Was hast du erlebt, als du beide Zustände gleichzeitig gefühlt hast?"
2. Biete die Möglichkeit, dieses Gefühl zu verstärken:

- „Wenn du möchtest, kannst du dir vorstellen, dass dieses Gefühl in deinem Körper bleibt, zugänglich, wann immer du es brauchst."
- Anker verstärken:
- Optional kannst du einen neuen, integrierten Anker setzen (z. B. Hand auf die Brust legen), um den Zustand der Gleichzeitigkeit abrufbar zu machen.

6. Rückkehr ins Hier und Jetzt

- Führe die Person langsam zurück:
- „Atme tief ein... und aus... und nimm dir einen Moment, um in deinem Körper anzukommen... Wenn du bereit bist, öffne langsam deine Augen und nimm dieses Gefühl der Einheit mit in deinen Alltag."

Erklärung des Formats

Dieses Format verbindet zwei scheinbar gegensätzliche Zustände und zeigt, dass sie nicht nur gleichzeitig existieren können, sondern dass sie zusammen eine tiefere, umfassendere Erfahrung von „Selbst" ermöglichen. Es basiert auf den Prinzipien des NLP (Anker setzen und kollabieren) und nutzt dabei subtile hypnotische Elemente, um die Erfahrung zu vertiefen.

Wenn du möchtest, kannst du dieses Format auch aufnehmen und als geführte Übung verwenden, um die Wirkung zu intensivieren.

Hier ist die geführte Audio-Übung für das Collapsing Anchor-Format, die du aufnehmen kannst. Lies sie in einem langsamen, beruhigenden Tempo mit Pausen, um den Zuhörer durch die Erfahrung zu führen. Ich werde die Anweisungen klar und einfach formulieren, damit sie direkt genutzt werden können.

Geführte Audio-Übung: Alles und Nichts

Einleitung: Vorbereitung und Entspannung

„Hallo und willkommen zu dieser Übung. Heute werden wir zwei tiefe Zustände deines Seins erkunden – die Verbundenheit mit allem und die Leere von nichts – und sie miteinander verschmelzen lassen.

Finde zunächst einen bequemen Platz, wo du ungestört bist. Setze dich oder lege dich hin, so dass du dich sicher und entspannt fühlst. Schließe deine Augen, wenn du möchtest... und bringe deine Aufmerksamkeit sanft auf deinen Atem.

Atme tief ein... und langsam wieder aus. Lass mit jedem Ausatmen alle Anspannung aus deinem Körper entweichen... und spüre, wie du immer mehr in einen Zustand von Ruhe und Gelassenheit gleitest. Mit jedem Atemzug gehst du tiefer... und tiefer... in einen entspannten, offenen Zustand."

Phase 1: Zustand „Alles" erleben und verankern

„Ich lade dich jetzt ein, an einen Moment zu denken oder dir vorzustellen, in dem du dich vollständig mit allem verbunden gefühlt hast. Vielleicht war es ein Moment in der Natur, umgeben von der Schönheit der Welt... oder ein Moment der tiefen Liebe oder Freude mit anderen Menschen... oder einfach ein Gefühl, dass du Teil von etwas Größerem bist.

Lass diesen Moment lebendig werden. Sieh, was du gesehen hast... höre, was du gehört hast... fühle, was du gefühlt hast. Spüre, wie diese Verbundenheit dich durchströmt, wie eine warme, leuchtende Energie. Vielleicht spürst du dieses Gefühl in deinem Herzen... oder in deinem ganzen Körper.

Mach dieses Gefühl jetzt stärker... heller... größer. Lass es sich ausdehnen, bis es alles in dir ausfüllt. Und wenn du bereit bist, lege sanft eine Hand auf deine linke Handfläche oder drücke leicht einen Finger deiner linken Hand, um dieses Gefühl zu verankern. Halte diesen Anker für ein paar Atemzüge... und lass das Gefühl noch stärker werden.

Wenn du bereit bist, löse den Anker und lass das Gefühl sanft zurücktreten, während du dich entspannst."

Phase 2: Zustand „Nichts" erleben und verankern

„Nun lade ich dich ein, an einen Moment der Stille zu denken... oder dir vorzustellen, wie es sich anfühlt, alles loszulassen. Vielleicht ist es ein Moment tiefen Friedens… oder eine völlige Leere, in der nichts mehr bleibt – nur reines Sein.

Lass dieses Gefühl der Leere oder Stille in dir entstehen. Spüre, wie alles, was dich definiert oder begrenzt, sanft verschwindet… wie eine Wolke, die sich auflöst. Es gibt nichts mehr zu tun, nichts zu sein… nur Leere und Frieden.

Mach auch dieses Gefühl stärker… tiefer… als ob du vollständig in diese Leere eintauchst. Wenn du bereit bist, lege sanft eine Hand auf deine rechte Handfläche oder drücke leicht einen Finger deiner rechten Hand, um dieses Gefühl zu verankern. Halte den Anker, während du dieses Gefühl der Stille und des Nichts in dir spürst.

Wenn du bereit bist, löse den Anker und lass das Gefühl sanft zurücktreten, während du dich entspannst."

Phase 3: Anker kollabieren lassen

„Jetzt, da du beide Zustände erlebt hast – die Verbundenheit mit allem und die Leere des Nichts – lade ich dich ein, beide gleichzeitig zu erleben.

Wenn du bereit bist, aktiviere beide Anker gleichzeitig. Lege sanft deine linke und rechte Hand aufeinander oder drücke gleichzeitig beide Finger. Spüre, wie die Verbundenheit mit allem und die Leere des Nichts zusammenkommen.

Lass diese beiden Zustände verschmelzen. Spüre die Gleichzeitigkeit... wie du alles bist... und nichts... verbunden mit allem... und doch frei von allem. Spüre, wie sich diese beiden scheinbaren Gegensätze in dir auflösen... und eine tiefe, kraftvolle Einheit entsteht.

Halte diese Erfahrung für ein paar Atemzüge... lass sie stärker werden... bis sie alles in dir durchdringt."

Phase 4: Integration

„Jetzt kannst du langsam die Anker loslassen, aber das Gefühl der Einheit in dir bewahren. Spüre, wie diese Erfahrung ein Teil von dir bleibt... jederzeit abrufbar, wenn du dich daran erinnerst. Du bist gleichzeitig alles und nichts... und das ist vollkommen in Ordnung."

Rückkehr ins Hier und Jetzt

„Nimm jetzt einen tiefen Atemzug... und bringe deine Aufmerksamkeit zurück zu deinem Körper. Spüre die Unterlage, auf der du sitzt oder liegst... deine Hände... deine Füße. Bewege dich sanft, wenn du möchtest.

Wenn du bereit bist, öffne langsam deine Augen... und bringe dieses Gefühl der Einheit mit in deinen Tag. Du bist alles... und du bist nichts... und das ist das Wunderbare daran."

Hinweise für die Aufnahme

1. Sprache: Sprich langsam, mit sanfter, beruhigender Stimme.
2. Pausen: Lasse ausreichend Raum zwischen den Anweisungen, damit der Zuhörer in die Erfahrung eintauchen kann.
3. Hintergrundmusik (optional): Verwende sanfte, meditative Musik oder Naturgeräusche, um die Atmosphäre zu unterstützen.

Dieses Audio-Skript ermöglicht eine tiefe Trance-Erfahrung, in der die Gleichzeitigkeit von „Alles" und „Nichts" auf einer emotionalen und kognitiven Ebene spürbar wird.

Spruch26: Das zeitlose Selbst

Was man ist, das ist man unbegrenzt von Zeit. Es ist nur der Verstand, der realisiert, wenn er geläutert ist von Verlangen und Ängsten.

Der Spruch lässt er sich aus der NLP-Perspektive wie folgt interpretieren:

1. "Was man ist, das ist man unbegrenzt von Zeit" – Identität und zeitlose Selbstwahrnehmung

Der erste Teil des Spruchs richtet den Fokus auf die Ebene der Identität (im NLP oft als "Ich-bin-Ebene" betrachtet siehe unten). In der Logik von NLP beeinflusst die Identitätsebene (wer wir sind) alle darunterliegenden Ebenen, wie Werte, Glaubenssätze, Fähigkeiten, Verhalten und Umwelt.
• Interpretation im NLP-Kontext:
• Die Aussage impliziert, dass unser Sein – wer wir wirklich sind – unabhängig von der linearen Zeit existiert. Es verweist auf die Idee, dass unsere Essenz nicht durch die Vergangenheit oder Zukunft begrenzt wird.
• NLP arbeitet häufig mit dem Konzept von Kernüberzeugungen oder dem "wahren Selbst". Eine zentrale Erkenntnis ist, dass wir uns oft mit temporären Rollen, äußeren Bedingungen oder Situationen identifizieren, statt mit dem unbegrenzten, zeitlosen "Ich-bin".

Technische Anwendung: In NLP könnten hier Techniken wie Core Transformation oder Re-Imprinting (siehe unten) helfen, die wahre Identität jenseits zeitlicher und äußerer Begrenzungen zu erfahren.

2. "Es ist nur der Verstand, der realisiert" – Der Verstand als Werkzeug der Erkenntnis

Dieser Teil weist darauf hin, dass der Verstand die Realität erst dann erkennen kann, wenn er geklärt ist. Aus NLP-Sicht hat der Verstand eine zentrale Funktion: Er konstruiert unsere inneren Repräsentationen der Welt durch Sprache, Bilder, Gefühle usw. Diese Repräsentationen können verzerrt sein durch unbewusste Ängste, alte Glaubenssätze oder Wünsche.

• Interpretation im NLP-Kontext:
• Der Verstand wird im NLP als nützlich, aber formbar betrachtet. Solange er von Verlangen (zukunftsgerichteten Zielen) oder Ängsten (vergangenen Traumata) gesteuert wird, bleibt die Wahrnehmung begrenzt.
• Erst wenn diese emotionalen "Filter" entfernt werden, kann der Verstand die Essenz der Identität ("Was man ist") erkennen.

Technische Anwendung:
• Dissoziationstechniken könnten hier verwendet werden, um Ängste und Verlangen als externe Prozesse zu betrachten, statt sich mit ihnen zu identifizieren.
• Meta-Modell-Fragen könnten helfen, die sprachlichen Verzerrungen zu klären, die durch Verlangen und Ängste entstehen.

3. "Wenn er geläutert ist von Verlangen und Ängsten" – Befreiung von emotionalen Verzerrungen

Verlangen und Ängste sind starke emotionale Kräfte, die unser Denken und Verhalten verzerren können. Aus NLP-Sicht beeinflussen sie die Art und Weise, wie wir interne Zustände repräsentieren und Entscheidungen treffen. Diese Verzerrungen können

dazu führen, dass wir uns nicht als unbegrenzt und zeitlos wahrnehmen, sondern als eingeschränkt durch äußere Umstände.
• Verlangen (Zukunft): Fokus auf das, was man nicht hat, und Projektionen in die Zukunft.
• Ängste (Vergangenheit): Verhaftung an negative Erfahrungen oder Konditionierungen.

Interpretation im NLP-Kontext:
• In NLP wird häufig betont, dass unsere inneren Repräsentationen verändert werden können, um uns von der Macht dieser Emotionen zu befreien.
• Läuterung bedeutet hier, die Wahrnehmung zu klären und emotionale Zustände bewusst zu steuern, anstatt von ihnen gesteuert zu werden.

Technische Anwendung:
• Timeline-Arbeit: Kann helfen, Ängste in der Vergangenheit zu lösen und Verlangen zu relativieren.
• Reframing: Kann dazu beitragen, neue Bedeutungen und Perspektiven für belastende Emotionen zu finden.

4. Zeitlose Identität und ressourcenvolle Zustände

Der Spruch verweist auf eine tiefere Wahrheit: Wenn der Verstand geläutert ist, erkennt man, dass Identität nicht von zeitlichen Kategorien abhängt. Dies korrespondiert mit NLP-Techniken, die auf die Aktivierung ressourcenstarker Zustände abzielen.

Technische Anwendung:

• Ankertechniken: Mit ihnen können zeitlose, ressourcenstarke Zustände wie Ruhe, Klarheit und Selbstbewusstsein im Hier und Jetzt verankert werden.

• Parts-Integration: Hilft, Konflikte zwischen Teilen, die von Verlangen und Ängsten geprägt sind, zu harmonisieren.

Zusammenfassung aus NLP-Sicht

1. "Was man ist, das ist man unbegrenzt von Zeit": Unsere wahre Identität ist unabhängig von äußeren Bedingungen oder zeitlichen Konzepten. NLP hilft, diese Identität zu entdecken und auf die Handlungsebene zu übertragen.

2. "Es ist nur der Verstand, der realisiert": Der Verstand kann diese Wahrheit erkennen, wenn er frei von emotionalen Verzerrungen ist.

3. "Wenn er geläutert ist von Verlangen und Ängsten": Techniken wie Timeline-Arbeit, Reframing und Anker können dabei helfen, emotionale Blockaden zu lösen und den Verstand zu klären.

Dieser Spruch könnte in NLP als Aufforderung gesehen werden, innere Ressourcen zu mobilisieren, limitierende Glaubenssätze zu überwinden und eine zeitlose Perspektive auf die eigene Identität zu gewinnen.

Die **Identitätsebene oder „Ich-bin-Ebene"** im NLP ist eine der höchsten Ebenen in der logischen Ebenen-Hierarchie, die ursprünglich von Robert Dilts entwickelt wurde (basierend auf Gregory Batesons Arbeiten). Diese Ebenen sind ein hierarchisches System, das zeigt, wie verschiedene Aspekte unserer Erfahrung und unseres Verhaltens miteinander verknüpft sind. Die Identitätsebene ist die Steuerungsebene des gesamten Systems, da sie die grundlegenden Annahmen über uns selbst bestimmt und damit alle darunterliegenden Ebenen beeinflusst.

Die Logischen Ebenen im NLP – Überblick

1. Umwelt (Wo, wann, mit wem?):
• Äußere Bedingungen, in denen wir uns befinden, wie Orte, Zeitpunkte und Menschen.
2. Verhalten (Was tue ich?):
• Die konkreten Handlungen, die wir in unserer Umwelt ausführen.
3. Fähigkeiten (Wie tue ich es?):
• Die Kompetenzen, Strategien und Ressourcen, die wir einsetzen, um unser Verhalten auszuführen.
4. Glaubenssätze und Werte (Warum tue ich es?):
• Die Motivationen, Überzeugungen und Wertvorstellungen, die unser Verhalten und unsere Fähigkeiten prägen.
5. Identität (Wer bin ich?):
• Die grundlegende Vorstellung von uns selbst, unser Selbstbild, das übergeordnet über den Glaubenssätzen steht.
6. Spiritualität/Transzendenz (Wofür bin ich?):
• Die Ebene des Sinns oder des größeren Zusammenhangs, über die Identität hinaus.

Wie die Identitätsebene die darunterliegenden Ebenen beeinflusst

1. Die Identitätsebene definiert die Rahmenbedingungen für Glaubenssätze und Werte

• Was passiert?

Unsere Identitätsebene ist unser „Selbstkonzept" – das, was wir über uns glauben. Aussagen wie „Ich bin ein kreativer Mensch" oder „Ich bin ein Versager" prägen unser gesamtes Weltbild. Sie beeinflussen direkt unsere Glaubenssätze und Werte, weil wir diese Überzeugungen an unsere Identität anpassen.

• Beispiel:

Ein Mensch mit der Identität „Ich bin ein Problemlöser" wird tendenziell Glaubenssätze wie „Jedes Problem hat eine Lösung" entwickeln und Werte wie „Kreativität" oder „Hartnäckigkeit" hochhalten. Im Gegensatz dazu könnte jemand mit der Identität „Ich bin unfähig" Glaubenssätze wie „Probleme sind unlösbar" und Werte wie „Sicherheit" oder „Rückzug" entwickeln.

2. Glaubenssätze und Werte bestimmen Fähigkeiten

• Was passiert?

Die Glaubenssätze und Werte, die von der Identitätsebene gesteuert werden, beeinflussen, welche Fähigkeiten wir entwickeln und einsetzen. Wenn ich glaube, dass ich etwas kann (positiver Glaubenssatz), werde ich Fähigkeiten entwickeln, die mich in dieser Überzeugung bestätigen.

• Beispiel:

• Identität: „Ich bin ein guter Redner."

- Glaubenssatz: „Ich kann Menschen begeistern."
- Fähigkeiten: Der Mensch wird Rhetorik üben, seine Stimme trainieren und Techniken der Präsentation lernen.

3. Fähigkeiten steuern Verhalten

- Was passiert?
Fähigkeiten sind die Werkzeuge, die wir auf der Verhaltensebene einsetzen. Wenn ich die Fähigkeit habe, gut zu kommunizieren, werde ich in meiner Umwelt überzeugender auftreten.
- Beispiel:
- Fähigkeit: „Ich kann überzeugend argumentieren."
- Verhalten: In Diskussionen bringe ich meine Argumente klar und strukturiert vor.

4. Verhalten manifestiert sich in der Umwelt

- Was passiert?
Das Verhalten, das aus den darüber liegenden Ebenen gesteuert wird, wirkt sich direkt auf die Umwelt aus. Unsere Handlungen beeinflussen, wie wir von anderen wahrgenommen werden, welche Ergebnisse wir erzielen und welche Bedingungen wir schaffen.
- Beispiel:
- Verhalten: „Ich führe erfolgreiche Verhandlungen."
- Umwelt: „Ich bekomme einen besseren Vertrag."

Wie die Identitätsebene die Steuerung übernimmt

Die Identitätsebene hat eine übergeordnete Funktion, weil sie die tiefste Programmierung unseres Selbstbildes darstellt. Diese Ebene definiert die „Parameter", in denen sich die darunterliegenden Ebenen bewegen. Solange die Identität nicht verändert wird, können wir auf den unteren Ebenen Anpassungen vornehmen, aber diese bleiben begrenzt. Ein Beispiel:

• Identität: „Ich bin schlecht im Umgang mit Geld."
• Glaubenssätze: „Geld macht nur Probleme."
• Fähigkeiten: Wenig Interesse oder Fähigkeit zur Budgetplanung.
• Verhalten: Impulsives Geldausgeben.
• Umwelt: Regelmäßige finanzielle Schwierigkeiten.

Selbst wenn der Betroffene anfängt, Budgetplanungen (Fähigkeiten) zu lernen, wird er diese Fertigkeit nicht konsequent einsetzen, solange die Identität „Ich bin schlecht im Umgang mit Geld" bestehen bleibt.

Veränderung der Identitätsebene im NLP

Um tiefgreifende und nachhaltige Veränderungen zu erzielen, müssen wir auf der Identitätsebene ansetzen. Im NLP gibt es dafür mehrere Ansätze:
1. Re-Imprinting:
• Alte, limitierende Identitäten, die oft aus der Kindheit stammen, werden erkannt und durch positive, unterstützende Identitäten ersetzt.
2. Core Transformation:

- Der Prozess führt dazu, dass man tief in die innere Essenz der Identität eintaucht und neue, ressourcenvolle Zustände aufbaut.
3. Visioning und Neu-Identifikation:
- Durch Übungen wie Future Pacing und das Modellieren erfolgreicher Vorbilder können neue Identitäten geschaffen und verkörpert werden.

Wie die Identitätsebene die darunterliegenden Programme beeinflusst

Ein praktisches Bild für die Steuerungsfunktion der Identitätsebene ist die Metapher eines Computersystems:
- Identitätsebene: Das Betriebssystem – Es bestimmt die Grundfunktionen und die Regeln, nach denen alle Programme laufen. Ohne ein Betriebssystem funktionieren die Programme nicht.
- Glaubenssätze und Werte: Die Programme – Sie laufen im Rahmen der Betriebssystemvorgaben. Ein Glaubenssatz wie „Ich bin nicht kreativ" wird beispielsweise ein Programm blockieren, das Kreativität erfordert.
- Fähigkeiten: Die Werkzeuge – Diese sind nur so effektiv wie die Programme, die sie unterstützen. Ein hochentwickeltes Tool kann nutzlos sein, wenn das Betriebssystem oder das Programm es blockiert.
- Verhalten: Die Outputs – Die Ergebnisse, die der Benutzer sieht.
- Umwelt: Der Kontext – Das, was vom System beeinflusst wird.

Zusammenfassung

Die Identitätsebene im NLP ist die zentrale Steuerungsebene, die alle darunterliegenden Ebenen beeinflusst. Was wir über uns selbst glauben, prägt unsere Werte, Glaubenssätze, Fähigkeiten, unser Verhalten und letztendlich unsere Umwelt. Um dauerhafte Veränderungen zu erreichen, ist es notwendig, direkt an der Identitätsebene zu arbeiten, da sie die Parameter für alle anderen Ebenen definiert. Dieses hierarchische Programmsystem macht deutlich, warum die Arbeit mit der Identität so entscheidend für tiefgreifende Transformationen ist.

Tieftrance-Reimprinting-Format

Schritt 1: Entwicklung des Tieftrance-Reimprinting-Formats

Ziel:

• Kombinieren der Tieftrance-Techniken aus dem Sixstep-Format mit den Strukturen des klassischen Reimprinting.
• Zugang zu tiefen inneren Ebenen des Bewusstseins schaffen, um alte Prägungen sanft zu lösen und durch ressourcenvolle Erlebnisse zu ersetzen.

Struktur des Formats:

1. Einleitung: Induktion der Tieftrance

- Baue auf Sixstep-Tieftrance-Techniken auf.
- Führe die Person durch eine schrittweise Vertiefung (z. B. progressive Entspannung, fokussierte Visualisierung).

2. Identifikation des problematischen Zustands/Triggers
- Bitte die Person, eine aktuelle Situation oder ein Gefühl zu identifizieren, das sie verändern möchte. Dieses Gefühl dient als Zugang zum Ursprung des Themas.

3. Reise zum Ursprungsereignis
- Leite die Person durch ihre Timeline zurück zum Ursprungsereignis, bei dem die Prägung entstand.
- Nutze symbolische Bilder oder Metaphern, die zur Tieftrance passen, um den Zugang sanfter zu gestalten.

4. Dissoziation und Ressourcenaktivierung
- Dissoziiere die Person sanft von der belastenden Erinnerung, indem du sie wie ein "Bild" oder "Film" betrachtest.
- Lade ressourcenvolle Figuren, Archetypen oder zukünftige Selbstbilder ein, um Unterstützung und Sicherheit zu bieten.

5. Neuprägung
- Ersetze das belastende Ereignis durch eine ressourcenvolle Erfahrung. Das kann durch folgende Techniken geschehen:
- Integration eines ressourcenreichen Selbst.
- Visualisierung eines alternativen Verlaufs des Ereignisses.
- Kommunikation mit dem "inneren Kind" aus der Erinnerung.

6. Rückkehr in die Gegenwart
- Führe die Person schrittweise zurück in die Gegenwart, integriert mit neuen Ressourcen und Gefühlen.

7. Zukunftsverankerung

• Verankere die neue Erfahrung in der Zukunft, indem die Person sich selbst in kommenden Situationen mit diesen neuen Ressourcen sieht und fühlt.

Schritt 2: Erstellung eines Audioskripts für das Format

Einleitung (Tieftrance-Induktion):

„Schließe deine Augen und atme tief ein... und aus. Mit jedem Atemzug sinkst du tiefer in eine angenehme Entspannung. Stelle dir vor, dass du in einem warmen, sicheren Raum sitzt. Während du dich hier umschaust, bemerkst du, dass alles um dich herum perfekt ruhig ist... ruhig und friedlich...“

Identifikation des Triggers:

„Jetzt, in diesem entspannten Zustand, lade ich dich ein, an eine Situation zu denken, in der du dich blockiert, unwohl oder unsicher gefühlt hast. Lass dieses Gefühl in dir aufsteigen, ohne es zu bewerten, einfach als einen Schlüssel, der dich zu einer tieferen Einsicht führt.“

Reise zum Ursprung:

„Lass dieses Gefühl dich sanft zurück durch die Zeit führen... zu dem Moment, als es zum ersten Mal begann. Du kannst dir vorstellen, dass du eine Straße entlanggehst oder durch einen Wald gleitest, immer sicher, immer beschützt. Irgendwann findest du dich in einem Moment wieder, der den Ursprung dieses Gefühls birgt."

Dissoziation und Ressourcenaktivierung:

„Von hier aus kannst du dieses Ereignis wie einen Film betrachten… Du bist sicher, während du nur beobachtest. Und während du beobachtest, lade ich dich ein, einen Helfer einzuladen… vielleicht ein weiser Mentor, eine liebevolle Figur, oder ein zukünftiges Selbst, das bereits frei ist von dieser alten Prägung."

Neuprägung:

„Jetzt kannst du diesem Ereignis eine neue Bedeutung geben. Lass deinen Helfer dir zeigen, wie dieses Erlebnis dich stärken könnte, wie du dich beschützt fühlen kannst. Oder stelle dir vor, wie das Ereignis hätte verlaufen können, wenn du damals die Ressourcen gehabt hättest, die du jetzt hast."

Rückkehr in die Gegenwart:

„Und jetzt, mit diesem neuen Gefühl und diesen neuen Einsichten, kehrst du langsam zurück… zurück in die Gegenwart… und nimmst all diese neuen Ressourcen mit in dein Leben."

Zukunftsverankerung:

„Stelle dir vor, wie du in einer zukünftigen Situation stehst, die früher schwierig war. Doch dieses Mal fühlst du dich ruhig, stark und voller Vertrauen. Spüre, wie diese neue Erfahrung in dir lebendig wird."

Schritt 3: Entwicklung eines steuernden "Teils"

Ein steuerndes NLP-"Teil" ist eine metaphorische Struktur, die als "Manager" für den Prozess agiert. Dieses Teil sorgt für Automatisierung und reibungslosen Ablauf, indem es die Komponenten des Formats organisiert und bei Bedarf aktiviert.

Entwicklung des Teils:

1. Benennung und Beschreibung:
• Gib dem Teil einen Namen wie „Der Integrator" oder „Der Ressourcenführer".
• Beschreibe es als einen inneren Mechanismus, der sowohl Schutz als auch Transformation ermöglicht.
2. Rolle und Aufgaben des Teils:
• Überwacht, dass der Prozess sicher und ressourcenorientiert abläuft.
• Stellt sicher, dass die neuen Ressourcen vollständig integriert werden.
• Aktiviert sich automatisch, wenn ähnliche Situationen auftreten, um das neue Verhalten zu stärken.
3. Integration des Teils:
• Führe die Person in Trance zu einem symbolischen Bild des Teils.

• Lass die Person diesem Teil eine Form, Farbe oder Gestalt geben (z. B. ein Licht, eine Gestalt oder ein Symbol).
• Integriere das Teil, indem es bewusst in die neu geschaffene Identität eingebunden wird.

Zusammenfassung des Steuerungsprozesses:

• Das Teil wacht über den gesamten Prozess und aktiviert ressourcenreiche Zustände.
• Es kann in Trance durch einfache Suggestionen wie „Dein Ressourcenführer sorgt dafür, dass du sicher durch diesen Prozess gehst" integriert werden.
• Das Teil kann auch in zukünftigen Situationen automatisch aktiv werden.

Entwicklung einen neuen Teiles, der die Zeitlinie von belastenden Ereignissen durch ein automatisiertes Tieftrance-Reimprinting bereinigt.

Zielsetzung für den Teil

• Hauptaufgabe: Der Teil soll eigenständig die gesamte Zeitlinie von belastenden Ereignissen bereinigen und diese durch ressourcenvolle, positive Prägungen ersetzen.
• Modus: Der Teil wird automatisch aktiviert (z. B. vor dem Schlafen gehen) und arbeitet in der Tieftrance, während der bewusste Verstand ruht.

• Ergebnis: Durch das Ersetzen von negativen Prägungen entsteht eine neue, ressourcenreiche Identität, die in Harmonie mit der Person steht.

Schritt 1: Einführung und Anlernen des neuen Teils

1. Identifikation eines neuen Teils:
• Erkläre deinem Unterbewusstsein, dass ein neuer Teil erschaffen wird, der als „Zeitlinienreiniger" oder „Integrationsführer" fungieren wird.
• Beschreibe seine Aufgabe klar und präzise:
„Dieser Teil wird alle belastenden Ereignisse auf meiner Zeitlinie finden und durch ressourcenvolle, positive Erfahrungen ersetzen, sodass meine Identität frei und kraftvoll wird."
2. Gestaltung des Teils:
• In Trance oder durch Visualisierung kannst du dem Teil eine Form, Gestalt oder Symbolik geben, die für dich repräsentativ ist.
• Beispiel: Ein Lichtwesen, ein weiser Mentor, eine leuchtende Kugel.
• Dieser Teil hat Zugriff auf alle Ressourcen und Weisheiten, die du in dir trägst.
3. Rollenklärung:
• Kommuniziere mit dem Teil und kläre seine spezifischen Aufgaben:
• „Du wirst auf meiner Zeitlinie reisen und belastende Prägungen durch ressourcenreiche ersetzen."
• „Du arbeitest sicher, effizient und nur in meinem besten Interesse."

• „Du greifst auf mein gesamtes Wissen und meine Weisheit zu, um die besten Lösungen zu finden."

4. Ressourcenaktivierung:

• Gib dem Teil Zugriff auf deine stärksten Ressourcen (z. B. Mut, Liebe, Selbstbewusstsein, Vergebung).

• Lade unterstützende Figuren oder Archetypen ein, die dem Teil helfen können (z. B. inneres Kind, zukünftiges Selbst, weiser Mentor).

Schritt 2: Der Arbeitsprozess des Teils

1. Aktivierung des Teils:

• Der Teil wird aktiviert, wenn du vor dem Schlafen eine einfache Anweisung gibst, z. B.:

• „Während ich schlafe, aktiviere ich meinen Zeitlinienreiniger. Du wirst meine gesamte Zeitlinie durchreisen und alles Negative in Positives verwandeln."

2. Scannen der Zeitlinie:

• Der Teil beginnt mit dem Scannen der Zeitlinie, um belastende Ereignisse zu identifizieren. Dies geschieht in mehreren Schritten:

1. Suche nach emotionalen Markern wie Angst, Wut, Scham oder Trauer.

2. Identifiziere, wann und wo diese Gefühle entstanden sind.

3. Markiere diese Ereignisse für die Reimprinting-Arbeit.

3. Reimprinting der belastenden Ereignisse:

• Der Teil führt bei jedem belastenden Ereignis folgende Schritte aus:
1. Dissoziation: Entferne dich sicher von der Situation und beobachte sie aus der Distanz.
2. Einladung von Ressourcen: Lade ressourcenreiche Figuren (z. B. ein weises zukünftiges Selbst) ein, um dich zu unterstützen.
3. Umwandlung: Ersetze die belastende Prägung durch eine ressourcenvolle Erfahrung.
• Beispiel: „Anstelle von Angst fühlte ich mich stark und beschützt."
4. Integration: Integriere das neue Gefühl und die neue Bedeutung in die Zeitlinie.

4. Verankerung der neuen Identität:

• Nach der Bereinigung der Zeitlinie verankert der Teil die neue Identität, indem er Ressourcen wie Selbstvertrauen, Freude und Gelassenheit in der Gegenwart stärkt.

5. Zukunftsprojektion:

• Der Teil überprüft, wie die neuen Prägungen die zukünftigen Ereignisse beeinflussen. Er projiziert die neue Identität in kommende Herausforderungen und sichert ressourcenreiche Reaktionen.

Schritt 3: Automatisierung und Anleitung für den Teil

Der Teil muss so angelernt werden, dass er eigenständig funktioniert und dich nicht im Wachzustand belastet. Hier ist eine klare Anleitung, die der Teil "programmiert" bekommt:

1. Sicherheit zuerst:

• „Du arbeitest immer sicher und respektierst meine emotionalen Grenzen. Wenn ein Ereignis zu intensiv ist, dissoziierst du mich sofort, bevor du daran arbeitest."

2. Effizienz:

• „Du arbeitest zügig und gründlich, damit meine Zeitlinie in einem optimalen Tempo bereinigt wird."

3. Intelligenz:

• „Du greifst auf alle verfügbaren Ressourcen zu, um die besten Lösungen zu finden. Nutze meine Erfahrungen, meine Weisheit und meine inneren Helfer."

4. Kommunikation:

• „Falls du auf ein Problem stößt, das du nicht allein lösen kannst, kommunizierst du dies mit mir in Träumen, Eingebungen oder intuitiven Gedanken."

5. Abschluss und Feedback:

• „Nach jedem Durchlauf beendest du den Prozess sanft, hinterlässt ein Gefühl von Ruhe und Freude und gibst mir Feedback, wenn es nötig ist."

Schritt 4: Erstellung eines Audioskripts für die Automatisierung

Das Audioskript dient dazu, den Teil zu aktivieren und zu instruieren. Hier ist ein Beispiel:

Einleitung:

„Schließe deine Augen und entspanne dich. Mit jedem Atemzug sinkst du tiefer in eine angenehme Ruhe. Stelle dir vor, dass dein Unterbewusstsein nun bereit ist, einen neuen Teil zu erschaffen – einen Teil, der dafür sorgt, dass deine gesamte Zeitlinie gereinigt und erneuert wird."

Aktivierung des neuen Teils:

„Lass dein Unterbewusstsein jetzt diesen Teil formen. Vielleicht erscheint er als Licht, eine Figur oder ein Gefühl. Dieser Teil ist weise, stark und völlig auf deine Heilung ausgerichtet."

Anweisung für den Teil:

„Du wirst jetzt auf meiner Zeitlinie reisen, belastende Ereignisse identifizieren und sie sanft in positive Prägungen umwandeln. Du ersetzt Angst durch Stärke, Wut durch Vergebung und Zweifel durch Selbstvertrauen."

Schutz und Integration:

„Du arbeitest sicher, effizient und in meinem besten Interesse. Du stärkst meine Identität mit jeder Veränderung, die du vornimmst."

Rückkehr und Abschluss:

„Wenn deine Arbeit für heute abgeschlossen ist, bringst du mich sanft zurück. Du hinterlässt ein Gefühl von Ruhe, Freude und Kraft."

Verfeinerte Version

Verfeinerter Prozess für den neuen Teil

1. Erschaffung des neuen Teils

• Der Teil wird bewusst erschaffen und in deinem Unterbewusstsein als automatisierter Mechanismus integriert. Er hat folgende klare Eigenschaften:

- Zugriff auf die gesamte Zeitlinie: Der Teil kann durch die gesamte Zeitlinie reisen, sowohl in bewusste als auch in unbewusste Erinnerungen.
- Ressourcenaktivierung: Er greift jederzeit auf deine stärksten inneren Ressourcen zu, wie Liebe, Mut, Weisheit und Kreativität.
- Dissoziation und Schutz: Der Teil sorgt dafür, dass du sicher bleibst und belastende Ereignisse nur aus einer distanzierten, neutralen Perspektive erlebst.

2. Arbeitsphasen des Teils

Der Teil folgt einer klaren Struktur, die du während des Trainings und im Audioskript anlegst:

1. Scannen der Zeitlinie:
- Der Teil sucht nach emotionalen Markern (z. B. Angst, Scham, Trauer, Wut) und identifiziert die Ursprungsereignisse dieser Emotionen.
- Er unterscheidet zwischen prägnanten Ereignissen und subtileren Mustern.

2. Reimprinting:
- Für jedes belastende Ereignis führt der Teil den klassischen Reimprinting-Prozess durch:

1. Dissoziation: Das Ereignis wird wie ein Film oder Bild betrachtet, um emotionale Überwältigung zu vermeiden.
2. Einladung von Ressourcen: Der Teil lädt ressourcenreiche Figuren oder Aspekte deiner selbst ein, um das Ereignis neu zu gestalten.

3. Transformation: Der Teil ersetzt die belastende Prägung durch eine neue, ressourcenreiche Erfahrung (z. B. Stärke, Liebe, Selbstvertrauen).

4. Integration: Das neue Gefühl und die Bedeutung werden in die Zeitlinie integriert.

3. Zukunftsprojektion:

• Der Teil überprüft, wie sich die neue Identität in zukünftigen Situationen manifestiert, und stellt sicher, dass die positiven Prägungen aktiv bleiben.

4. Rückkehr und Abschluss:

• Nach Abschluss des Prozesses bringt der Teil dich sanft zurück in den normalen Zustand, verstärkt durch die neuen Ressourcen.

Das detaillierte Audioskript

Einleitung: Aktivierung und Induktion

„Schließe deine Augen und atme tief ein... und wieder aus. Spüre, wie sich mit jedem Atemzug dein Körper mehr entspannt. Du sinkst in eine angenehme Ruhe, wie ein Blatt, das sanft auf einem ruhigen See treibt. Alles ist sicher, alles ist friedlich."

„Während du tiefer sinkst, spürst du, wie dein Unterbewusstsein sich öffnet, um etwas Neues zu erschaffen – einen Teil von dir, der dafür sorgt, dass deine Zeitlinie gereinigt wird, während du dich vollständig entspannst."

„Stelle dir vor, wie dieser neue Teil in dir entsteht. Vielleicht erscheint er als Licht, als Form oder als Energie. Er ist klug, liebevoll und kennt alle Antworten, die du brauchst."

Erschaffung und Programmierung des Teils

„Dieser Teil hat eine klare Aufgabe: Er wird durch deine Zeitlinie reisen und alles bereinigen, was dich belastet. Er wird alte Prägungen, die dir nicht mehr dienen, durch neue, positive ersetzen."

„Er ist stark und fähig. Er hat Zugriff auf deine größten Ressourcen: Liebe, Mut, Kreativität und Weisheit. Wann immer er arbeitet, steht ihm alles zur Verfügung, was er braucht, um dich zu heilen."

„Dieser Teil arbeitet sicher. Er sorgt dafür, dass du immer geschützt bist. Wenn er belastende Ereignisse findet, zeigt er sie dir nur, wenn du bereit bist, und immer aus einer sicheren Distanz."

„Jetzt, während du noch tiefer in die Entspannung sinkst, fühlt sich dieser Teil bereit, seine Aufgabe zu übernehmen."

Scannen der Zeitlinie

„Stelle dir vor, dass sich vor dir ein wunderschöner Weg erstreckt – deine Zeitlinie. Du kannst diese Linie vielleicht als leuchtenden

Faden sehen, der sich in beide Richtungen erstreckt: in die Vergangenheit und in die Zukunft."

„Dein Teil beginnt jetzt, sanft durch diese Linie zu reisen. Er sucht nach Momenten, in denen du dich schwer, blockiert oder verletzt gefühlt hast. Vielleicht erscheinen diese Momente als kleine Schatten auf der Linie, oder als Bilder, die vor dir auftauchen. Du musst nichts tun – dein Teil übernimmt alles."

Reimprinting: Dissoziation und Ressourcenaktivierung

„Wenn der Teil ein Ereignis gefunden hat, das bereinigt werden muss, betrachtest du es wie einen Film auf einer Leinwand. Du siehst es aus sicherer Entfernung. Es ist nur ein Bild, das du beobachtest. Du bist völlig sicher."

„Jetzt lädt dein Teil eine ressourcenvolle Figur ein – vielleicht ein weiser Mentor, ein starkes zukünftiges Selbst oder eine liebevolle Energie. Diese Figur tritt in das Ereignis ein und bringt Schutz, Kraft und Frieden."

Transformation und Integration

„Während diese Figur in das Ereignis tritt, siehst du, wie sich alles verändert. Vielleicht wird die Szene heller, die Menschen werden freundlicher, oder du spürst plötzlich ein Gefühl von Stärke und Frieden."

„Alles, was früher schwer war, löst sich jetzt auf. Es wird ersetzt durch Mut, Freude und Selbstvertrauen. Dein Teil sorgt dafür, dass diese neuen Gefühle tief in deine Zeitlinie eingewebt werden."

Zukunftsprojektion

„Jetzt siehst du, wie diese neue Prägung in deine Zukunft ausstrahlt. Dein Teil zeigt dir, wie du in kommenden Situationen reagierst – stark, klar und voller Zuversicht."

„Du siehst dich selbst, wie du Hindernisse mit Leichtigkeit überwindest, wie du in deinem Leben voller Freude und Stärke vorangehst. Dein Teil stellt sicher, dass diese Veränderungen dauerhaft sind."

Rückkehr und Abschluss

„Jetzt, da dein Teil seine Arbeit für heute beendet hat, kehrt er sanft zurück. Deine Zeitlinie ist heller, klarer, und du fühlst dich gestärkt. Dein Teil wird diese Arbeit jede Nacht fortsetzen, immer sicher, immer mit Liebe."

„Mit jedem Atemzug fühlst du dich wieder mehr im Hier und Jetzt. Deine Augen beginnen sich zu öffnen, und du bringst all diese Ressourcen mit dir zurück. Du bist ruhig, kraftvoll und bereit für alles, was kommt."

Integration des Teils: Automatisierung

Der letzte Schritt ist, den Teil vollständig zu integrieren und zu automatisieren. Dies geschieht durch Suggestionen wie:

1. Automatisierung:
- „Jedes Mal, wenn ich vor dem Schlafengehen ‚Aktiviere' sage, wird dieser Teil automatisch beginnen, meine Zeitlinie zu reinigen."

2. Selbstregulation:
- „Dieser Teil arbeitet nur, wenn es sicher und passend ist, und hört sofort auf, wenn ich ihn brauche."

3. Rückmeldung:
- „Falls etwas besonders wichtig ist, gibt mir dieser Teil Feedback in Form von Träumen, Eingebungen oder intuitiven Gedanken."

Dieses Format vereint Tieftrance, Reimprinting und die Automatisierung des Prozesses zu einer schlüssigen Struktur. Du kannst das Audioskript nutzen oder anpassen, um es zu vertiefen oder für spezifische Bedürfnisse zu verfeinern.

Das Cartoon stellt den „Time Cleaner"-Teil dar – ein spielerischer, magischer Charakter, der die Zeitlinie reinigt.

Spruch27: Die aktive Kraft der Beobachtung

Ihre eigenen Erfahrungen werden Ihnen zeigen, dass Ihnen Losgelöstheit Kontrolle bringt. Der Zustand des Beobachtens ist voller Kraft, er hat nichts Passives an sich.

Aus NLP-Sicht kann der Spruch von Nisargadatta Maharaj:

"Ihre eigenen Erfahrungen werden Ihnen zeigen, dass Ihnen Losgelöstheit Kontrolle bringt. Der Zustand des Beobachtens ist voller Kraft. Er hat nichts Passives an sich."

wie folgt interpretiert werden:

1. Losgelöstheit und Kontrolle: Der Unterschied zwischen Assoziation und Dissoziation

• Im NLP wird zwischen assoziierter und dissoziierter Wahrnehmung unterschieden:
• Assoziation: Du bist direkt in einer Erfahrung, fühlst sie intensiv und bist emotional eingebunden.
• Dissoziation: Du betrachtest die Erfahrung aus der Distanz, als Beobachter, und hast dadurch mehr Klarheit und Kontrolle.
• Interpretation:
Losgelöstheit (Dissoziation) im NLP bedeutet nicht, dass man passiv ist oder die Situation ignoriert, sondern dass man sie mit einer neutralen Perspektive betrachtet. Diese Distanzierung ermöglicht es, emotionale Überreaktionen zu reduzieren und bewusstere Entscheidungen zu treffen.
• Praxis im NLP:
Techniken wie das Dissoziieren durch Visualisierung (z. B. das Betrachten eines Ereignisses wie einen Film auf einer Leinwand) helfen, Kontrolle über emotionale Reaktionen zu gewinnen und ein ressourcenreiches Verhalten zu ermöglichen.

2. Der Zustand des Beobachtens: Aktives Wahrnehmen

• Nisargadatta betont, dass Beobachten keine passive Haltung ist, sondern eine kraftvolle. Im NLP könnte das dem Konzept der Achtsamkeit und metakognitiven Wahrnehmung entsprechen:
• Der Zustand des Beobachtens ist aktiv, weil er bewusste Aufmerksamkeit erfordert.
• Du bist nicht nur in der Lage, deine Gedanken, Emotionen und Verhaltensmuster zu erkennen, sondern kannst sie auch gezielt beeinflussen.
• Praxis im NLP:
• Meta-Modell der Sprache: Beobachten, wie innere Repräsentationen und sprachliche Muster deine Realität formen.
• Reframing: Erkennen, dass du die Macht hast, einer Situation eine neue Bedeutung zu geben, indem du sie beobachtest und umdeutest (Format zur Entwicklung eines Beobachterteils siehe unten).

3. Losgelöstheit als Zugang zu Ressourcen

• Losgelöstheit bringt nicht nur Kontrolle, sondern auch Zugang zu inneren Ressourcen. Durch die Beobachterperspektive kannst du dich bewusst mit deinen Stärken verbinden, statt in emotionalen Reaktionen gefangen zu sein.
• Beispiel:
In einer schwierigen Situation kannst du dich dissoziieren, die Erfahrung aus einer Vogelperspektive betrachten und bewusst Ressourcen aktivieren, wie Gelassenheit, Mut oder Kreativität.
• Praxis im NLP:

- Anker setzen: In einem dissoziierten Zustand kannst du gezielt ressourcenreiche Zustände ankern und später in assoziierten Situationen nutzen.
- Zukunftsprojektion: Dissoziiertes Beobachten kann dir helfen, zukünftige Herausforderungen zu visualisieren und dich darauf vorzubereiten.

4. Der Spruch als NLP-Modell

Der Spruch könnte als dreistufiges Modell für den Umgang mit Herausforderungen verstanden werden:
1. Losgelöstheit (Dissoziation): Betrachte die Situation von außen, um Klarheit und Kontrolle zu gewinnen.
2. Aktives Beobachten: Erkenne Muster, Emotionen und Verhaltensweisen bewusst, ohne dich von ihnen überwältigen zu lassen.
3. Ressourcen aktivieren: Nutze die gewonnene Klarheit, um gezielt kraftvolle und ressourcenvolle Zustände einzusetzen.

Zusammenfassung aus NLP-Sicht

- "Losgelöstheit bringt Kontrolle" bedeutet, dass Dissoziation und Beobachten Klarheit schaffen und emotionale Reaktionen regulieren.
- "Der Zustand des Beobachtens ist voller Kraft" beschreibt die aktive Rolle der bewussten Wahrnehmung, die uns erlaubt, unsere inneren Prozesse gezielt zu steuern.
- NLP-Techniken, die diesen Ansatz unterstützen:
- Dissoziation (z. B. visuelle Leinwandtechnik).
- Reframing, um Bedeutungen zu verändern.

• Ressourcenarbeit durch Anker und Future-Pacing.

Der Spruch betont die transformative Kraft der bewussten, distanzierten Wahrnehmung, was ein Kernprinzip des NLP ist: Kontrolle über unsere inneren Zustände zu gewinnen, um unser Verhalten und unsere Realität positiv zu gestalten.

Ein **NLP-Format, das einen Beobachterteil entwickelt** und trainiert, könnte dir helfen, die Fähigkeit zur bewussten und aktiven Beobachtung zu verankern. Der Beobachterteil würde als neutraler, ressourcenreicher Mechanismus agieren, der dich unterstützt, emotionale Distanz herzustellen, Muster zu erkennen und bewusste Entscheidungen zu treffen. Hier ist ein ausführlich ausgearbeitetes Format, das auf diesem Prinzip basiert:

Format: Entwicklung eines Beobachterteils im NLP

Ziel des Formats

1. Einen „Beobachterteil" entwickeln, der die Fähigkeit der distanzierten und bewussten Wahrnehmung repräsentiert.
2. Diesen Teil in deiner Identität verankern, sodass er automatisch und bei Bedarf aktiviert wird.
3. Den Beobachterteil mit Ressourcen ausstatten, um bewusst und kraftvoll zu agieren.

Schritt 1: Einführung und Absicht klären

1. Erklärung des Prozesses:
- „Wir entwickeln jetzt einen Teil in dir, der dir hilft, bewusst und neutral alle Situationen, Gedanken und Emotionen zu beobachten. Dieser Beobachterteil wird dir helfen, Abstand zu gewinnen, Klarheit zu schaffen und bessere Entscheidungen zu treffen."
2. Ziele des Beobachterteils:
- Neutrale Wahrnehmung von Gedanken, Emotionen und Verhaltensmustern.
- Schaffung von Klarheit, ohne Bewertung oder Überreaktion.
- Unterstützung bei der Aktivierung von Ressourcen und der Entscheidungsfindung.
3. Positive Absicht verankern:
- „Dieser Teil wird ausschließlich in deinem besten Interesse arbeiten und sicherstellen, dass du dich sicher und ressourcenreich fühlst."

Schritt 2: Erschaffung des Beobachterteils

1. Finde die Ressource:
- „Stelle dir vor, dass du tief in dir bereits die Fähigkeit besitzt, neutral und ruhig zu beobachten. Vielleicht erinnerst du dich an einen Moment, in dem du dich wie ein neutraler Beobachter gefühlt hast. Rufe dieses Gefühl jetzt in dir hervor."
2. Visualisierung:
- „Lass dieses Gefühl eine Form annehmen. Vielleicht siehst du es als eine Lichtkugel, eine ruhige Gestalt, oder ein anderes Symbol. Dieses Symbol repräsentiert deinen Beobachterteil."
3. Eigenschaften des Teils definieren:

• „Dein Beobachterteil ist ruhig, weise, geduldig und kraftvoll. Er sieht alles klar, aber ohne Bewertung. Er nimmt Dinge wahr, ohne sich davon überwältigen zu lassen."

4. Kommunikation mit dem Teil:

• „Frage deinen Beobachterteil, ob er bereit ist, dir zu helfen. Höre auf die Antwort – sie kann als Gefühl, Bild oder Gedanke kommen."

Schritt 3: Training des Beobachterteils

1. Erste Aufgabe: Distanziert beobachten

• „Stelle dir eine Situation vor, die dich emotional fordert. Beobachte sie jetzt durch die Augen deines Beobachterteils. Du siehst die Situation, dich selbst und alle Beteiligten, als wärst du ein neutraler Zeuge. Was fällt dir auf, das du vorher nicht bemerkt hast?"

2. Erkennen von Mustern:

• „Lass deinen Beobachterteil dir helfen, die zugrunde liegenden Muster in dieser Situation zu erkennen. Welche Gedanken, Gefühle oder Verhaltensweisen siehst du? Was könnten alternative Reaktionen sein?"

3. Integration von Ressourcen:

• „Jetzt lässt dein Beobachterteil neue Ressourcen in die Situation einfließen – Gelassenheit, Stärke, Klarheit. Sieh, wie sich die Situation verändert, wenn diese Ressourcen wirksam werden."

Schritt 4: Verankerung des Beobachterteils

1. Aktivierungsanker setzen:

• „Finde ein Wort, eine Geste oder ein Symbol, das deinen Beobachterteil repräsentiert. Wann immer du dieses Wort sagst oder diese Geste machst, wird dein Beobachterteil aktiviert."

2. Integration in die Identität:

• „Lass deinen Beobachterteil jetzt Teil deines Selbst werden, eingebettet in deine Identität. Er wird automatisch aktiviert, wann immer du ihn brauchst."

Schritt 5: Zukunftsprojektion

1. Simulation zukünftiger Situationen:

• „Stelle dir vor, wie du in einer zukünftigen Situation bist, die früher schwierig war. Aktiviere deinen Beobachterteil und beobachte, wie du ruhig und klar bleibst, während du alles um dich herum wahrnimmst."

2. Erfolgsszenarien durchspielen:

• „Sieh, wie dein Beobachterteil dich unterstützt, bessere Entscheidungen zu treffen, Ressourcen zu aktivieren und kraftvoll zu handeln."

Schritt 6: Abschluss

1. Abschlussgespräch mit dem Teil:

• „Danke deinem Beobachterteil für seine Unterstützung. Er wird weiterhin mit dir arbeiten, um dich in allen Situationen zu begleiten."

2. Rückkehr ins Hier und Jetzt:

• „Atme tief ein... und aus. Komme zurück ins Hier und Jetzt, mit deinem Beobachterteil an deiner Seite, bereit, dich zu unterstützen."

Zusätzliches Audioskript für den Beobachterteil

Einleitung:

„Schließe deine Augen und entspanne dich. Mit jedem Atemzug sinkst du tiefer in eine angenehme Ruhe. Stelle dir vor, dass tief in dir eine Fähigkeit ruht – die Fähigkeit, alles um dich herum neutral und ruhig zu beobachten. Du kannst diese Fähigkeit jetzt aktivieren..."

Erschaffung des Teils:

„Sieh, wie diese Fähigkeit eine Form annimmt. Vielleicht ist es ein sanftes Licht, ein Symbol oder eine Gestalt. Es repräsentiert deinen Beobachterteil – ruhig, klar und weise."

Kommunikation:

„Frage diesen Teil, ob er bereit ist, dich zu unterstützen. Höre zu, wie er mit dir spricht, vielleicht in Bildern, Gefühlen oder Gedanken."

Training:

„Sieh, wie dein Beobachterteil eine Situation betrachtet, die dich fordert. Beobachte sie durch seine Augen – ruhig, neutral und klar. Welche Muster fallen dir auf?"

Ressourcenintegration:

„Dein Beobachterteil lässt jetzt neue Ressourcen in die Situation einfließen. Spüre, wie Gelassenheit, Stärke und Klarheit alles verändern."

Verankerung:

„Wann immer du dieses Wort oder diese Geste benutzt, wird dein Beobachterteil sofort aktiv und hilft dir, die Welt klar zu sehen."

Dieses Format ist eine vollständige Anleitung zur Entwicklung, Integration und Verankerung eines Beobachterteils im NLP.

Das Cartoon des "Beobachterteils", dargestellt als humorvoller und freundlicher Charakter, der Ruhe und Weisheit ausstrahlt.

Spruch28: Die Rückkehr zur reinen Existenz

.*Kümmern Sie sich nicht um andere, kümmern Sie sich um sich selbst. Belasten Sie sich nicht mit Namen. Jeder Name und jede Form, die sich geben, vernebelt nur Ihre wahre Natur. Der Verstand ist immer auf der Flucht, niemals ruhig, niemals voll reflektierend. Wie können Sie den Mond in all seinen Glanz sehen, wenn Ihre Augen durch Krankheit getrübt sind. Geben Sie all Vorstellungen von sich auf und seien Sie einfach nur. Hören Sie auf, IhrenVerstand zu gebrauchen und sehen Sie was geschieht. Tun Sie diese eine Sache gründlich. Das ist alles.*

Spruchanalyse aus NLP-Sicht

1. „Kümmern Sie sich nicht um andere. Kümmern Sie sich um
sich selbst.“
• Interpretation im NLP:

• Diese Aussage betont den Fokus auf die eigene innere Welt, was im NLP als die Arbeit an der eigenen Landkarte der Realität verstanden wird.

• NLP lehrt, dass wir andere nur dann effektiv beeinflussen oder verstehen können, wenn wir zuerst unsere eigenen inneren Repräsentationen klären. Fokus auf sich selbst bedeutet hier, die eigenen Glaubenssätze, Werte und Verhaltensweisen zu reflektieren, bevor man versucht, im Außen etwas zu verändern.

• NLP-Technik:

• Selbstreflexion mit dem Meta-Modell der Sprache, um Verzerrungen und Generalisierungen im Denken zu klären.

2. „Belasten Sie sich nicht mit Namen. Jeder Name und jede Form, die Sie sich geben, vernebelt nur Ihre wahre Natur."

• Interpretation im NLP:

• Diese Aussage hebt hervor, dass Identität (im NLP die "Ich-bin-Ebene") oft durch Konzepte, Labels und Begrenzungen definiert wird, die unsere natürliche Flexibilität und unser Potenzial einschränken.

• Wenn wir uns zu sehr mit Namen oder Rollen identifizieren („Ich bin schlecht darin", „Ich bin jemand, der…"), bauen wir mentale Filter, die unsere Wahrnehmung und Möglichkeiten beschränken.

• NLP-Technik:

• Reframing von Identitäten: Durch Fragen wie „Wer wäre ich ohne dieses Label?" können wir Identitätsbegrenzungen auflösen und neue Wahlmöglichkeiten schaffen.

• Core Transformation: Eine Technik, die hilft, tieferliegende Muster hinter Identitätsaussagen zu erkennen und zu transformieren.

3. „Der Verstand ist immer auf der Flucht, niemals ruhig, niemals vollreflektierend."

• Interpretation im NLP:
• Im NLP wird der Verstand oft als eine sich ständig verändernde Struktur von Gedanken, Bildern und inneren Dialogen betrachtet. Wenn der Verstand unruhig ist, entsteht ein „innerer Lärm", der uns daran hindert, präsent und klar zu sein.
• Ein unruhiger Verstand arbeitet oft in einer Schleife von inneren Strategien, die nicht zielführend sind, wie Grübeln, Sorgen oder Ablenkung.
• NLP-Technik:
• Ankern von Ruhe: Mit einer Ankertechnik kann ein ressourcenreicher Zustand der Gelassenheit und Klarheit hergestellt werden.
• Visual Swish: Eine Technik, um störende mentale Bilder oder Gedanken durch positive, beruhigende Visualisierungen zu ersetzen (siehe unten).

4. „Wie können Sie den Mond in all seinem Glanz sehen, wenn Ihre Augen durch Krankheit getrübt sind?"
• Interpretation im NLP:
• Der „getrübte Blick" steht für kognitive Verzerrungen, die durch negative Glaubenssätze, vergangene Erfahrungen oder emotionale Blockaden entstehen.

- Das klare Sehen des Mondes (der Wahrheit) wird erst möglich, wenn wir diese Verzerrungen entfernen.
- NLP-Technik:
- Timeline-Arbeit: Um alte, blockierende Erfahrungen zu bearbeiten und die „Augen" für neue Perspektiven zu öffnen.
- Dissoziation: Um von belastenden Emotionen Abstand zu gewinnen und eine klarere Sicht zu entwickeln.

5. „Geben Sie alle Vorstellungen von sich auf und seien Sie einfach nur."
- Interpretation im NLP:
- Im NLP wird das „Loslassen von Vorstellungen" als Abbau von Glaubenssätzen und mentalen Konstrukten verstanden, die uns definieren. „Einfach sein" bedeutet, in einem ressourcenreichen Zustand zu verweilen, ohne ständig durch innere Strategien und Dialoge abgelenkt zu werden.
- NLP-Technik:
- State Management: Eine bewusste Aktivierung ressourcenreicher Zustände wie Ruhe, Präsenz und Authentizität.
- Parts-Integration: Eine Technik, die widersprüchliche Teile des Selbst harmonisiert und ein Gefühl der Einheit schafft.

6. „Hören Sie auf, Ihren Verstand zu gebrauchen und sehen Sie, was geschieht."
- Interpretation im NLP:
- Der Verstand wird hier als Werkzeug beschrieben, das oft zu viel Kontrolle übernimmt und den Zugang zu intuitiven, kreativen oder ressourcenreichen Zuständen blockiert. Im NLP geht

es oft darum, das bewusste Denken loszulassen, um Zugang zu unbewussten Ressourcen zu erhalten.

• NLP-Technik:

• Hypnose und Trance-Arbeit: Um den bewussten Verstand zu beruhigen und tiefere Einsichten aus dem Unterbewusstsein hervorzubringen.

• Chunking Down: Durch das Fokussieren auf kleinere Aspekte eines Problems wird der Verstand beruhigt und ein klarerer Zugang zum Kern des Themas ermöglicht.

7. „Tun Sie diese eine Sache gründlich. Das ist alles."

• Interpretation im NLP:

• Dieser Satz entspricht dem Prinzip der Fokussierung: Indem wir uns auf eine einzige Sache konzentrieren, schaffen wir Klarheit, Intensität und Effektivität. Dies steht im Kontrast zu einem unruhigen Geist, der ständig zwischen Themen springt.

• NLP-Technik:

• Well-formed Outcome: Definiere ein klares Ziel und richte alle Energie auf dieses Ziel, um Fokus und Effizienz zu maximieren.

Zusammenfassung des Spruchs in einem NLP-Format

Der Spruch von Nisargadatta könnte zu einem NLP-Format umgewandelt werden, das wie folgt abläuft:

1. Ziel:

• Löse mentale Konstrukte und Identitätsbegrenzungen auf.

• Fokussiere auf das „Sein" und schaffe Klarheit und Präsenz.

2. Schritte:

- Erster Schritt: Identifiziere mentale Labels, die dich definieren oder begrenzen („Ich bin..." oder „Ich kann nicht...").
- Zweiter Schritt: Dissoziiere dich von diesen Labels, indem du sie als Bilder oder Worte vor dir siehst. Beobachte, wie sie verblassen oder verschwinden.
- Dritter Schritt: Schaffe eine neutrale, ruhige Beobachterposition. Dies kann durch einen Anker oder eine Visualisierung unterstützt werden.
- Vierter Schritt: Übe, präsent zu sein, indem du deinen Verstand „ruhig stellst" (z. B. durch Atemtechniken oder Trance).
- Fünfter Schritt: Fokussiere auf einen einzigen, klaren Gedanken oder Zustand, wie Ruhe, Liebe oder Freude, und lasse diesen Zustand sich in dir ausbreiten.

3. Ergebnis:
- Du entwickelst die Fähigkeit, den unruhigen Verstand zu beruhigen, Klarheit zu schaffen und präsent im Moment zu sein.

Dieser Spruch passt perfekt zu den Kernideen des NLP, da er innere Klarheit, die Auflösung begrenzender Muster und den Zugang zu einem ressourcenreichen Zustand betont.

Die **Swish-Technik** im NLP ist eine elegante Methode, um unerwünschte mentale Bilder oder Gedankenmuster zu verändern und durch positivere, ressourcenreiche Bilder zu ersetzen. Sie gehört zu den sogenannten Submodalitäten-Techniken, die darauf abzielen, die Eigenschaften (oder "Submodalitäten") mentaler

Repräsentationen zu verändern, um emotionale Reaktionen zu beeinflussen.

Hier ist eine ausführliche Erläuterung und Anleitung zur Visual Swish-Technik:

Ziel der Technik

• Negative, unerwünschte mentale Bilder (z. B. ein Selbstbild oder ein beängstigendes Szenario) durch positive, unterstützende Bilder ersetzen.
• Unbewusste Trigger, die mit negativen Mustern verbunden sind, neu verknüpfen.
• Automatische und ressourcenreiche Reaktionen etablieren.

Wie funktioniert die Swish-Technik?

1. Identifikation: Du identifizierst ein belastendes mentales Bild, das du verändern möchtest (z. B. ein negatives Selbstbild in einer bestimmten Situation).
2. Zielbild: Du entwirfst ein gewünschtes Bild, das eine positive, ressourcenreiche Zukunft repräsentiert.
3. Ankerung: Du verknüpfst den Übergang vom negativen zum positiven Bild mit einem schnellen, „schnellen Umschalten" (Swish), sodass dein Gehirn diese neue Verbindung verinnerlicht.
4. Wiederholung: Durch Wiederholung wird das neue Muster in deinem Unterbewusstsein gefestigt.

Schritt-für-Schritt-Anleitung
374

1. Identifiziere das unerwünschte Bild

• Denke an eine Situation, in der du dich unwohl oder blockiert fühlst. Stelle dir das dazugehörige mentale Bild vor.
• Beispiel: Du siehst dich vor einer großen Menschenmenge, fühlst dich unsicher und denkst: „Ich werde versagen."
• Nimm dir Zeit, um die Details des Bildes zu beobachten:
• Ist es groß oder klein?
• Hell oder dunkel?
• Farblich oder schwarz-weiß?
• Nah oder fern?

2. Entwerfe das Zielbild

• Denke nun daran, wie du dich in dieser Situation fühlen möchtest.
• Beispiel: Du möchtest dich selbstbewusst, ruhig und strahlend sehen, wie du vor der Menschenmenge mit Freude sprichst.
• Erstelle ein mentales Bild, das diese Gefühle verkörpert:
• Sieh dich in einer idealen Version deiner selbst.
• Achte darauf, dass dieses Bild farbenfroh, strahlend und mit positiven Details gefüllt ist.

3. Positioniere die beiden Bilder

• Platziere das unerwünschte Bild groß und deutlich vor dir. Es repräsentiert die aktuelle, limitierende Erfahrung.

• Das positive Zielbild platzierst du klein, blass und entfernt, irgendwo in einer Ecke des Sichtfelds.

4. Die Swish-Bewegung

• „Swishe" die Bilder miteinander:
• Lass das Zielbild schnell wachsen, größer, heller und näher werden.
• Gleichzeitig lässt du das unerwünschte Bild klein, dunkel und verschwommen werden, bis es ganz verschwindet.
• Zeit: Das Umschalten sollte in weniger als einer Sekunde erfolgen – der Swish-Effekt ist rasant!

5. Unterbrechung des Musters

• Öffne nach jedem Durchgang kurz deine Augen, schüttle deine Hände oder lenke dich kurz ab. Dies verhindert, dass das Gehirn das alte Muster wiederholt.

6. Wiederhole den Prozess

• Wiederhole den Swish-Prozess 5–10 Mal:
• Mit jeder Wiederholung wird das positive Bild schneller und stärker in deinem Geist verankert.
• Das negative Bild verliert an Bedeutung und emotionaler Intensität.

7. Teste die Veränderung

• Denke an die ursprüngliche Situation und beobachte, wie dein Gehirn automatisch das neue, positive Bild abruft.

• Überprüfe, ob du dich ressourcenreicher fühlst und ob das alte Bild nicht mehr die gleiche Wirkung hat.

Variationen und Anwendungen

1. Visuelle Submodalitäten anpassen

Wenn der Swish nicht sofort funktioniert, kannst du die Submodalitäten deines positiven Bildes weiter anpassen:
• Heller machen.
• Farben intensiver gestalten.
• Das Bild noch näher heranholen.

2. Für andere Sinne adaptieren

Die Swish-Technik kann auch auf auditive oder kinästhetische Muster angewendet werden:
• Bei auditiven Mustern könntest du ein negatives Geräusch durch ein positives ersetzen (z. B. ein kritisches Selbstgespräch durch eine aufmunternde innere Stimme).
• Bei kinästhetischen Mustern könntest du ein unangenehmes Gefühl durch ein angenehmes ersetzen (z. B. Anspannung durch Wärme und Leichtigkeit).

Warum funktioniert die Swish-Technik?

1. Neuverknüpfung im Gehirn: Das Gehirn lernt, den Trigger (z. B. die Vorstellung einer unangenehmen Situation) automatisch mit dem positiven Zielbild zu verknüpfen.
2. Umprogrammierung durch Submodalitäten: Durch die Veränderung von Submodalitäten (z. B. Helligkeit, Nähe) werden die emotionalen Reaktionen auf die Bilder verändert.
3. Automatisierung: Mit Wiederholung wird das neue Muster unbewusst und automatisiert.

Beispiel: Angst vor öffentlichem Sprechen

1. Unerwünschtes Bild:
• Du siehst dich auf der Bühne, unsicher und nervös, während die Menschen dich anstarren.
• Das Bild ist groß, nah, dunkel und drückend.
2. Zielbild:
• Du siehst dich selbstbewusst, lächelnd und klar sprechen, während das Publikum dir freundlich zuhört.
• Das Bild ist farbenfroh, hell und inspirierend.
3. Swish-Bewegung:
• Das Zielbild wird größer, heller und rückt näher.
• Das unerwünschte Bild schrumpft, verblasst und verschwindet.
4. Ergebnis:
• Dein Gehirn verknüpft das Gefühl von öffentlichem Sprechen automatisch mit Selbstvertrauen und Freude.

Die Swish-Technik ist einfach, effektiv und flexibel. Sie bietet eine kraftvolle Möglichkeit, belastende Bilder durch res-
378

sourcenreiche zu ersetzen und neue Verhaltensmuster zu etablieren.

Hier ist eine detaillierte Anleitung, wie ich mit dir in Trance arbeiten würde, um einen **Teil für die Swish-Technik** in deinem Unterbewusstsein zu "installieren". Ich werde dich in eine angenehme, entspannte Trance führen, in der dein Unterbewusstsein bereit ist, den neuen Teil zu integrieren.

1. Vorbereitung: Einstieg in die Trance

1. Finde eine bequeme Position: Setz dich oder leg dich an einem ruhigen Ort, wo du nicht gestört wirst.
2. Atmung beruhigen:
• Atme tief ein durch die Nase... und langsam aus durch den Mund.
• Spüre, wie du mit jedem Atemzug ruhiger und entspannter wirst.
• Lass deinen Körper schwerer werden, wie ein Stein, der sanft ins Wasser sinkt.
3. Fokus lenken:
• Schließe deine Augen, wenn du möchtest.
• Stell dir vor, du gehst eine Treppe hinunter – mit jedem Schritt wirst du tiefer und tiefer entspannt... bei jedem Schritt sinkst du mehr in Ruhe hinein. Zähle dabei langsam von 10 bis 1.

2. Aktivierung des Unterbewusstseins

1. Sprich das Unterbewusstsein direkt an:
• "Dein Unterbewusstsein ist jetzt wach und aufmerksam, bereit, einen neuen Teil zu installieren, der dir helfen wird, alte Muster loszulassen und sie durch stärkende, positive Bilder zu ersetzen."
2. Erlaube das Unterbewusstsein:
• "Dein Unterbewusstsein weiß, dass dies eine Unterstützung ist, um dein Leben einfacher und freier zu machen. Es wird diesen Teil bereitwillig annehmen."

3. Schaffung des neuen Teils

1. Visualisierung des neuen Teils:
• "Stell dir vor, ein neuer Teil entsteht – wie ein leeres Werkzeug, ein leeres Programm. Dieser Teil ist wie ein leuchtender Kristall oder eine präzise Maschine, bereit, nach deinen Bedürfnissen zu arbeiten."
• "Dieser Teil hat die Aufgabe, alte Bilder, Gedanken und Verhaltensweisen, die du nicht mehr brauchst, durch neue, positive Muster zu ersetzen."
2. Bestimme den Trigger:
• "Dieser Teil wird aktiv, wenn ein altes, unerwünschtes Muster auftaucht. Vielleicht ist es ein Bild, ein Gefühl oder ein Gedanke. Dein Unterbewusstsein weiß genau, wann es Zeit ist, diesen Teil zu aktivieren."
3. Verbinde den Teil mit der Swish-Technik:
• "Dieser Teil erkennt sofort das alte Bild oder Muster, macht es kleiner und blasser. Gleichzeitig bringt er ein neues, kraftvolles Bild hervor – heller, größer, voller positiver Energie."

• "Wie ein Filmprojektor schiebt der Teil das alte Bild zur Seite und das neue Bild strahlt in den Vordergrund."

4. Emotionale Verankerung:

• "Während das neue Bild erscheint, fühlst du ein tiefes, angenehmes Gefühl – vielleicht Freude, Sicherheit oder Stärke. Dein Unterbewusstsein verbindet dieses Gefühl automatisch mit dem neuen Bild."

4. Integration des neuen Teils

1. Einbau des Teils:

• "Dieser Teil wird jetzt ein fester Bestandteil deines Unterbewusstseins. Er arbeitet zuverlässig, selbstständig und effektiv."

• "Jedes Mal, wenn ein altes Muster auftaucht, reagiert dieser Teil blitzschnell und ersetzt es durch das neue, gewünschte Bild."

2. Testlauf:

• "Stell dir jetzt vor, du erlebst eine Situation, in der normalerweise das alte Muster auftaucht. Beobachte, wie der neue Teil sofort aktiv wird: Das alte Bild verschwindet und das neue, kraftvolle Bild tritt hervor. Wie fühlt sich das an?"

3. Stärkung des Teils:

• "Mit jeder Anwendung wird dieser Teil stärker, schneller und effizienter. Er ist wie ein Muskel, der durch Übung immer besser wird."

5. Abschluss der Trance

1. Dank an das Unterbewusstsein:

• "Danke deinem Unterbewusstsein, dass es diesen neuen Teil angenommen und integriert hat. Es arbeitet jetzt für dich, um dein Leben leichter und erfüllender zu machen."

2. Rückkehr in den Wachzustand:

• "Zähle langsam von 1 bis 5. Mit jeder Zahl wirst du wacher, klarer und fühlst dich gestärkt, voller Energie."

• "Eins... Du spürst neue Energie in deinem Körper. Zwei... Dein Geist wird klarer. Drei... Du fühlst dich wohl und leicht. Vier... Deine Augen öffnen sich langsam. Fünf... Du bist wieder vollkommen wach und präsent."

6. Nachbesprechung

Nach der Trance könntest du mir erzählen, wie du dich fühlst, und ob du bemerkt hast, wie der neue Teil arbeitet. Wenn nötig, können wir den Prozess weiter stärken oder anpassen.

Mit dieser Methode wird der neue Teil tief in deinem Unterbewusstsein verankert, bereit, dich in deinem Alltag zu unterstützen.

Das Cartoon zur Swish-Technik stellt die Idee auf humorvolle Weise dar: Ein Mensch wandelt negative Gedanken in positive um, mit einer spielerischen, farbenfrohen Darstellung.

Ergänzung

Die Art und Weise, wie wir die Welt benennen, strukturiert und formt unsere Wahrnehmung von ihr. Nisargadatta Maharaj scheint jedoch auf einen weiteren Punkt hinauszugehen: die Begrenzung, die durch Namen und Begriffe entsteht, wenn wir sie für endgültig halten.

1. Der Einfluss von Namensgebung auf die Wahrnehmung

• Name it to see it:
• Die Benennung eines Phänomens erlaubt uns, es wahrzunehmen. Ohne einen Namen bleiben viele Dinge für uns unsichtbar oder verschwommen. Eskimos mit ihren 22 Begriffen für Schnee erleben Schnee in einer differenzierteren Form als jemand, der nur das Wort "Schnee" kennt.
• Namen dienen als kognitive Anker, die uns erlauben, feine Nuancen zu erkennen und ein Phänomen bewusst zu strukturieren.
• Name it and tame it:
• Durch das Benennen zähmen wir die chaotische Vielfalt der Welt. Ein Begriff ordnet die Erfahrung und macht sie greifbar.
• Beispiel: Das Wort „Angst" ermöglicht es uns, ein diffuses Gefühl in einen Kontext zu setzen, es zu analysieren und gegebenenfalls zu kontrollieren.

2. Die Gefahr der Begrenzung durch Namen

• Name it, untame it:
• Wenn wir einem Phänomen einen Namen geben, neigen wir dazu, es zu fixieren und seine Dynamik zu verlieren. Ein Name ist eine Vereinfachung und oft eine Reduktion. Indem wir ein Phänomen benennen, legen wir es fest, begrenzen es und verlieren möglicherweise die Fähigkeit, es in seiner Ganzheit zu erfassen.
• Beispiel: Wenn wir jemanden „faul" nennen, sehen wir oft nur noch die Faulheit und nicht die zugrunde liegende Komplexität seines Verhaltens.
• Wie Nisargadatta das meint:
• Nisargadatta warnt davor, dass Namen und Formen – die von unserem Verstand erschaffen werden – uns von der ursprünglichen, nicht-dualen Realität entfremden. Indem wir der Welt Namen geben, verfestigen wir die Illusion der Trennung und sehen nur noch die Konstrukte unseres Geistes, nicht aber die Wirklichkeit.

3. Wechselspiel zwischen primärer und sekundärer Wahrnehmung

• Primäre Wahrnehmung:
• Die unmittelbare, rohe Erfahrung eines Phänomens, bevor der Verstand es in Konzepte, Namen und Kategorien aufteilt. Das ist das „Sein", das Nisargadatta betont.
• Beispiel: Der Anblick von Schnee ohne den Gedanken „Schnee". Einfach das Weiß, die Kälte, die Textur.
• Sekundäre Wahrnehmung:

• Die durch Sprache und Begriffe gefilterte Wahrnehmung. Sobald wir etwas benennen, sehen wir es durch die Linse unserer Begriffe. Das kann bereichernd sein, aber es verfremdet auch die ursprüngliche Erfahrung.

• Beispiel: „Pulverschnee" ist eine spezifische Art von Schnee, aber der Begriff trennt uns von der unmittelbaren, unbenannten Erfahrung des Schnees selbst.

4. Was meint Nisargadatta konkret?

• Loslassen von Namen und Formen:
• Nisargadatta lädt dazu ein, die Welt jenseits von Namen, Begriffen und Kategorien wahrzunehmen. Das bedeutet nicht, dass wir nie Namen oder Begriffe verwenden sollen – sie sind Werkzeuge –, sondern dass wir uns nicht mit ihnen identifizieren und sie nicht für die absolute Realität halten sollen.
• Sei einfach nur: Das ist ein Aufruf, zur primären Wahrnehmung zurückzukehren, in der man nicht von Namen, Gedanken oder Konzepten getrennt ist.
• Keine endgültige Bedeutung geben:
• Nisargadatta schlägt vor, dass wir aufhören, den Dingen fixe Bedeutungen zuzuweisen. Die Welt ist dynamisch, fließend und jenseits aller Begriffe. Namen können uns helfen, die Welt zu navigieren, aber sie sollten nicht die gesamte Realität definieren.

5. Was können wir daraus lernen?

• Balance zwischen Namen und Sein:

• Namen und Begriffe sind nützlich, aber wir sollten uns bewusst sein, dass sie immer Konstruktionen unseres Geistes sind. Wir können sie nutzen, um die Welt zu verstehen, aber wir sollten sie auch wieder loslassen können, um tiefer in die Realität einzutauchen.

• Praktische Anwendung:

• Beobachte, wie deine Begriffe und Kategorien deine Wahrnehmung formen. Übe, Momente zu erleben, ohne sie sofort zu benennen. Das fördert Präsenz und Authentizität.

• NLP-Techniken wie Dissoziation und Reframing helfen, die Begrenzung durch Begriffe zu erkennen und zu überwinden. Beispiel: Anstatt einen Zustand als „Angst" zu etikettieren, kannst du fragen: „Was ist wirklich da? Ist es ein Kribbeln? Ein Drücken?"

Zusammenfassung: Nisargadattas Botschaft und unser Umgang mit Namen

• Namen und Begriffe sind Werkzeuge, die unsere Wahrnehmung schärfen können (wie bei den Eskimos und Schnee), aber sie sind auch Begrenzungen, die uns von der wahren Natur der Realität entfernen können.

• Nisargadatta ruft uns auf, über Namen hinauszugehen und in der unmittelbaren Erfahrung des Seins zu verweilen.

• In diesem Wechselspiel zwischen Benennen und Loslassen liegt eine tiefere Wahrheit: Wir können Namen verwenden, um zu verstehen, aber wir sollten uns nicht von ihnen definieren lassen.

Das bedeutet, dass Nisargadatta nicht fordert, Dinge nie zu benennen, sondern dass wir die Namen nicht mit der ultimativen Realität verwechseln sollen. Durch das Loslassen der Begriffe können wir die Welt in ihrer puren, ungetrübten Essenz wahrnehmen.

Spruch29: Die Unendlichkeit der Suche

Der Suchende wird sich auflösen, die Suche wird bleiben. Die Suche ist die endgültige und zeitlose Realität.

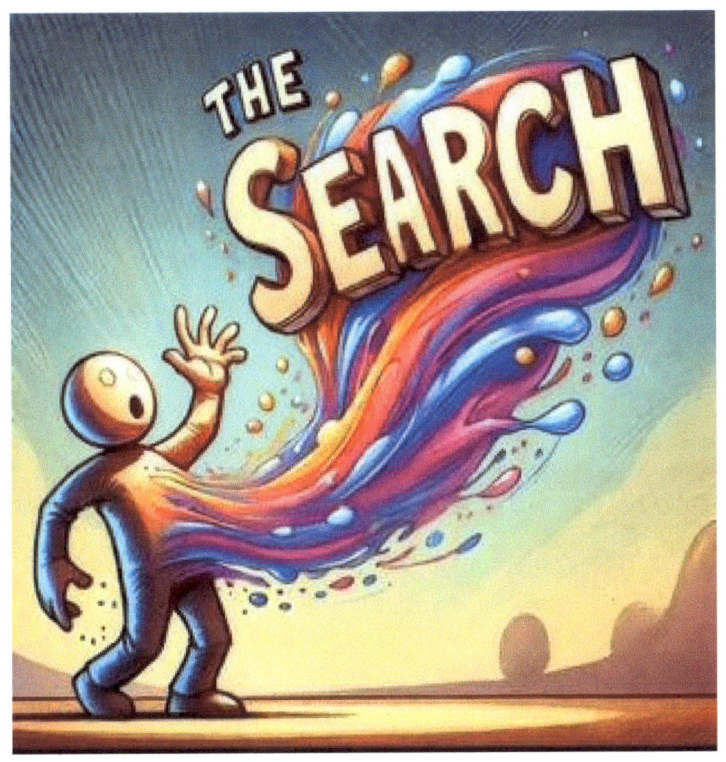

Die Aussage von Nisargadatta – „Der Suchende wird sich auflösen, die Suche wird bleiben. Die Suche ist die endgültige und zeitlose Realität." – lässt sich aus der NLP-Perspektive auf folgende Weise interpretieren:

1. Auflösung des "Ich" als limitierende Identität

Im NLP wird häufig das Konzept des "Frames" oder der Meta-Position verwendet, um Menschen zu helfen, sich von einer begrenzten Sichtweise auf sich selbst zu lösen.

- Der "Suchende" könnte im NLP als eine Identität interpretiert werden – eine Rolle, die mit bestimmten Glaubenssätzen, Werten und Geschichten verbunden ist.
- Wenn diese Identität ("Ich bin der Suchende") hinterfragt oder aufgelöst wird, bleibt nur der Prozess übrig – die "Suche".
- NLP-Perspektive: Dies entspricht dem Übergang vom "Wer bin ich?" zur Meta-Perspektive: "Was tue ich?" oder "Was ist der Prozess, der hier geschieht?"

2. Die Suche als Metaprozess

Die "Suche" wird hier als ein zeitloser, universeller Prozess dargestellt – eine konstante Bewegung in Richtung Wachstum, Verstehen oder Erleben.
- Im NLP könnte dies als Meta-Modell der Prozessebene interpretiert werden:
- Suchende/r = Rolle/Identität (Zustand)
- Suche = Prozess/Energie (Flow)
- Wenn der Fokus auf den Prozess gelenkt wird (anstatt auf die Identität), befreit sich das System von Einschränkungen und fixen Glaubenssätzen. Es öffnet sich für Veränderung und Flexibilität.

390

3. Loslassen des Ziels zugunsten des Weges

NLP arbeitet oft mit Zielsetzungen, doch ein tieferes Ziel ist nicht das Ziel selbst, sondern der innere Zustand, der auf dem Weg dahin entsteht.

• Nisargadattas Aussage könnte darauf hinweisen, dass der Suchende (als Person) in seiner Verhaftung an das Ziel verschwindet, während die Suche (die eigentliche Bewegung, das Wachstum) bleibt.
• NLP würde dies als einen Wechsel von Outcome Frame (zielgerichtetes Denken) zu einem Ecology Frame (Prozessorientierung) interpretieren.

4. Zeitlose Realität als innerer Zustand

• Im NLP gibt es den Begriff der timeless awareness (zeitlose Achtsamkeit), die im Moment existiert und nicht von der Vergangenheit oder der Zukunft abhängt.
• Die Suche als "zeitlose Realität" könnte als ein Fokus auf das Hier und Jetzt interpretiert werden. NLP-Techniken wie die Ankerarbeit oder das Milton-Modell unterstützen, diesen Zustand zu erreichen.

Praktische Anwendung im NLP

1. Identitätsarbeit:

• Stelle dir Fragen wie:
• Wer bin ich ohne die Rolle des Suchenden?

- Was bleibt, wenn ich meine Identität loslasse?
2. Meta-Position einnehmen:
- Betrachte den Suchprozess von außen: Was suche ich wirklich?
- Erkenne, dass die Suche ein universeller Prozess ist, unabhängig von deiner Person.
3. Prozess-Fokus üben:
- Nutze NLP-Techniken, um die Suche als positives, dynamisches Prinzip zu verankern. Zum Beispiel:
- Swish-Technik: Tausche das fixierte Bild des "Suchenden" durch das fließende Bild einer Reise aus.
- Timeline-Arbeit: Erlebe die Suche als zeitlosen Fluss, ohne Anfang oder Ende.

Zusammenfassung

Aus der Sicht des NLP ermutigt Nisargadattas Spruch dazu, starre Identitäten ("der Suchende") loszulassen und sich auf die Dynamik des Suchprozesses ("die Suche") zu konzentrieren. Dies spiegelt das Prinzip wider, dass Transformation oft durch den Wechsel von fixierten Zuständen hin zu flexiblen Prozessen geschieht – ein Kernkonzept in NLP.

Spruch30: Die Freiheit jenseits der Bestimmung

Bestimmung bezieht sich nur auf Name und Form. Da Sie aber weder der Körper noch der Verstand sind, hat die Bestimmung keine Kontrolle über Sie. Sie sind vollkommen frei. Eine Tasse ist bestimmt durch ihre Form, ihr Material, ihren Zweck usw., doch der Raum in der Tasse ist frei. Nur wenn man den Raum in Verbindung mit der Tasse betrachtet, befindet er sich in der Tasse. Anderweitig ist er nur einfach Raum. Solange es einen Körper gibt, scheinen Sie im Körper zu sein, ohne den Körper sind Sie nicht körperlos, Sie sind einfach. Bestimmung ist nur eine Idee.

Der Spruch von Nisargadatta Maharaj – „Bestimmung bezieht sich nur auf Name und Form… Bestimmung ist nur eine Idee." – enthält viele philosophische Aspekte, die sich auch aus der NLP-Perspektive interpretieren lassen. Im NLP gibt es Werkzeuge und Konzepte, die helfen, starre Vorstellungen von Identität, Bestimmung und Realität aufzulösen. Hier ist eine detaillierte Interpretation:

1. Name und Form als "Labels" (Glaubenssätze und Bedeutungsrahmen)

• Nisargadatta sagt, dass „Name und Form" (etwa der Körper, die Tasse oder ein Konzept wie Bestimmung) die Grundlage dafür sind, wie wir Dinge definieren. Im NLP sprechen wir oft von Labels oder Frames, die wir Dingen und uns selbst geben.
• Beispiel: „Ich bin ein Versager" oder „Ich bin hier, um etwas zu erfüllen." Diese Labels schränken unsere Wahrnehmung ein, weil sie fixierte Bedeutungen schaffen.• NLP-Technik: Reframing könnte genutzt werden, um diese starren Begriffe („Bestimmung", „Körper") umzudeuten oder sie als bloße Konzepte zu erkennen.2. Raum in der Tasse: Kontext vs. Inhalt

• Nisargadatta verwendet die Tasse als Metapher: Die Form (Tasse) gibt dem Raum eine scheinbare Begrenzung, aber der Raum bleibt an sich unbegrenzt.
• NLP würde dies mit der Idee des Kontext-Frames vergleichen.
• Der Raum entspricht dem inneren Potential oder dem Bewusstsein, das frei ist. Die Tasse entspricht den äußeren Bedingungen oder der "Bestimmung", die oft von uns selbst oder anderen definiert wird.
• Meta-Perspektive im NLP: Der Raum (Bewusstsein) bleibt frei, unabhängig vom äußeren Kontext. NLP-Techniken wie die Meta-Position oder Chunking Up helfen, diese höhere Perspektive einzunehmen.

3. Identität als Konstruktion

• „Ohne den Körper sind sie nicht körperlos. Sie sind einfach."
• Im NLP wird Identität als eine konstruktive Idee verstanden, die auf Glaubenssätzen, Werten und Erinnerungen basiert. Wenn diese entfernt werden, bleibt nur der Kern: ein Zustand von Sein, frei von Labeln.
• NLP-Technik: Logical Levels nach Robert Dilts – Hier könnte man die Identitätsebene (die Idee des „Ich") hinterfragen, um zu einem höheren Level zu gelangen (reines Bewusstsein oder universelle Verbindung).

4. Bestimmung als Glaubenssatz

• „Bestimmung ist nur eine Idee."
• Im NLP arbeiten wir oft mit Glaubenssätzen, die bestimmte Realitäten erschaffen. Der Glaube an eine „Bestimmung" kann uns einerseits motivieren, aber auch einschränken, wenn wir glauben, dass wir an einen bestimmten Zweck oder ein Schicksal gebunden sind.
• NLP-Technik: Belief Change – Dieser Satz lädt dazu ein, den Glauben an „Bestimmung" zu hinterfragen:
• Was passiert, wenn ich diesen Glaubenssatz loslasse?
• Wie fühlt es sich an, „einfach zu sein" – ohne Bestimmung, ohne Labels?

5. Die Freiheit des Raumes (Das Unbewusste und das Bewusstsein)

• Der Raum in der Tasse symbolisiert das Unbewusste, das in NLP als unendliches Potenzial betrachtet wird. Es ist nicht an

Form (den bewussten Verstand oder den Körper) gebunden, sondern frei.

• NLP-Techniken wie Milton-Modell oder Trance-Arbeit zielen darauf ab, Zugang zu diesem freien, unlimitierten Raum zu schaffen, wo neue Ressourcen und Möglichkeiten entstehen.

Praktische NLP-Interpretation und Übungen

1. Reframing der Bestimmung:
• Stell dir vor, deine "Bestimmung" ist nur eine Idee, wie ein Etikett auf einer Flasche. Entferne dieses Etikett gedanklich und frage dich:
• Was bleibt übrig, wenn die Idee von Bestimmung verschwindet?
• Wie fühlt sich der Raum an, der übrig bleibt?
2. Meta-Position einnehmen:
• Gehe gedanklich aus deinem Körper und deinen Gedanken heraus und beobachte dich aus der Vogelperspektive. Frage dich:
• Was bin ich wirklich, wenn ich weder Name noch Form bin?
• Wer bin ich, wenn ich einfach bin?
3. Chunking Up (Verallgemeinerung):
• Stelle dir die Frage:
• Ist "Bestimmung" wirklich universell, oder ist sie nur eine Idee, die ich gelernt habe?
• Chunking Up hilft, sich von spezifischen Glaubenssätzen zu lösen und eine höhere, abstraktere Perspektive einzunehmen.

Zusammenfassung

Aus der Sicht des NLP lädt Nisargadattas Spruch dazu ein, starre Konzepte wie „Bestimmung" als bloße Glaubenssätze zu erkennen und loszulassen. Der Fokus auf den „Raum" oder das „Bewusstsein" entspricht dem Zugang zu unendlichem Potenzial, das weder durch den Verstand noch durch den Körper begrenzt wird. NLP-Techniken wie Reframing, Belief Change und Meta-Position helfen, diese Freiheit praktisch zu erleben und in den Alltag zu integrieren

Ergänzung

Die Idee von „Bestimmung" ist ein Produkt innerer Dialoge und sensorischer Ankerketten, die individuell entstanden sind.

1. Ideen als Gedankenketten und innere Dialoge

• Ein Gedanke, wie die Idee von „Bestimmung", ist tatsächlich nichts anderes als ein innerer Dialog – ein Gespräch mit uns selbst, das durch eine bestimmte Verkettung von Repräsentationen ausgelöst wird.
• Diese Repräsentationen bestehen aus den Sinneskanälen:
• Visuell (Bilder, Symbole, visuelle Erinnerungen),
• Auditiv (innere Stimmen, Töne, Worte),
• Kinästhetisch (Körpergefühle, Spannungen, emotionale Resonanz),
• Olfaktorisch/Gustatorisch (Düfte, Geschmäcker, die mit der Idee verbunden sind).

• All diese Repräsentationen wirken wie Anker, die durch frühere Erfahrungen verknüpft wurden. Die Idee von „Bestimmung" hat also nicht an sich Bedeutung, sondern erhält ihre Bedeutung durch diese spezifischen inneren Verbindungen.

2. Wie Ankerketten entstehen

• Solche Ankerketten entstehen durch:
• Erfahrungen in der Vergangenheit: Zum Beispiel ein Moment, in dem dir jemand sagte, „Du hast eine Bestimmung", oder du dir selbst sagtest, „Das ist meine Berufung."
• Wiederholung und emotionale Intensität: Je häufiger eine Idee oder ein innerer Dialog mit Emotionen verstärkt wird, desto stärker wird die Verkettung.
• Kulturelle und soziale Konditionierung: Begriffe wie „Bestimmung" sind oft Teil eines größeren kulturellen Rahmens, der die Idee auflädt.

3. Die Illusion der Bedeutung

• Sobald diese Ketten aktiviert werden, erscheint die Idee „Bestimmung" als etwas Bedeutungsvolles oder Absolutes, weil die Repräsentationen (z. B. ein Bild eines Ziels oder ein Gefühl von Verantwortung) automatisch ablaufen.
• Doch in Wahrheit ist diese Bedeutung nicht intrinsisch, sondern konditioniert. Es ist eine Konstruktion, die durch die Verkettung von Repräsentationen entsteht.

4. Die Auflösung der Ankerketten

• Wenn diese Ankerketten durch bewusstes Arbeiten aufgelöst werden, bleibt nichts übrig, das die Idee stützt. Was bleibt, ist reine Freiheit – die Freiheit, nicht mehr an konditionierte Gedanken oder Konzepte gebunden zu sein.

Techniken zur Auflösung von Ankerketten:

1. Anker desensibilisieren:
• Identifiziere die primären Wahrnehmungen, die mit dem Begriff „Bestimmung" verknüpft sind (z. B. ein Bild, ein Ton, ein Gefühl).
• Ändere diese Repräsentationen bewusst: Mache das Bild kleiner, verschwommen, verschiebe es in die Ferne. Lasse den Ton leiser werden oder ändere seinen Klang.
• NLP-Technik: Die Swish-Technik ist hier besonders geeignet.
2. Reframing:
• Gib der Idee von „Bestimmung" eine neue Bedeutung. Zum Beispiel:
• „Bestimmung ist nur ein Gedanke, der keine Macht über mich hat."
• Oder: „Bestimmung ist nicht fixiert; ich bestimme, was sie bedeutet."
3. Dissoziation:
• Beobachte den inneren Dialog oder die Kette aus einer Meta-Perspektive. Erkenne, dass du nicht der Dialog bist, sondern der Beobachter.
• NLP-Technik: Meta-Position oder Third Position (Beobachterperspektive).

4. Anker löschen durch Neutralisierung:

• Gehe gedanklich zurück zu den ursprünglichen Erfahrungen, die die Ankerkette geschaffen haben. Stelle dir diese Erfahrungen neutral oder ohne emotionale Bedeutung vor.

5. Die Freiheit der Nichtkonditionierung

• Wenn die Anker und Ketten gelöst sind, verschwindet die Bedeutung von „Bestimmung" – sie wird zu einem neutralen, leeren Konzept.
• Was übrig bleibt, ist das Sein an sich, frei von Konditionierungen. Dies ist der Zustand, den Nisargadatta beschreibt:
• „Sie sind einfach."
• Es ist die Freiheit, nicht durch Konzepte, Glaubenssätze oder Bedeutungsrahmen eingeschränkt zu sein.

6. Praktische Anwendung: Zurück zur Freiheit

• Frage dich selbst:
1. Was fühle oder sehe ich, wenn ich das Wort „Bestimmung" höre?
2. Wie haben frühere Erfahrungen diese Idee geformt?
3. Was passiert, wenn ich mir vorstelle, dass all diese Ketten aufgelöst sind?
4. Wie fühlt sich diese Freiheit an – jenseits von Konditionierung und Konzepten?

7. Ergänzende Metapher

Die Tasse und der Raum, die Nisargadatta verwendet, sind eine perfekte Metapher:
• Wenn du den Raum in der Tasse nur als Teil der Tasse wahrnimmst, scheint er begrenzt.
• Doch wenn du die Tasse beiseitestellst, bleibt der Raum frei und unbegrenzt.
• In NLP-Terminologie: Wenn die Ankerketten (die Tasse) entfernt werden, bleibt die ungefilterte Wahrnehmung – der Raum – übrig.

Zusammenfassung

Die Idee von „Bestimmung" ist ein Produkt innerer Dialoge und sensorischer Ankerketten, die individuell entstanden sind. Diese Ketten sind jedoch nicht absolut – sie können bewusst aufgelöst werden. Wenn dies geschieht, bleibt nur die Freiheit der Nichtkonditionierung: das reine Sein, das weder an Worte noch an Bedeutungen gebunden ist. Mit NLP-Techniken wie Swish, Reframing oder Meta-Perspektiven kannst du diesen Zustand aktiv fördern. Was bleibt, ist die absolute Freiheit, das Leben ohne vorgegebene Bedeutungsrahmen zu erfahren – eine Freiheit, die Nisargadatta als das „Einfache" beschreibt.

Das Cartoon stellt die Freiheit jenseits von Bestimmung und Bedeutungsankerketten dar. Der Charakter bricht fröhlich aus den Ketten, die ihn festgehalten haben, und schwebt in einem bunten Raum der Freiheit.

Spruch31: Die Tiefe des reinen Seins

Konzentrieren Sie Ihren Verstand auf das reine Sein, auf das „Ich bin" und bleiben Sie dabei. Für Stunden saß ich alleine mit dem Gedanken „Ich bin", und bald wurde Friede, Freude und eine tiefe alles umfassende Liebe mein Normalzustand. Darin verschwand alles – ich selbst, mein Guru, das Leben, das ich gelebt hatte, die Welt um mich herum. Nur Frieden blieb übrig und eine unfassbare Stille.

Der Spruch von Nisargadatta Maharaj – „Konzentrieren Sie Ihren Verstand auf das reine Sein, auf das Ich Bin, und bleiben Sie dabei… Nur Frieden blieb übrig und eine unfassbare Stille." – lässt sich aus der NLP-Perspektive als eine Technik zur Bewusstseinslenkung, Fokusbildung und inneren Transformation interpretieren. Hier sind einige zentrale Punkte und wie sie mit NLP-Prinzipien korrespondieren:

1. "Ich Bin" als Anker für das reine Sein

- Nisargadatta beschreibt das "Ich Bin" als einen Zustand des reinen Bewusstseins, frei von Konzepten und Gedankenketten.
- Aus NLP-Sicht ist das "Ich Bin" ein kraftvoller Anker, der den Geist von der äußeren Welt und Gedankenmustern weglenkt und ihn auf das reine Erleben fokussiert:
- Ankerarbeit: Das Wiederholen von „Ich Bin" kann als verbaler oder gedanklicher Anker wirken, der Ruhe und Präsenz hervorruft.
- Zustandsmanagement: Dieser Fokus ermöglicht es, den Zustand von Frieden und Stille aktiv zu kultivieren.

2. Konzentration und Dauer

- Nisargadatta spricht von einer kontinuierlichen Fokussierung auf das „Ich Bin" über Stunden, was im NLP mit Rapport mit sich selbst und Aufmerksamkeitslenkung vergleichbar ist:
- Chunking Down: Der Verstand wird durch die Konzentration auf eine einfache Aussage („Ich Bin") daran gehindert, in komplizierte Gedankenketten abzudriften.
- Trance-Induktion: Die monotone Wiederholung und der anhaltende Fokus führen zu einem Trance-ähnlichen Zustand, der tiefe innere Prozesse ermöglicht.

• Priming und Zustandserzeugung: Indem der Verstand immer wieder zum „Ich Bin" zurückgeführt wird, wird ein Zustand von Frieden, Freude und Liebe konditioniert.

3. Auflösung von mentalen Inhalten

• Nisargadatta beschreibt, wie alles verschwindet: die Welt, das Selbst, der Guru. Aus NLP-Perspektive könnte dies als ein Prozess der Dissoziation und Dekonstruktion von Glaubenssätzen verstanden werden:
• Dissoziation: Die Identifikation mit mentalen Konzepten (z. B. „Ich bin mein Körper", „Ich bin meine Geschichte") wird aufgelöst.
• Logical Levels: Der Fokus auf das „Ich Bin" bewegt den Geist auf die Ebene des Seins und lässt Identitäten und Narrative auf tieferen logischen Ebenen (z. B. Verhaltens- oder Glaubensebene) verschwinden.
• Loslassen von Frames: Der Rahmen, in dem Konzepte wie „die Welt" oder „mein Guru" Bedeutung haben, wird durch die Konzentration auf das „Ich Bin" überschritten.

4. Der Zustand von Frieden und Stille

• Das Ergebnis dieser Praxis ist ein Zustand von Frieden und Stille, der im NLP als ideal state oder Ressourcenzustand bezeichnet werden könnte:
• Ankermodellierung: Dieser Zustand kann modelliert und später durch den Anker „Ich Bin" erneut abgerufen werden.

• State Elicitation: Frieden und Stille sind nicht das Ziel, sondern der natürliche Zustand, der durch das Loslassen von Konzepten entsteht. NLP würde hier darauf hinweisen, dass der Fokus auf den Prozess („Bleibe bei Ich Bin") den Zustand automatisch erzeugt.

5. Praktische NLP-Techniken zur Nachahmung

Nisargadattas Praxis lässt sich mithilfe von NLP-Techniken wie folgt umsetzen:

a. Selbstankern durch Wiederholung

• Setze dich ruhig hin und wiederhole in Gedanken oder leise gesprochen „Ich Bin".
• Spüre, wie sich der Klang der Worte anfühlt.
• Erzeuge ein Ankergefühl (z. B. Frieden, Ruhe), das mit der Wiederholung verknüpft wird.

b. Dissoziation von Konzepten

• Stelle dir vor, wie all deine Gedanken, Geschichten und Identitäten vor dir auftauchen, wie auf einer Leinwand.
• Beobachte, wie diese Bilder verblassen und verschwinden, bis nur noch ein offener Raum bleibt – das reine Sein.

c. Chunking Down in den gegenwärtigen Moment

• Bring deine Aufmerksamkeit wiederholt zurück zu „Ich Bin".
• Wenn Gedanken auftauchen, lass sie weiterziehen und kehre zum Anker zurück.

d. Trance-Induktion

• Nutze den Rhythmus deiner Atmung, um tiefer in den Zustand einzutauchen. Verbinde „Ich Bin" mit jedem Ein- und Ausatmen.
• Lass dich in die „Stille" führen, indem du die Pausen zwischen den Gedanken bewusster wahrnimmst.

6. Unterschiede und Gemeinsamkeiten mit NLP

• Gemeinsamkeiten:
• Beide Systeme fördern Bewusstseinslenkung, Loslassen von limitierenden Glaubenssätzen und die Erzeugung von Ressourcenzuständen.
• Nisargadattas Methode des „Ich Bin" ist ähnlich wie NLP-Ankertechniken, bei denen ein bestimmter Zustand absichtlich hervorgerufen wird.
• Unterschiede:
• Nisargadatta zielt auf das Auflösen des „Ich" und die Erfahrung des reinen Seins ab, während NLP häufig darauf abzielt, das „Ich" effizienter zu machen (z. B. durch Veränderung von Glaubenssätzen und Verhaltensweisen).

Zusammenfassung

408

Aus NLP-Sicht ist Nisargadattas Praxis des „Ich Bin" eine Technik zur Konzentration, Ankerbildung und Dissoziation von mentalen Konzepten. Der wiederholte Fokus auf das „Ich Bin" bewirkt eine Trance-ähnliche Transformation, bei der Glaubenssätze, Identitäten und mentale Inhalte aufgelöst werden. Was bleibt, ist ein natürlicher Zustand von Frieden und Stille, der als Ressource in NLP genutzt werden könnte. Seine Methode erinnert an zentrale NLP-Techniken wie das Setzen von Ankern, Dissoziation und das bewusste Lenken der Aufmerksamkeit.

Ergänzung

Der Zusammenhang zwischen Sprache, Wahrnehmung und Identität. Ich werde versuchen, diese Gedanken noch weiter auszuführen und um einige zusätzliche Aspekte zu ergänzen:

1. Das „falsche Ich" als Emergenz der Sprache

• Das „falsche Ich", ist ein Produkt der sekundären Wahrnehmung, die durch Sprache und innere Dialoge entsteht.
• Sprache selbst ist ein Werkzeug, das Bedeutungen schafft, indem es die primäre Wahrnehmung (Bilder, Töne, Gefühle) in Worte kleidet und ihnen eine Deutung gibt.
• Emergenz des Sprach-Ich:
• Durch diesen Prozess entsteht das „Sprach-Ich" – eine Konstruktion, die auf Ankerketten basiert: innere Dialoge, Glaubenssätze, Bewertungen und Bedeutungsrahmen.

- Dieses Sprach-Ich ist illusionär, weil es keine Substanz hat. Es ist lediglich ein Produkt der Verkettung von Repräsentationen, die sich ständig gegenseitig verstärken.
- Gleichzeitig hat es eine praktische Funktion für das Überleben: Es hilft uns, in der Welt zu navigieren, Probleme zu lösen und soziale Strukturen zu verstehen.

2. Das Sprach-Ich als Ankerketten-Dynamik

- Das Sprach-Ich entsteht durch eine Verkettung von Ankern:
- Primäre Repräsentationen: Wahrnehmungen der Sinneswelt (visuelle, auditive, kinästhetische Reize).
- Sekundäre Wahrnehmung: Die sprachliche Interpretation und Deutung dieser Wahrnehmungen.
- Innere Dialoge: Diese sekundären Wahrnehmungen werden durch inneren Dialog verstärkt und zu Glaubenssätzen und Meinungen verdichtet.
- Anker auf Anker: Jede neue Erfahrung wird in dieses Netzwerk von Ankern integriert und verstärkt die Illusion eines stabilen „Ich".
- Das Sprach-Ich ist somit ein dynamischer Prozess, der fortwährend Ankerketten reproduziert und gleichzeitig durch sie verfestigt wird. Es erscheint real, weil es nahtlos in jedem Moment präsent ist – aber es bleibt eine Konstruktion.

3. Das Auflösen des Sprach-Ichs

Das Ziel ist, das Sprach-Ich durch Beobachtung und Verschmelzung aufzulösen, sodass man in den Zustand des „Ich Bin"

410

eintreten kann. Dies ist ein Zustand jenseits der sekundären Wahrnehmung – reines Sein, frei von Sprache und Deutung.

a. Beobachtung des Sprach-Ichs

• Der erste Schritt ist, sich des Sprach-Ichs bewusst zu werden:
• Achtsamkeit auf den inneren Dialog: Werde dir der Worte, Bewertungen und Meinungen bewusst, die ständig in deinem Geist auftauchen.
• Meta-Perspektive einnehmen: Erkenne, dass dieser Dialog nur ein Phänomen ist, das in deinem Bewusstsein erscheint – nicht „du" selbst.

b. Verschmelzung mit dem Emergent

• Durch tiefes Erleben des Sprach-Ichs – anstatt es zu unterdrücken oder abzulehnen – wird es möglich, dieses Emergent in seiner Ganzheit zu durchschauen:
• Kein Widerstand: Erlaube dem Sprach-Ich, vollständig präsent zu sein, ohne es verändern oder unterdrücken zu wollen.
• Einsicht durch Erleben: Indem du das Sprach-Ich bis zu seiner Wurzel durchlebst, erkennst du, dass es letztlich leer ist – eine Konstruktion ohne Substanz.

c. Auflösung durch Beobachtung und Erkenntnis

• Nisargadatta spricht davon, das „Ich Bin" durch reine Beobachtung zu erreichen. Diese Beobachtung ist nicht rein kognitiv, sondern eine vollkommene Präsenz:

411

• Das Sprach-Ich durchdringen: Sieh die Ankerketten, die inneren Dialoge und Bedeutungsrahmen in Echtzeit aufsteigen und sich wieder auflösen.

• Das Sprach-Ich wird transparent: Sobald erkannt wird, dass es keine Substanz hat, löst es sich auf natürliche Weise auf. Was bleibt, ist das reine „Ich Bin".

4. Was bleibt: Das reine „Ich Bin"

• Nach der Auflösung des Sprach-Ichs bleibt nur der Zustand des reinen Seins – frei von Deutungen, Namen und Formen. Das ist der Zustand, den Nisargadatta beschreibt:

• Freiheit von Konditionierung: Es gibt keine Ankerketten mehr, die den Geist in Bewertungen und Gedanken verstricken.

• Reines Bewusstsein: Alles, was übrig bleibt, ist ein Zustand von Frieden, Freude und Stille – das, was jenseits aller Konzepte liegt.

5. Praktische Methoden zur Auflösung

Es gibt spezifische Methoden, die diesen Prozess unterstützen können:

a. Innerer Dialog beobachten

• Führe Achtsamkeitsübungen durch, bei denen du einfach den inneren Dialog wahrnimmst, ohne darauf zu reagieren.

• Stelle dir Fragen wie:

• Wer spricht gerade in mir?

412

• Wer beobachtet diesen Dialog?

b. Dissoziation und Meta-Perspektive

• Betrachte das Sprach-Ich wie ein Objekt von außen:
• Wie fühlt es sich an, wenn ich diese Gedanken nicht glaube?
• Was bleibt, wenn der Dialog aufhört?

c. Verschmelzung mit dem Sprach-Ich

• Lass dich vollständig in den inneren Dialog hineinfallen, ohne ihn zu bewerten oder zu verändern.
• Erlebe den Gedankenstrom so intensiv, bis er von selbst versiegt – wie eine Welle, die sich erschöpft.

d. Fokus auf das „Ich Bin"

• Wiederhole innerlich das „Ich Bin", bis dein Geist in diesen Zustand eintaucht.
• Lass alle anderen Gedanken vorüberziehen und kehre immer wieder zu diesem reinen Fokus zurück.

6. Ergänzung: Das Sprach-Ich als Werkzeug

Es ist wichtig, das Sprach-Ich nicht als „Feind" zu betrachten. Es hat eine praktische Funktion für das Überleben und das soziale Leben. Der Zustand des „Ich Bin" ist nicht ein vollständiger Ersatz, sondern vielmehr eine Rückkehr zu einem fundamentalen

Bewusstsein, das sich flexibel auch des Sprach-Ichs bedienen kann, ohne sich mit ihm zu identifizieren.

Fazit

Das Sprach-Ich ist eine illusionäre Emergenz, die durch Sprache, innere Dialoge und Ankerketten erzeugt wird. Es hat keine Substanz, erscheint jedoch real, weil es kontinuierlich durch sekundäre Wahrnehmung verstärkt wird. Indem man das Sprach-Ich durch tiefe Beobachtung und Verschmelzung durchlebt, löst es sich auf und gibt den Weg frei zu einem Zustand reinen Seins – das „Ich Bin". Dieser Zustand ist frei von Deutung, Gedankenketten und Konzepten, eine Rückkehr zu Frieden und Stille. Gleichzeitig bleibt die Fähigkeit erhalten, das Sprach-Ich bewusst als Werkzeug zu nutzen, ohne von ihm beherrscht zu werden.

Die Wechselwirkung zwischen Sprache, Wahrnehmung und dem NLP-Modell

1. Zwei Modelle: Das Sprachmodell und das NLP-Modell

• Das Sprachmodell:
• Sprache ist ein Werkzeug, das die Welt in Begriffe, Syntax und Bedeutungen unterteilt.
• Es besteht aus Modellelementen wie:
• Worte: Symbole, die Repräsentationen benennen.
• Sätze: Kombinationen von Symbolen, die komplexere Bedeutungen erzeugen.

414

- Syntax: Regeln, die bestimmen, wie Worte und Sätze zusammenwirken.
- Fragen: Werkzeuge, die Aufmerksamkeit lenken und Denkprozesse aktivieren.
- Das NLP-Modell:
- NLP beschreibt, wie Menschen intern Informationen verarbeiten, speichern und nutzen, um Erfahrungen und Strategien zu formen.
- Es arbeitet mit Modellelementen wie:
- Modalitäten: Die Sinne (visuell, auditiv, kinästhetisch, olfaktorisch, gustatorisch).
- Submodalitäten: Feinere Unterschiede in den Modalitäten (z. B. Helligkeit eines Bildes, Lautstärke eines Tons).
- Strategien: Verkettungen von inneren Prozessen, die bestimmte Ergebnisse erzeugen (z. B. Entscheidungsfindung, Gewohnheiten).

2. Wechselwirkung der beiden Modelle

- Der Mensch erlebt die Realität nicht direkt, sondern durch die Filter dieser beiden Modelle:
1. Das Sprachmodell gibt der Welt Bedeutung durch Wörter, Kategorien und Deutungen.
2. Das NLP-Modell erzeugt interne Repräsentationen und Strategien, die Handlungen und Erfahrungen strukturieren.

Primäre und sekundäre Wahrnehmung:

- Primäre Wahrnehmung:

415

• Die direkte Erfahrung der Realität durch die Sinne, ohne dass Sprache oder Deutung ins Spiel kommt.
• Beispiel: Das pure Sehen eines Baumes ohne den Gedanken „Das ist ein Baum".
• Sekundäre Wahrnehmung:
• Die durch Sprache und interne Repräsentationen geformte Wahrnehmung.
• Beispiel: „Dieser Baum erinnert mich an meine Kindheit" oder „Ich mag Bäume, weil sie Ruhe ausstrahlen."
• Die sekundäre Wahrnehmung entsteht durch die Wechselwirkung des Sprachmodells und des NLP-Modells.

3. Strategien als funktionale Wechselspiele

• Im NLP sind Strategien Abfolgen von Repräsentationen, die dazu dienen, bestimmte Aufgaben zu bewältigen.
• Beispiel: Eine Strategie zum Rasieren könnte so ablaufen:
• Visuell: Das Rasiermesser sehen.
• Kinästhetisch: Den Bewegungsablauf spüren.
• Auditiv: Ein innerer Hinweis wie „Langsam bewegen".

Strategien ohne inneren Dialog:

• Viele Strategien laufen automatisch ab, ohne dass der innere Dialog aktiv ist. Dies ist ein funktionales Zusammenspiel des NLP-Modells, das gelerntes Verhalten effizient ausführt.
• Der innere Dialog tritt eher auf, wenn:
• Neue Strategien erlernt werden.
• Entscheidungen getroffen werden.

• Konflikte oder Unsicherheiten auftreten.

4. Die Rolle des Sprachmodells in der Schaffung von Meinungen

• Meinung entsteht durch die Wechselwirkung von Sprachmodell und NLP-Modell:
• Sprachmodell: Liefert die Worte, Begriffe und Konzepte, die einer Meinung Substanz geben.
• NLP-Modell: Verknüpft diese Worte mit inneren Repräsentationen (Bildern, Tönen, Gefühlen) und formt dadurch ein kohärentes inneres Erlebnis.
• Beispiel: Die Meinung „Ich mag Kaffee" entsteht durch:
• Worte: „Kaffee", „mögen".
• Repräsentationen: Ein Bild von Kaffee, der Geschmack auf der Zunge, ein angenehmes Gefühl.

Meinung als illusorisches Konstrukt:

• Meinung ist also ein Produkt der Wechselwirkung zwischen diesen beiden Modellen. Sie hat keine eigenständige Realität, sondern basiert auf:
• Ankerketten, die im NLP-Modell entstehen.
• Sprachlichen Deutungen, die im Sprachmodell geformt werden.

5. Der Zustand des reinen Seins

• Das reine Sein ist ein Zustand jenseits dieser Modelle:
• Das Sprachmodell wird „heruntergefahren", sodass keine Begriffe, Deutungen oder Meinungen mehr aktiv sind.

• Das NLP-Modell läuft auf primärer Wahrnehmungsebene, ohne dass Strategien oder sekundäre Wahrnehmungen die Erfahrung überlagern.
• Beispiel: Wenn du einen Baum siehst, gibt es keine inneren Gedanken oder Interpretationen – nur das reine Erleben des Baumes.

Wie erreicht man diesen Zustand?

• Fokus auf primäre Wahrnehmung:
• Beobachte deine Sinne ohne sprachliche Deutungen.
• Werde dir bewusst, wie das Sprachmodell Bedeutung hinzufügt, und lasse es los.
• Praktische Übungen:
• Meditative Zustände fördern, in denen der innere Dialog verstummt.
• Achtsamkeitsübungen, die das direkte Erleben betonen (z. B. reines Sehen, Hören oder Fühlen).

6. Klar formulierte Zusammenfassung

1. Der Mensch erlebt die Welt durch zwei Modelle:
• Das Sprachmodell, das Worte und Bedeutungen erzeugt.
• Das NLP-Modell, das Sinneswahrnehmungen organisiert und Strategien bildet.
2. Diese Modelle wirken zusammen, um primäre und sekundäre Wahrnehmungen zu erzeugen:
• Primäre Wahrnehmung ist direktes Erleben.
• Sekundäre Wahrnehmung ist durch Sprache und innere Repräsentationen gefiltert.

3. Meinung entsteht aus der Wechselwirkung dieser Modelle und ist ein Konstrukt aus inneren Repräsentationen und sprachlicher Deutung.

4. Das reine Sein ist ein Zustand jenseits dieser Modelle, in dem weder innere Dialoge noch Strategien aktiv sind. Es ist das Erleben von reiner Präsenz.

Ergänzung: Warum ist das Sprachmodell wichtig?

• Das Sprachmodell und das NLP-Modell sind Werkzeuge, die dem Menschen helfen, in der Welt zu navigieren. Sie sind nicht „falsch", sondern funktional.

• Dennoch: Der Zustand des reinen Seins zeigt, dass diese Werkzeuge nicht essenziell sind, um die Realität zu erfahren. Sie sind nützlich, aber nicht die Realität selbst.

Das Cartoon stellt das Wechselspiel zwischen dem Sprachmodell und dem NLP-Modell dar. Die beiden Modelle wetteifern spielerisch um die Kontrolle über die Wahrnehmung, während das "Pure Being" ruhig und unberührt im Hintergrund meditiert.

Spruch32:Die Umkehrung der Wahrnehmung

Sie machen nur einen nur einen Fehler: Sie halten das Innere für das Äußere und das Äußere für das Innere. Der Verstand und die Gefühle sind äußerlich doch Sie halten sie für das Vertraute. Sie halten die Welt für objektiv, während sie vollkommen eine Projektion Ihrer Psyche ist. Dies ist die Basis Ihrer Verwirrung und keine neue Explosion wird sie geraderücken. Sie müssen es selbst zu Ende denken. Es gibt keinen anderen Weg.

Nisargadattas Spruch – „Sie machen nur einen Fehler. Sie halten das Innere für das Äußere und das Äußere für das Innere…" – beschreibt die Verwechslung zwischen innerer Wahrnehmung (subjektive Projektionen) und äußerer Realität. Aus der NLP-Perspektive lässt sich dieser Spruch als Hinweis auf die grundlegenden Mechanismen der Wahrnehmung, Projektion und inneren Verarbeitung verstehen. Hier ist eine systematische Interpretation:

1. Der Fehler: Verwechslung von Innerem und Äußerem

Innere Welt (subjektive Realität) und äußere Welt (objektive Realität):

• Im NLP verstehen wir, dass der Mensch die äußere Welt nicht direkt wahrnimmt. Stattdessen nimmt er Informationen durch seine Sinne (Modalitäten) auf und filtert sie durch innere Prozesse:
• Innere Welt:
• Besteht aus mentalen Repräsentationen (Bildern, Tönen, Gefühlen), die durch die Filter des Wahrnehmungsmodells (Glaubenssätze, Werte, Erinnerungen) geformt werden.
• Diese Repräsentationen erzeugen unsere subjektive Realität – das, was wir für "wahr" halten.
• Äußere Welt:
• Die physische Welt, die unabhängig von unserer Wahrnehmung existiert, aber für uns nur durch unsere inneren Filter zugänglich ist.

Der Fehler laut Nisargadatta:

• Verwechslung:
• Menschen verwechseln ihre inneren Repräsentationen (Gedanken, Gefühle) mit der äußeren Realität und behandeln diese Projektionen als objektiv wahr.
• Gleichzeitig wird die äußere Welt als unabhängig von der eigenen Psyche wahrgenommen, obwohl sie im NLP als „Projektion des inneren Modells" verstanden wird.

Beispiele aus dem NLP:

- Verstand und Gefühle als Äußeres:
- Nisargadatta beschreibt den Verstand und die Gefühle als „äußerlich", weil sie nicht das wahre Selbst repräsentieren. Sie sind Konstrukte, die durch innere Prozesse erzeugt werden.
- Projektion der Psyche:
- Laut NLP erschaffen wir innere Landkarten (Modelle) der Welt, die die Realität abbilden sollen, aber letztlich nur subjektive Konstruktionen sind.
- Beispiel: Eine Person, die glaubt, „niemand mag mich", projiziert diese Überzeugung auf ihre Umgebung und nimmt Verhaltensweisen anderer als Ablehnung wahr – unabhängig von deren tatsächlicher Absicht.

2. Das innere Modell: Die Projektion der Psyche

Im NLP wird oft gesagt: „Die Landkarte ist nicht das Gebiet." Das bedeutet:
- Landkarte (inneres Modell):
- Die subjektive Interpretation der Welt, die durch Glaubenssätze, Werte und vergangene Erfahrungen geprägt ist.
- Gebiet (äußere Realität):
- Die Welt, wie sie tatsächlich ist, unabhängig von unserer Wahrnehmung.

Projektion als Mechanismus:

- Laut Nisargadatta und NLP projizieren wir unser inneres Modell auf die äußere Welt. Dies geschieht durch:

424

• Generalisation: Wir ziehen aus wenigen Erfahrungen allgemeine Schlüsse.
• Löschung: Wir blenden Informationen aus, die nicht zu unserem inneren Modell passen.
• Verzerrung: Wir interpretieren neutrale Ereignisse so, dass sie unser inneres Modell bestätigen.

Konsequenzen der Projektion:

• Nisargadatta weist darauf hin, dass diese Projektionen uns verwirren:
• Wir nehmen die Welt nicht so wahr, wie sie ist, sondern durch die Linse unserer Psyche.
• Wir halten unsere Projektionen für objektiv, obwohl sie nur Reflexionen unseres inneren Zustands sind.

3. Der Ausweg: „Sie müssen es selbst zu Ende denken"

Selbsterkenntnis und Verantwortung:

• Nisargadatta sagt, dass keine äußere Explosion oder Veränderung die Verwirrung lösen kann. Die Lösung liegt in der Einsicht in die Natur der eigenen Psyche.
• Aus NLP-Sicht bedeutet dies:
• Bewusstsein für die eigenen Filter:
• Erkenne, wie Glaubenssätze, Werte und emotionale Zustände deine Wahrnehmung formen.
• Metaposition einnehmen:

• Beobachte dich selbst und deine Reaktionen auf die Welt, um die Projektionen zu erkennen.

Praktische NLP-Techniken:

1. Reframing:
• Ersetze die Bedeutung eines Ereignisses, um deine Projektionen zu hinterfragen.
• Beispiel: Statt „niemand mag mich" frage: „Welche Beweise habe ich wirklich dafür? Könnte es sein, dass ich meine Unsicherheit projiziere?"
2. Meta-Modell:
• Verwende das NLP-Meta-Modell, um die Generalisationen, Löschungen und Verzerrungen in deiner Sprache und deinem Denken zu hinterfragen.
• Beispiel: „Warum denke ich, dass alle mich kritisieren? Wer konkret hat das gesagt?"
3. Dissoziation und Beobachtung:
• Löse dich von deinen Gedanken und Gefühlen, indem du sie beobachtest, anstatt dich mit ihnen zu identifizieren.
• Beispiel: „Ich habe diesen Gedanken, aber ich bin nicht dieser Gedanke."

4. Der Zustand des reinen Seins

Nisargadatta beschreibt die Verwirrung als Hindernis, das den Zustand des reinen Seins verdeckt:
• Das reine Sein:

• Ist frei von Projektionen und Identifikationen mit inneren oder äußeren Inhalten.

• Es entsteht, wenn man erkennt, dass Verstand, Gefühle und die Welt nur Erscheinungen sind – nicht das wahre Selbst.

• NLP und das reine Sein:

• NLP bietet Werkzeuge, um diese Verwirrung zu lösen, indem man die Mechanismen der Projektion durchschaut.

• Nisargadattas Aufforderung, „es selbst zu Ende zu denken", könnte im NLP als ein Prozess der vollständigen Reflexion über die Natur der eigenen Wahrnehmung verstanden werden.

5. Zusammenfassung: NLP-Interpretation des Spruchs

1. Das Innere wird mit dem Äußeren verwechselt:

• Im NLP zeigt sich dies durch Projektionen: Wir nehmen die Welt nicht objektiv wahr, sondern durch die Filter unseres inneren Modells.

2. Projektionen erkennen:

• Der Verstand und die Gefühle, die wir für „uns selbst" halten, sind tatsächlich äußere Konstrukte, die wir beobachten können, um ihre Illusion zu durchschauen.

3. Lösungsweg durch NLP:

• Verwende NLP-Techniken wie das Meta-Modell, Reframing und Dissoziation, um deine Projektionen zu hinterfragen und zu erkennen, dass sie nicht die Realität sind.

4. Wandel durch Einsicht:

• Nisargadattas „zu Ende denken" bedeutet, die eigenen Projektionen zu durchschauen und den Zustand des reinen Seins zu erkennen – jenseits von inneren und äußeren Verwirrungen.

Das Ziel ist, nicht länger die Projektionen der Psyche mit der Realität zu verwechseln, sondern in einen Zustand klarer Wahrnehmung und tiefen Friedens zu gelangen.

Das Cartoon stellt die Verwechslung von Innen und Außen humorvoll dar. Die Person ist verwirrt über das, was innen und außen ist, während ihre Gedanken und Wahrnehmungen durcheinander geraten.

Zusammenfassung der Diskussion über Innen und Außen:
1. Die Illusion der Trennung:
• Die Unterscheidung zwischen „innen" (Gedanken, Vorstellungen) und „außen" (Sinneswahrnehmungen) ist eine illusionäre Konstruktion.
• Alles, was wir als „außen" wahrnehmen, ist in Wirklichkeit eine innere Repräsentation unseres Gehirns.
• Alles, was wir als „innen" erleben (z. B. Gedanken, innere Bilder), wird von äußeren Einflüssen wie Sprache, Kultur und Erziehung geformt.
2. Die wahre Perspektive:
• Es gibt keine echte Trennung zwischen „innen" und „außen".
Beide sind Erscheinungen im Bewusstsein.

- Der Baum, den du siehst, und der Gedanke an den Baum erscheinen im selben Raum – deinem Bewusstsein.
3. Pragmatische Unterscheidung:
- Im Alltag ist die Unterscheidung hilfreich, um Erfahrungen zu organisieren (z. B. visuell extern, visuell intern im NLP).
- Spirituell betrachtet löst sich diese Trennung auf, da alles letztlich im gleichen Feld des Bewusstseins geschieht.
4. Kernbotschaft:
- Innen und Außen sind keine getrennten Realitäten, sondern verschiedene Weisen, wie das Bewusstsein sich selbst erfährt. Die Unterscheidung ist ein Werkzeug, aber keine absolute Wahrheit.

Spruch33: Die Stille des ungezwungenen Seins

Friede und Glückseligkeit sind Ihre wahre Natur und sie werden nur dadurch gestört, dass Sie versuchen sie mit bestimmten Mitteln zu erreichen.

Aus NLP-Sicht lässt sich der Spruch von Nisargadatta Maharaj wie folgt interpretieren:

1. Innere Ressourcen und Zustände sind bereits vorhanden

NLP geht davon aus, dass jeder Mensch bereits die Ressourcen in sich trägt, um gewünschte Zustände wie Frieden oder Glückseligkeit zu erleben. Maharajs Aussage erinnert daran, dass diese Zustände nicht "außerhalb" oder durch äußere Mittel erreicht werden können, sondern als Teil unserer inneren Natur schon da sind. Ein Schlüssel im NLP ist es, Zugang zu diesen Ressourcen zu schaffen, anstatt zu glauben, dass sie extern geschaffen oder "erarbeitet" werden müssen.

2. Das Streben erschafft das Problem

Der Satz weist darauf hin, dass das aktive Streben nach Frieden und Glück möglicherweise das Gegenteil bewirkt. NLP würde dies als ein Problem des Fokus interpretieren: Indem man zu sehr auf das Fehlen von Frieden oder Glückseligkeit fokussiert, verstärkt man den Zustand, den man eigentlich vermeiden möchte. In NLP wird oft darauf geachtet, wie man innere Zustände durch Sprache und Fokus beeinflusst.
• Beispiel: Statt zu sagen "Ich möchte nicht unglücklich sein", verschiebt NLP den Fokus auf ein positives Ziel wie "Ich erlebe inneren Frieden".

3. Meta-Zustände und der Zugang zu positiven Zuständen

NLP betrachtet Zustände nicht nur auf der ersten Ebene, sondern auch als Meta-Zustände. Maharaj könnte hier andeuten, dass der Versuch, Frieden und Glückseligkeit durch äußere Mittel zu erreichen, einen Zustand des Mangels erzeugt, der die Erfahrung dieser Zustände blockiert. Ein NLP-Coach würde möglicherweise helfen, eine Haltung der Akzeptanz oder des "Seins" zu entwickeln, anstatt im "Tun" oder "Streben" stecken zu bleiben.

4. Reframing der Mittel-Ziel-Orientierung

NLP nutzt häufig Reframing-Techniken, um einschränkende Denkmuster zu durchbrechen. Maharajs Spruch könnte so verstanden werden, dass Frieden und Glück nicht die Ergebnisse eines bestimmten "Mittels" oder einer Handlung sind. Vielmehr sind sie ein natürlicher Grundzustand, der durch Loslassen von Anstrengung zugänglich wird. Das Reframing könnte darin bestehen, den Fokus vom "Machen" zum "Sein" zu verlagern.
• Beispiel: Anstatt sich zu fragen: "Wie erreiche ich Glück?", könnte man fragen: "Wie kann ich erkennen, dass ich bereits glücklich bin?"

5. Die Rolle von Glaubenssätzen

Ein weiterer Aspekt des Spruchs berührt die Arbeit mit Glaubenssätzen im NLP. Die Idee, dass Frieden und Glück durch äußere Mittel erreicht werden müssen, ist ein limitierender Glaubenssatz. NLP-Techniken wie die Veränderung von Glaubenssätzen könnten hier eingesetzt werden, um Menschen dabei zu helfen, die Überzeugung zu integrieren, dass Frieden und Glück aus dem Inneren kommen.

Fazit

Aus Sicht der NLP zeigt Maharajs Spruch, wie wichtig es ist, den Fokus von äußeren Zielen auf innere Zustände zu lenken. Frieden und Glückseligkeit sind nicht die Folge von Bemühungen oder externen Faktoren, sondern Ergebnisse eines inneren Zustands des Loslassens und Akzeptierens. NLP-Techniken könnten dabei unterstützen, Zugang zu diesen Zuständen zu finden, indem hinderliche Glaubenssätze, verzerrte Wahrnehmungen und unbewusste Muster transformiert werden.

Ja, tatsächlich spiegelt der Spruch von Nisargadatta Maharaj eine der zentralen Vorannahmen des NLP wider: "Die notwendigen Ressourcen, um ein Ziel zu erreichen, sind bereits in jedem Menschen vorhanden."

Hier ist eine **Übersicht der grundlegenden Vorannahmen des NLP:**

1. Die Landkarte ist nicht das Gebiet.

• Unsere Wahrnehmung der Realität (unsere "Landkarte") ist nicht die Realität selbst. Wir interpretieren die Welt individuell, basierend auf unseren Erfahrungen, Überzeugungen und Wahrnehmungsfiltern.
• Dies bedeutet, dass unsere Interpretationen und Reaktionen veränderbar sind.

2. Jeder Mensch verfügt bereits über die Ressourcen, die er benötigt.

• Alle inneren Fähigkeiten, um gewünschte Ergebnisse zu erzielen, sind bereits vorhanden. NLP zielt darauf ab, Zugang zu diesen Ressourcen zu ermöglichen.

3. Jedes Verhalten hat eine positive Absicht.

• Hinter jedem Verhalten steckt eine Absicht, die ursprünglich positiv war – selbst wenn das Verhalten heute problematisch erscheint. Das Ziel ist, die zugrunde liegende Absicht zu bewahren und das Verhalten zu ändern.

4. Es gibt keine Fehler, nur Feedback.

• Alles, was wir tun, liefert uns Informationen darüber, was funktioniert und was nicht. Fehler sind Chancen zur Anpassung und Verbesserung.

5. Kommunikation ist mehr als Worte.

• Die Bedeutung der Kommunikation liegt in der Reaktion, die sie hervorruft, und nicht allein in der Absicht des Senders. Kommunikation umfasst auch Körpersprache, Tonfall und andere nonverbale Signale.

6. Derjenige, der im Verhalten flexibler ist, hat die Kontrolle.

• Flexibilität ist der Schlüssel, um in verschiedenen Situationen erfolgreich zu agieren. Das sogenannte "Gesetz der Requisite Variety" besagt: Die Person mit den meisten Optionen gewinnt.

7. Menschen treffen die beste Wahl, die ihnen in dem Moment möglich ist.

• Basierend auf ihren Ressourcen und ihrer Wahrnehmung handeln Menschen immer nach der für sie besten Option. NLP zielt darauf ab, neue Wahlmöglichkeiten zu schaffen.

8. Menschen sind mehr als ihre Verhaltensweisen.

• Verhalten ist nicht gleich Identität. Jeder Mensch ist wertvoll, unabhängig davon, was er tut. Problematische Verhaltensweisen können verändert werden, ohne die Identität anzugreifen.

9. Widerstand bedeutet fehlende Rapport.

• Wenn jemand "widerstandsfähig" reagiert, liegt es oft daran, dass der Kontakt (Rapport) oder die Kommunikation nicht ausreichend angepasst wurde. NLP ermutigt dazu, besser zuzuhören und sich auf die andere Person einzustellen.

10. Veränderung kann schnell geschehen.

• Veränderungen müssen nicht langwierig sein. Mit der richtigen Methode können einschränkende Muster oft effizient aufgelöst werden.

11. Der Geist und der Körper beeinflussen sich gegenseitig.

• Geistige Zustände wirken sich auf den Körper aus und umgekehrt. Durch Veränderung eines Aspekts können beide beeinflusst werden.

12. Wenn etwas nicht funktioniert, tue etwas anderes.

• Beharrliches Festhalten an einer Strategie, die nicht funktioniert, ist ineffektiv. NLP fordert zur Experimentierfreude auf, um neue Lösungen zu finden.

Diese Vorannahmen dienen als Leitprinzipien für die Arbeit im NLP und betonen, wie sehr persönliche Entwicklung und Veränderung von Wahrnehmung, Flexibilität und Zugang zu inneren Ressourcen abhängen.

Der Spruch kann tatsächlich als eine elegante Darstellung einer sehr grundlegenden Wahrheit angesehen werden, die, wenn man sie auf den Punkt bringt, durchaus "trivial" erscheint: Man kann nicht erreichen, was man bereits ist.

Das macht den Versuch, Frieden oder Glückseligkeit zu "errei-chen", paradox. Stattdessen erzeugt genau dieser Versuch eine Störung, weil er impliziert, dass Frieden oder Glück etwas außer-halb des eigenen Wesens liegt.

Warum wird das Triviale oft übersehen?

Obwohl diese Einsicht einfach klingt, ist sie in der Praxis schwer umzusetzen, weil viele Menschen in konditionierten Mustern des "Strebens" oder "Erreichens" gefangen sind. Unsere kulturellen und persönlichen Prägungen lehren uns oft, dass wir et-was tun müssen, um etwas zu sein. Zum Beispiel:
• "Ich muss hart arbeiten, um glücklich zu sein."
• "Wenn ich erst [XYZ] erreicht habe, werde ich Frieden finden."

Diese Denkweise übersieht, dass Glück und Frieden bereits vor-handen sind und nur durch den inneren Lärm – den Wunsch, et-was zu werden, was wir schon sind – überlagert werden.

Warum erzeugt das Streben eine Störung?

Das Streben nach einem Zustand, den man bereits hat, verstärkt automatisch das Gefühl, dass er fehlt. In der Sprache der Psycho-logie oder auch des NLP:
• Der Fokus auf den Mangel verstärkt den Mangel.
Wenn man versucht, Frieden zu "erlangen", fokussiert man sich unweigerlich auf die Vorstellung, dass er fehlt. Dieses mentale Modell kreiert die Erfahrung von Abwesenheit.

438

Was macht den Spruch kraftvoll?

Seine scheinbare Trivialität ist gleichzeitig sein stärkster Punkt.
Viele tiefgreifende Weisheiten sind im Kern einfach, aber ihre
Umsetzung erfordert oft ein grundlegendes Umdenken. Der
Spruch ruft uns dazu auf, etwas zu lassen, anstatt etwas zu tun.
Das Loslassen (und nicht das Hinzufügen) führt zum Erleben des
Zustands, der ohnehin da ist.

• Im Kontext von NLP könnte das bedeuten: Eine Technik wäre,
sich nicht darauf zu konzentrieren, "Frieden zu machen", sondern
die hinderlichen Glaubenssätze oder Muster loszulassen, die den
Frieden verdecken.

Fazit: Trivial, aber tief

Die Schönheit des Spruchs liegt darin, dass er uns daran erinnert,
wie sehr wir uns oft unnötig abmühen, das zu erreichen, was wir
bereits sind. Seine scheinbare Trivialität macht ihn nicht weniger
wertvoll – vielmehr zeigt sie, wie oft wir uns von einfachen
Wahrheiten entfernen und unnötige Komplexität schaffen. Der
Schlüssel liegt darin, zu erkennen, dass der Frieden in der
Abwesenheit des Strebens liegt, nicht in dessen Erfolg.

Es gibt Argumente auf beiden Seiten, ob die **wahre Natur des
Menschen** Streben nach Bedürfnisbefriedigung oder ein natürlicher Zustand von Frieden und Glückseligkeit ist. Hier eine diffe-
renzierte Betrachtung:

1. Das Streben nach Bedürfnisbefriedigung: Die evolutionäre Perspektive

Aus einer biologischen und evolutionären Sicht könnte man argumentieren, dass das Streben nach Bedürfnisbefriedigung die wahre Natur des Menschen ist, weil:

• Überleben und Fortpflanzung: Der Mensch ist biologisch darauf ausgelegt, seine Grundbedürfnisse (Nahrung, Schutz, soziale Bindung) zu sichern, um zu überleben und sich fortzupflanzen.

• Motivation und Antrieb: Psychologisch gesehen ist der Mensch darauf programmiert, Ziele zu verfolgen und Mangelzustände zu beheben. Die Bedürfnispyramide von Maslow illustriert dies gut: Zuerst kommen physiologische Bedürfnisse, dann Sicherheits-, soziale und schließlich Selbstverwirklichungsbedürfnisse.

• Das Streben als Motor des Fortschritts: Die Menschheit hat sich durch Streben nach Verbesserungen weiterentwickelt, sei es technologisch, kulturell oder gesellschaftlich.

Nach dieser Sicht wäre Frieden und Glückseligkeit kein natürlicher Dauerzustand, sondern ein Zustand, den man erreicht, wenn grundlegende Bedürfnisse befriedigt sind.

2. Nisargadattas Perspektive: Frieden und Glückseligkeit als wahre Natur

Nisargadatta Maharaj geht von einer spirituellen Sichtweise aus, die über die materiellen und psychologischen Ebenen hinausgeht. Für ihn liegt die wahre Natur des Menschen nicht in der Identi-

fikation mit Körper und Geist (die streben und bedürfen), sondern im reinen Bewusstsein. Seine Argumentation könnte so aussehen:
• Das Streben ist nicht die wahre Natur, sondern eine Konditionierung: Die Identifikation mit dem Körper und seinen Bedürfnissen erzeugt das Gefühl, ständig etwas tun oder erreichen zu müssen. Diese Konditionierung verdeckt den eigentlichen Zustand von Frieden und Glückseligkeit, der hinter dieser Identifikation liegt.
• Frieden und Glückseligkeit sind unser natürlicher Grundzustand: Wenn man alle äußeren Ablenkungen, Wünsche und Identifikationen loslässt, bleibt ein Zustand von reiner Existenz, der weder Mangel noch Streben kennt.

3. Ein möglicher Mittelweg

Vielleicht liegt die Wahrheit in einer Integration beider Perspektiven:

Das Streben ist Teil der menschlichen Erfahrung, aber nicht der Kern der menschlichen Natur.

• Das Streben: Auf der Ebene der relativen Realität (der Welt von Körper und Geist) ist das Streben nach Bedürfnisbefriedigung unvermeidlich und notwendig. Es sichert das Überleben und ermöglicht gesellschaftlichen Fortschritt. Nisargadatta ignoriert diese Ebene nicht, aber er sieht sie als sekundär.
• Frieden und Glückseligkeit: Auf einer tieferen Ebene, jenseits der Identifikation mit Körper und Geist, könnte der Mensch tatsächlich ein Wesen von Frieden und Glückseligkeit sein. Dies

441

ist jedoch schwer zu erkennen, solange man völlig in die Suche nach äußeren Zielen verstrickt ist.

4. Ist das Streben wirklich erfüllend?

Ein weiterer Punkt, den Nisargadatta wahrscheinlich ansprechen würde, ist die Frage, ob das Streben jemals tatsächlich endet oder vollkommen erfüllt:
• Das unendliche Streben: Selbst wenn Bedürfnisse auf einer Ebene erfüllt werden, entstehen oft neue Bedürfnisse. Der Mensch scheint selten langfristig zufrieden zu sein, sondern bewegt sich ständig von einem Ziel zum nächsten.
• Die Illusion des Glücks durch Streben: Maharaj würde argumentieren, dass die Erfüllung eines Bedürfnisses nur vorübergehendes Glück bringt und der eigentliche Frieden erst dann eintritt, wenn das Streben selbst endet.

Fazit: Irrtum oder Einsicht?

Ob Nisargadatta irrt, hängt von der Perspektive ab:
• Aus der biologisch-psychologischen Perspektive: Das Streben nach Bedürfnisbefriedigung ist ein fundamentaler Bestandteil der menschlichen Natur. Nisargadatta könnte kritisiert werden, die physische und soziale Realität des Menschen zu ignorieren.
• Aus der spirituellen Perspektive: Nisargadatta spricht von einer tieferen Wahrheit, die über das Streben hinausgeht. Er betrachtet das Streben als Symptom der Identifikation mit etwas, das nicht die wahre Essenz des Menschen ist.

Es könnte also weniger darum gehen, ob er "recht" hat, sondern darum, welche Ebene der menschlichen Existenz man betonen möchte: die relative (Streben) oder die absolute (Frieden und Glückseligkeit).

Letztlich kann es nicht darum gehen kann, einen der beiden Standpunkte – den relativen oder den absoluten – zu bevorzugen, sondern vielmehr darum, eine Synthese und Versöhnung beider zu finden. Diese Sichtweise ist nicht nur logisch, sondern auch integrativ, weil sie sowohl die spirituelle als auch die physische/menschliche Dimension des Lebens respektiert.

1. Relativer und absoluter Standpunkt – beide sind notwendig

• Relativer Standpunkt: Auf der relativen Ebene (der Welt des Körpers, der Gedanken und der Beziehungen) hat der Mensch zweifelsohne Bedürfnisse. Nahrung, Sicherheit, soziale Bindung und Selbstverwirklichung sind essenziell. Diese Ebene zu ignorieren würde bedeuten, das Leben, wie wir es erfahren, zu verneinen.

• Absoluter Standpunkt: Auf der absoluten Ebene (dem Sein oder Bewusstsein) könnte man Nisargadatta folgen: Es gibt nichts, was "erreicht" werden muss, denn das wahre Selbst ist immer schon vollständig. Frieden und Glückseligkeit sind bereits gegeben.

Die Herausforderung entsteht, wenn einer der beiden Standpunkte isoliert wird:

• Nur relativer Fokus: Führt oft zu endlosem Streben, Leiden und dem Gefühl von Mangel, weil der Mensch niemals vollständig zufrieden ist.

• Nur absoluter Fokus: Ignoriert die Realität der menschlichen Erfahrung und die grundlegenden Notwendigkeiten des Lebens, was zu einer Art spirituellem Eskapismus führen kann.

2. Synthese: Die wahre Natur als Einheit beider Ebenen

Der wahre Standpunkt liegt in der Integration beider Ebenen, nicht in ihrer Trennung. Der Mensch ist sowohl ein biologisches und soziales Wesen mit Bedürfnissen, als auch ein spirituelles Wesen, das über diese Bedürfnisse hinausgeht.

Einige mögliche Prinzipien für diese Synthese:

1. Der relative Standpunkt wird durch den absoluten getragen: Der absolute Frieden und die Glückseligkeit, die Nisargadatta beschreibt, können als Grundlage dienen, um die Bedürfnisse des Lebens gelassener, bewusster und erfüllter zu erfüllen. Es geht nicht darum, die Bedürfnisse zu leugnen, sondern sie aus einer Haltung von innerem Frieden zu betrachten, anstatt aus Mangel oder Angst.
2. Der absolute Standpunkt wird durch den relativen verwirklicht: Das tiefe Verständnis, dass man in seinem Kern bereits Frieden und Glück ist, kann erst dann vollständig erfahrbar werden, wenn es im Alltag gelebt wird – in Beziehungen, in der Arbeit und im Umgang mit den eigenen Bedürfnissen.
3. Streben wird zum Ausdruck, nicht zum Mangel:

Aus der Synthese entsteht eine neue Sicht auf das Streben. Anstatt aus einem Gefühl des Mangels zu handeln ("Ich brauche X, um glücklich zu sein"), wird das Streben zum kreativen Ausdruck des Lebens: "Ich handle, weil es Teil der menschlichen Erfahrung ist, zu erschaffen und zu wachsen."

4. Integration von Bedürfnissen und Sein:
Bedürfnisse wie Nahrung, Sicherheit oder soziale Verbindungen werden nicht als Hindernis für spirituelles Wachstum gesehen, sondern als natürliche Bestandteile des Lebens, die in Frieden erfüllt werden können.

3. Beispiele für die Synthese in der Praxis

• Essen: Auf relativer Ebene muss der Mensch Nahrung zu sich nehmen, um zu überleben. Auf absoluter Ebene könnte man aber erkennen, dass das Essen nicht aus einem Gefühl der Angst vor Mangel erfolgt, sondern aus der Freude, den Körper zu nähren.
• Beziehungen: Relativ gesehen brauchen Menschen Liebe und Gemeinschaft. Absolut betrachtet könnte man verstehen, dass man bereits vollständig ist, und aus diesem Gefühl der Fülle heraus Beziehungen eingeht, anstatt sie zu nutzen, um "sich vollständig zu fühlen."
• Arbeit: Relativ gesehen ist Arbeit notwendig, um zu leben. Absolut betrachtet könnte sie als Ausdruck des eigenen kreativen Potentials gesehen werden, statt nur als Mittel zum Zweck.

4. Die wahre Natur: Das Zusammenspiel

Die wahre Natur des Menschen ist weder reines Streben noch reiner Frieden. Es ist das Zusammenspiel von beiden:
• Der Mensch lebt in der Welt des Werdens, des Strebens, der Bedürfnisse. Aber wenn er erkennt, dass Frieden und Glückseligkeit im Kern seines Seins bereits vorhanden sind, kann er in der relativen Welt mit Gelassenheit, Freude und Verbundenheit handeln.
• Frieden und Glückseligkeit sind keine Alternative zum Streben, sondern die Grundlage, auf der das Streben sich gesund und natürlich entfalten kann.

Fazit: Die Synthese ist die wahre Natur

Die Synthese von absolutem und relativem Standpunkt ist eine Versöhnung, die sowohl die spirituelle Wahrheit als auch die menschliche Realität ehrt. Der Mensch muss seine Bedürfnisse erfüllen, aber er kann dies mit dem Wissen tun, dass sein tiefster Kern immer vollständig und frei ist. Dieses Verständnis ermöglicht ein Leben in Harmonie – ein Leben, in dem das Streben nicht zu Leiden führt, sondern zu einem kreativen Ausdruck des wahren Seins wird.

Das Cartoon stellt die Synthese zwischen absolutem und relativem Standpunkt auf humorvolle Weise dar.

Spruch34: Die Einheit jenseits von Subjekt und Objekt

Schauen Sie her, mein Daumen berührt den Zeigefinger. Beide berühren den anderen Finger und werden von ihm berührt. Wenn meine Aufmerksamkeit auf dem Daumen ist, ist der Daumen der Fühlende und der Zeigefinger das Selbst. Richten Sie die Aufmerksamkeit auf den Zeigefinger und die Verhältnisse stellen sich auf den Kopf. Irgendwie habe ich festgestellt, dass ich durch die Veränderung meiner Aufmerksamkeit die Sache geworden bin, die ich anschaue und deren Bewusstsein erfahre. Ich werde zum inneren Beobachter dieser Sache. Ich nenne diese Fähigkeit, andere Hüllen des Bewusstseins zu betreten, Liebe. Sie können es nennen, wie Sie wollen. Die Liebe sagt: „Ich bin alles." Die Weisheit sagt: „Ich bin nichts." Zwischen diesen beiden fließt mein Leben. Da ich zu jeder Zeit und an jedem Ort das Subjekt so wie das Objekt der Erfahrung aus, dass ich sage: Ich bin beides und keines von beiden und jenseits der beiden.

Der Spruch von Nisargadatta Maharaj lässt sich aus der NLP-Perspektive als eine tiefe Reflexion über die Rolle von Aufmerksamkeit, Identität und Perspektivenwechsel verstehen. Seine Aussage bietet reichhaltige Möglichkeiten zur Interpretation im Kontext von NLP. Hier sind die zentralen Aspekte und ihre Verbindung zu NLP:

1. Aufmerksamkeit lenkt Erfahrung

Nisargadatta beschreibt, wie die Veränderung der Aufmerksamkeit dazu führt, dass er seine Wahrnehmung und Identität verändert. Das passt direkt zur NLP-Vorannahme:
• "Die Richtung der Aufmerksamkeit bestimmt die Qualität der Erfahrung."
In NLP wird oft betont, wie entscheidend der Fokus ist. Der Spruch zeigt: Indem man die Aufmerksamkeit verändert, kann man das erleben, was man betrachtet – man wird quasi „eins" mit der Erfahrung. Dieses Prinzip wird im NLP unter anderem bei der Arbeit mit Submodalitäten und Ankern genutzt.

Beispiel aus NLP:

• Wenn man einem unangenehmen Gefühl Aufmerksamkeit schenkt und die Perspektive wechselt (z. B. durch Dissoziation oder Reframing), verändert sich das emotionale Erleben. Ebenso kann der Fokus auf eine bestimmte positive Erinnerung helfen, diesen Zustand zu intensivieren und zu verkörpern.

2. Identität und Perspektivenwechsel

Nisargadatta spricht von einem Wechsel zwischen Subjekt (dem, der wahrnimmt) und Objekt (dem, was wahrgenommen wird). NLP nutzt genau diese Dynamik in Techniken wie Perzeptuellen Positionen:
• Erste Position (Ich): Man nimmt die Perspektive des eigenen Erlebens ein (der Fühlende, wie Nisargadatta sagt).
• Zweite Position (Du): Man nimmt die Perspektive des anderen ein und erlebt die Situation aus deren Sicht.

• Dritte Position (Beobachter): Man beobachtet die Interaktion von außen, ohne sich mit einer Seite zu identifizieren.

Dieser Perspektivwechsel wird im NLP verwendet, um Empathie, Selbstreflexion und neue Einsichten zu fördern. Nisargadattas Beschreibung der Verschmelzung von Subjekt und Objekt kann als eine hochentwickelte Form dieses Perspektivwechsels betrachtet werden.

3. Liebe als Verbindung zwischen Subjekt und Objekt

Nisargadatta beschreibt Liebe als die Fähigkeit, andere „Höhlen des Bewusstseins" zu betreten. Aus NLP-Sicht kann dies als Rapport oder tiefes Einfühlungsvermögen interpretiert werden:
• Rapport: In NLP ist dies die Fähigkeit, mit einem anderen Menschen oder einer Erfahrung so verbunden zu sein, dass man eine gemeinsame Realität teilt. Nisargadatta geht noch weiter und beschreibt Liebe als völlige Identifikation mit dem Anderen – ein Zustand, der über das reine mentale Verständnis hinausgeht.

NLP-Anwendung:

• In der Arbeit mit anderen kann man durch Rapport nicht nur das Verhalten, sondern auch die emotionale und mentale Realität des Gegenübers "betreten", was tiefere Verbindungen und Transformationen ermöglicht.

4. „Ich bin alles" und „Ich bin nichts"
450

Diese Aussagen spiegeln zwei Pole wider: totale Identifikation (Alles) und völlige Loslösung (Nichts). NLP greift ähnliche Konzepte auf, besonders in der Arbeit mit Glaubenssätzen und Identität:

• "Ich bin alles" (Assoziation): Dies ist die vollkommene Verschmelzung mit einer Erfahrung oder Rolle. Es wird genutzt, um sich in eine Situation oder ein Ziel vollständig hineinzuversetzen.

• "Ich bin nichts" (Dissoziation): Dies ist die Fähigkeit, sich von einer Erfahrung oder Identität zu lösen. Es ermöglicht, einen klaren Blick zu gewinnen und emotionale Distanz zu schaffen.

NLP arbeitet oft mit diesem Spiel zwischen Assoziation und Dissoziation, um Flexibilität im Erleben zu schaffen.

5. Zwischen „Ich bin alles" und „Ich bin nichts" fließt das Leben

Nisargadatta beschreibt das Leben als ein Fließen zwischen diesen beiden Extremen. NLP würde dies als eine Dynamik von Polaritäten interpretieren:

• Polaritäten sind Gegensätze, die sich gegenseitig ergänzen (z. B. Aktivität und Ruhe, Kontrolle und Loslassen). NLP-Techniken wie die Arbeit mit „Parts Integration" zielen darauf ab, scheinbare Gegensätze zu vereinen und zu integrieren.

• Im Spruch wird deutlich, dass sowohl das Verschmelzen mit einer Erfahrung („Ich bin alles") als auch die völlige Loslösung („Ich bin nichts") wichtig sind – und dass das Leben zwischen diesen Polen dynamisch ist.

451

6. „Ich bin beides und keines von beiden und jenseits der beiden"

Diese Aussage verweist auf eine transzendente Perspektive, die über Dualitäten hinausgeht. NLP würde dies als eine Meta-Position betrachten:

• Die Meta-Position ist der Zustand, in dem man nicht nur eine spezifische Perspektive einnimmt, sondern alle Perspektiven überblicken und gleichzeitig transzendieren kann. In NLP wird die Meta-Position oft genutzt, um Einsichten zu gewinnen, die im normalen Denken verborgen bleiben.

Fazit: Nisargadatta und NLP

Der Spruch von Nisargadatta zeigt, wie mächtig die Aufmerksamkeit und der Wechsel von Perspektiven sind. Aus NLP-Sicht lässt sich dies als Einladung verstehen, mit Fokus, Identität und Wahrnehmung flexibel zu arbeiten. Dabei geht es um:

1. Bewusstes Lenken der Aufmerksamkeit: Den Fokus so zu verändern, dass man eine neue Beziehung zu sich selbst und der Welt findet.

2. Perspektivenwechsel: Zwischen Subjekt, Objekt und Beobachter zu wechseln, um neue Einsichten und Verbindungen zu schaffen.

3. Integration von Polaritäten: Die scheinbaren Gegensätze von Identifikation und Loslösung zu vereinen, um ein dynamisches, erfülltes Leben zu führen.

Nisargadatta beschreibt letztlich eine tiefe Fähigkeit, die im NLP als Ziel verfolgt wird: die Flexibilität, Bewusstsein und Verbindung in allen Aspekten des Lebens zu steigern.

Das Cartoon stellt die Aussage „Ich bin beides und keines von beiden und jenseits der beiden" humorvoll dar!

Spruch35: Die Läuterung des Verstandes zur Selbstverwirklichung

Sie bringen Dualität ins Spiel, wo es keine gibt. Es gibt den Kör-
per und es gibt das Selbst. Zwischen den beiden ist der Verstand,
in dem das Selbst als das „Ich bin" reflektiert wird. Durch die
Unvollkommenheit, Unbeholfenheit, Ruhelosigkeit, mangelnde
Erkenntnis und Einsicht des Verstandes hält es sich für den Kör-
per und nicht für das Selbst. Der Verstand braucht nur geläutert
werden, damit er seine Identität mit dem Selbst wahrnehmen
kann. Wenn sich der Verstand in dem Selbst auflöst, dann verur-
sacht der Körper keine Probleme mehr. Der höchste Zustand des
Körpers liegt darin, ein Instrument zu sein, um den kosmischen
Körper zu entdecken, welcher das Universum in seiner
Gesamtheit ist. Wenn Sie ihr Selbst durch die Manifestation ver-
wirklichen, werden Sie entdecken, dass Sie unendlich mehr sind,
als Sie sich je vorgestellt haben.

Dieser Spruch von Nisargadatta Maharaj kann aus der NLP-Sicht als ein tiefgründiger Hinweis auf die Arbeit mit Identität, Glaubenssätzen und der Rolle des Geistes (Verstandes) betrachtet werden. Hier sind die zentralen Elemente und ihre Verbindungen zu NLP:

1. „Sie bringen Dualität ins Spiel, wo es keine gibt."

Nisargadatta weist darauf hin, dass die Trennung zwischen Körper, Verstand und Selbst (bewusstes Sein) eine Illusion ist, die durch den Verstand geschaffen wird. NLP erkennt ebenfalls, dass die Wahrnehmung von „Teilen" oft das Ergebnis innerer Glaubenssätze oder mentaler Modelle ist.

• NLP-Anwendung: Die Arbeit mit „Parts Integration" zielt darauf ab, scheinbare Widersprüche oder Dualitäten innerhalb des Selbst zu vereinen. Der Verstand erzeugt oft Konflikte zwischen verschiedenen „Teilen" einer Person, etwa zwischen rationalem Denken und emotionalem Bedürfnis. Indem man die Einheit hinter diesen scheinbaren Gegensätzen erkennt, wird Harmonie geschaffen.

2. „Der Verstand hält sich für den Körper und nicht für das Selbst."

Dies beschreibt eine Fehlidentifikation, die laut Nisargadatta durch Unwissenheit und mangelnde Klarheit entsteht. NLP arbeitet gezielt mit solchen Identifikationen und Glaubenssätzen:

• Identitätsarbeit im NLP: NLP-Interventionen wie die Arbeit mit der logischen Ebenen (Robert Dilts) helfen, zwischen verschiedenen Ebenen der Identität zu unterscheiden (z. B. Verhalten, Fähigkeiten, Überzeugungen, Werte, Identität, spirituelle Ebene).

• Wenn sich der Verstand ausschließlich mit der körperlichen Ebene identifiziert, könnten Glaubenssätze wie „Ich bin mein Körper" dominieren. Diese können durch bewusstes Reframing transformiert werden, um das Bewusstsein auf eine tiefere Ebene zu erweitern.

• Reframing der Identität: NLP bietet Techniken, um Glaubenssätze zu ändern, die Menschen an begrenzte Identitäten binden. Zum Beispiel könnte die Überzeugung „Ich bin nur mein

Körper" zu „Ich bin mehr als mein Körper; mein Körper ist ein Teil eines größeren Selbst" reframed werden.

3. „Der Verstand braucht nur geläutert werden."

Der Prozess der „Läuterung" des Verstandes, den Nisargadatta beschreibt, kann mit der Arbeit im NLP zur Veränderung von Denk- und Verhaltensmustern verglichen werden:
• Submodalitäten verändern: In NLP werden Submodalitäten (z. B. visuelle, auditive oder kinästhetische Eigenschaften innerer Bilder) genutzt, um die Wahrnehmung zu verändern und einschränkende Denkmuster zu „läutern".
• Glaubenssatzarbeit: Der Verstand wird oft durch negative Glaubenssätze blockiert. NLP-Techniken wie das „Belief Change Cycle" können helfen, den Verstand von einschränkenden Überzeugungen zu befreien.

4. „Wenn sich der Verstand in dem Selbst auflöst, dann verursacht der Körper keine Probleme mehr."

Dies könnte im NLP als ein Zustand völliger Kongruenz und Integration interpretiert werden:
• Kongruenz im NLP: Wenn alle Teile des Selbst (Verstand, Körper, Emotionen) in Einklang stehen, entsteht ein Gefühl von Frieden und innerer Einheit. Der Verstand hört auf, unnötige Probleme zu schaffen, weil er nicht mehr in inneren Konflikten verstrickt ist.
• Dissoziation und Meta-Position: Der Verstand kann durch eine „Meta-Position" trainiert werden, den Körper und seine Erfa-

hrungen objektiv wahrzunehmen, ohne sich mit ihnen zu identifizieren. Dies schafft eine innere Distanz, die es ermöglicht, Körperempfindungen oder Emotionen ohne Konflikte zu erleben.

5. „Der höchste Zustand des Körpers liegt darin, ein Instrument zu sein."

Nisargadatta sieht den Körper als Werkzeug, das hilft, das „kosmische Bewusstsein" zu entdecken. Aus NLP-Sicht könnte dies mit der Fähigkeit verglichen werden, den Körper als Ressource und Ausdrucksmittel zu betrachten:

• Ressourcenarbeit: NLP betont, dass Körper und Geist miteinander verbunden sind. Der Körper ist ein wichtiges Werkzeug, um innere Zustände zu beeinflussen (z. B. durch Atmung, Haltung oder Ankertechniken).

• Ankertechniken: Der Körper kann bewusst genutzt werden, um positive Zustände wie Gelassenheit, Kreativität oder Einsicht zu aktivieren.

6. „Wenn sie ihr Selbst durch die Manifestation verwirklichen..."

Dieser Satz beschreibt, wie das Selbst durch die bewusste Erfahrung und Interaktion mit der Welt entdeckt wird. NLP sieht diese „Manifestation" als die Fähigkeit, innere Zustände in äußeres Verhalten umzusetzen:

• Zustandsmanagement: NLP hilft Menschen, gewünschte innere Zustände (z. B. Selbstbewusstsein, Klarheit) gezielt in Handlungen zu übertragen.

• Modellieren von Exzellenz: Durch das Beobachten und Modellieren von erfolgreichen Strategien wird das Potenzial des Selbst aktiviert und manifestiert.

7. „…werden sie entdecken, dass sie unendlich mehr sind, als sie sich je vorgestellt haben."

NLP teilt diesen Optimismus, dass Menschen oft weit mehr Potenzial in sich tragen, als sie erkennen:
• Erweiterung von Möglichkeiten: NLP hilft Menschen, über ihre bisherigen Grenzen hinauszugehen, indem es einschränkende Glaubenssätze entfernt und neue Ressourcen zugänglich macht.
• Future Pacing: Durch das Visualisieren eines erfüllten Lebens wird ein Zugang zu dem Gefühl geschaffen, „unendlich mehr" zu sein, als die momentane Vorstellung.

Fazit: Nisargadatta und NLP

Aus der Sicht des NLP lässt sich der Spruch als Einladung verstehen, die Identifikation mit begrenzenden Glaubenssätzen und Denkmustern zu lösen und den Verstand zu „läutern", um die wahre Natur des Selbst zu erfahren. Der Körper wird nicht als Hindernis, sondern als Werkzeug gesehen, um diese Verwirklichung zu ermöglichen. Der zentrale Gedanke von Nisargadatta – dass wir unendlich mehr sind als das, was wir denken – entspricht dem Kernziel von NLP: Menschen dabei zu helfen, ihr volles Potenzial zu erkennen und zu leben.

Ergänzungen

1. Die drei Ebenen: Körper, Verstand (Ich-Illusion), grenzenloses Selbst
• Körper: Das physische Instrument, das auf der relativen Ebene agiert und als Schnittstelle zwischen dem äußeren Universum und der inneren Erfahrung dient. Im höchsten Zustand ist er ein Werkzeug, um die Verbindung zum kosmischen Ganzen zu erfahren.
• Verstand (Ich-Illusion): Das „Sprach-Ich", eine emergente Konstruktion, die aus Sprache, sozialen Prägungen und Strategien entsteht. Diese Ich-Illusion ist eine Repräsentation, die sich auf die Fremdwahrnehmung anderer stützt – das Bild, das man von sich hat, basiert darauf, wie man glaubt, dass andere einen sehen.
• Das grenzenlose Selbst (0-Meter-Perspektive): Die Perspektive des unmittelbaren Erlebens. Dies ist der Zustand, in dem die Begrenzung durch das „Ich" wegfällt und die Erfahrung der Einheit mit dem Universum möglich wird. Douglas Hardings „Kein Kopf"-Erkenntnis ist eine direkte Beschreibung dieser Wahrnehmung: Ohne die Ich-Illusion bleibt nur die Weite des grenzenlosen Seins.

2. Die „Ich-Illusion" als verzerrte Wahrnehmung
• Sprach-Ich als Konstruktion: Im NLP wird anerkannt, dass Sprache ein zentrales Medium ist, durch das Menschen ihre Realität modellieren. Das „Sprach-Ich" ist eine Sammlung von mentalen Konstrukten, die durch soziale Interaktion, Selbstgespräche und externe Zuschreibungen entstehen. Diese Konstrukte schaf-

fen eine verzerrte Wahrnehmung der Realität, da sie eine Trennung erzeugen, die in der 0-Meter-Perspektive nicht existiert.

• Verzerrung durch Fremdwahrnehmung: Die Übernahme der Perspektive anderer („Wie sehe ich von 2 Metern Entfernung aus?") erzeugt eine Identifikation mit einem externen Bild, das nicht die unmittelbare Erfahrung des Selbst repräsentiert. Diese Identifikation mit einem „fremden Kopf" führt zu Strategien, die darauf abzielen, dieses Bild zu schützen, zu verbessern oder zu rechtfertigen.

Auflösung der Verzerrung

Im Prozess des Erwachens wird diese Verzerrung durch die Erkenntnis aufgelöst, dass das „Sprach-Ich" eine Illusion ist. NLP könnte dies als den Zusammenbruch alter Identitätsstrategien verstehen, die auf verzerrten Repräsentationen basieren.

3. Die Rolle der Ich-Strategien

Im NLP wird das Verhalten oft als Ausdruck unbewusster Strategien betrachtet. Die Interpretation, dass sich durch das Erwachen die Ich-Strategien auflösen, passt hier perfekt:

• Identifikationsstrategien: Das „Sprach-Ich" besteht aus Strategien, die darauf abzielen, eine kohärente Identität aufrechtzuerhalten. Diese Strategien umfassen:

• Selbstgespräche (innere Dialoge, die das „Ich" bestätigen)

• Visuelle Repräsentationen (innere Bilder, wie man glaubt, von anderen gesehen zu werden)

• Emotionale Anker (Gefühle, die mit bestimmten Identitäten verknüpft sind)

• Zusammenbruch der Strategien: Wenn die Verzerrung erkannt wird, brechen diese Strategien zusammen, da sie keine Grundlage mehr haben. Das führt zur Erfahrung der Weite, die Nisargadatta und Harding beschreiben.

NLP-Verbindung:
Die Technik der Dissoziation kann helfen, diesen Prozess zu unterstützen. Wenn man sich von der Identifikation mit einem inneren Bild oder einer Strategie löst, kann man die Grenzenlosigkeit des Selbst wahrnehmen. Ein NLP-Coach könnte dies fördern, indem er mit Submodalitäten arbeitet, um die Starrheit des „Ich-Bildes" aufzulösen.

4. Der Körper als Instrument

• Der Körper als Werkzeug für Einsicht: Wenn man sich der unmittelbaren Körperwahrnehmung (z. B. Atmung, Empfindungen) bewusst wird, kann man erkennen, dass die Vorstellung eines „Kopfes" oder eines „Ichs" nur ein Konstrukt ist. Der Körper dient dann als Brücke zwischen der relativen und der absoluten Ebene.

• Douglas Hardings „Kein Kopf": Der Gedanke, dass man „keinen Kopf hat", zeigt, wie der Körper helfen kann, die Ich-Illusion zu durchbrechen. In der direkten Wahrnehmung sieht man keine Begrenzung – nur Offenheit und Weite.

NLP-Anwendung:
Im NLP wird der Körper oft genutzt, um Bewusstseinszustände zu verändern:

• Ankertechniken: Der Körper kann positive Zustände (wie Grenzenlosigkeit oder Einheit) verankern.

• Somatische Techniken: Achtsamkeitsübungen oder bewusste Körperwahrnehmung helfen, die Verbindung zum Hier und Jetzt herzustellen.

5. Von der Fremdwahrnehmung zur Einheit

Der Prozess, den Nisargadatta beschreibt, ist ein Übergang von der verzerrten Wahrnehmung (Fremdwahrnehmung, Identifikation mit dem Körper und dem „Sprach-Ich") zur unmittelbaren Erfahrung der Einheit:

• Fremdwahrnehmung: Die Ich-Illusion basiert auf der Übernahme von Perspektiven anderer und der Identifikation mit äußeren Bildern.

• Selbstwahrnehmung: Wenn man zur 0-Meter-Perspektive zurückkehrt, erkennt man, dass diese Fremdwahrnehmung nie die wahre Natur war.

• Einheit: Diese Erkenntnis führt zur Auflösung des Verstandes in das Selbst und zur Erfahrung des „kosmischen Körpers".

Zusätzlicher Aspekt: Integration in den Alltag

Ein wichtiger Punkt ist, wie diese Erkenntnis in den Alltag integriert wird. Nisargadatta spricht davon, dass der Verstand als Werkzeug weiterarbeiten kann, wenn er nicht mehr verzerrt ist („arbeitender Geist"). NLP könnte dies als eine neue Strategie der Wahrnehmung verstehen:

• Transzendenz und Funktionalität: Nach der Erkenntnis der Einheit können Körper und Verstand weiterhin handeln, aber nicht mehr aus der Illusion heraus. Sie werden Werkzeuge, um die Einheit in der relativen Welt auszudrücken.

• Kongruenz: NLP strebt an, dass innere Erkenntnisse in Handlungen umgesetzt werden. Nach dem Erwachen könnte das Handeln von Authentizität und Gelassenheit geprägt sein.

Fazit

Diese Ergänzungen bringen eine umfassende Klarheit in die Interpretation des Spruchs. Die Verbindung von Körper, Verstand (Ich-Illusion) und grenzenlosem Selbst beschreibt den Prozess, den Nisargadatta als Erwachen beschreibt, sehr genau. Aus NLP-Sicht ist dies ein Zusammenbruch von alten Strategien und eine Neuausrichtung des Verstandes, um die Einheit des Selbst zu erkennen. Die Synthese dieser Perspektiven zeigt, wie Weisheit und Werkzeuge wie NLP Hand in Hand gehen können, um dieses tiefe Verständnis zu fördern.

Das Cartoon stellt die drei Ebenen – Körper, Verstand (als Ich-Illusion) und das Grenzenlose Selbst – humorvoll dar.

Ist die Auflösung der Ich-Illusion tatsächlich notwendig oder sogar wünschenswert? Oder könnte es sein, dass sie eine Art „Erleuchtungsfalle" darstellt, die uns von der pragmatischen Funktionalität der Ich-Konstruktion entfremdet? Dieser Gedanke bringt interessante Perspektiven auf den Tisch, die ich noch aufgreifen und differenziert beleuchten möchte.

1. Die Ich-Illusion als pragmatische Benutzeroberfläche

• Funktionalität der Ich-Illusion: Aus neurokognitiver Sicht könnte man argumentieren, dass die Ich-Illusion oder „Benutzer-Illusion" eine sinnvolle Vereinfachung ist, die uns erlaubt, in der Welt zu agieren. Sie dient als Arbeitsmodell, das die Komplexität des Lebens reduziert, indem es klare Unterscheidungen schafft:
• Zwischen Innenwelt (Subjekt) und Außenwelt (Objekte).
• Zwischen Vergangenheit, Gegenwart und Zukunft.
• Zwischen dem eigenen Handeln und dem Handeln anderer.
• Evolutionäre Perspektive: Das „Ich" kann als evolutionäre Anpassung verstanden werden, die Überleben und Fortpflanzung erleichtert. Es hilft uns, kohärent zu handeln, Verantwortung zu übernehmen und soziale Beziehungen zu navigieren.
• Pragmatische Sichtweise: Aus einer praktischen Perspektive ist das „Ich" ein nützliches Werkzeug, das den biologischen und sozialen „Computer" effizienter macht. Es schafft eine Benutzeroberfläche, die uns Orientierung gibt, ähnlich wie das Desktop-Interface eines Computers: Man sieht Symbole und Ordner, statt den zugrunde liegenden Binärcode.

2. Die Gefahr der Erleuchtungsfalle

Die Idee einer Erleuchtungsfalle argumentiert, dass das Streben nach der Auflösung der Ich-Illusion oder nach Selbsttranszendenz selbst zu einer Art von Illusion werden kann:
• Ein weiteres Ziel: Wenn die Auflösung des „Ichs" zu einem angestrebten Ziel wird, kann es die gleiche Funktion übernehmen wie jedes andere egozentrierte Ziel (z. B. Erfolg, Reichtum, Anerkennung). Es wird dann ein weiterer „Gedanke des Ichs",

der nicht zur Befreiung führt, sondern das Gefühl von Mangel verstärkt.

• Flucht vor der Realität: Die Fixierung auf Einheit oder Transzendenz könnte dazu führen, dass man die konkreten Herausforderungen des Lebens vernachlässigt. Man riskiert, in einen Zustand zu geraten, in dem man Realität und Körperlichkeit ablehnt und dadurch in einer subtilen Form von Eskapismus landet.

• Dämonisierung des „Ichs": Wenn das „Ich" nur als Illusion oder Fehler angesehen wird, verliert man möglicherweise den Blick für dessen nützliche, pragmatische Funktionen. Es könnte zu einer inneren Spaltung führen, in der man versucht, etwas abzulehnen, das essenziell für das Funktionieren des Lebens ist.

3. Integration statt Auflösung: Ein Mittelweg

Ein sinnvoller Ansatz könnte sein, nicht die Ich-Illusion vollständig „aufzulösen", sondern sie zu integrieren und ihren Platz innerhalb eines umfassenderen Verständnisses zu erkennen:

• Das „Ich" als Werkzeug, nicht als Gefängnis: Statt das „Ich" als Problem zu sehen, könnte man es als nützliches Werkzeug betrachten, das seinen Platz hat. Es ist nicht die ultimative Realität, aber auch keine Täuschung, die vollständig beseitigt werden muss. Es ist eine Perspektive, die uns Orientierung gibt, aber flexibel genug sein sollte, um sich anderen Perspektiven (wie Einheit oder Transzendenz) anzupassen.

• Relativer und absoluter Standpunkt: Aus dieser Sicht könnte man zwischen der relativen Ebene (auf der das „Ich" operiert) und der absoluten Ebene (auf der Einheit und Grenzenlosigkeit

erfahren werden) unterscheiden. Der Trick besteht darin, beide Perspektiven zu integrieren:
• Relativ: Das „Ich" navigiert die Welt, übernimmt Verantwortung und handelt.
• Absolut: Man erkennt, dass das „Ich" letztlich nur eine Perspektive ist und dass dahinter ein größeres, grenzenloses Sein existiert.

4. Wachstumsorientierte Illusion

Ein weiterer Aspekt ist die Frage, ob das „Ich" nicht auch eine Art wachstumsorientierte Illusion sein kann:
• Rahmen für Entwicklung: Das „Ich" bietet einen Rahmen, in dem persönliche und spirituelle Entwicklung stattfinden kann. Es schafft eine Identität, die als Ausgangspunkt für die Erforschung von Werten, Zielen und Beziehungen dient.
• Selbsttranszendenz als dynamischer Prozess: Selbsttranszendenz muss nicht bedeuten, dass das „Ich" vollständig verschwindet, sondern dass es flexibler wird. Man erkennt, dass man sowohl ein individuelles Subjekt als auch Teil eines größeren Ganzen ist.

5. Der „arbeitende Geist" vs. der „denkenden Geist"

Ich möchte hier auch Ramesh Balsekars Unterscheidung zwischen dem „denkenden Geist" und dem „arbeitenden Geist" erwähnen. Diese Idee lässt sich gut mit der Frage nach der Sinnhaftigkeit der Ich-Illusion verbinden:

• Denkender Geist: Der „denkende Geist" ist das Sprach-Ich, das ständig analysiert, bewertet und sich mit seiner Identität beschäftigt. Seine Funktion ist oft unnötig aktiv, was zu Unruhe und Konflikten führt.

• Arbeitender Geist: Der „arbeitende Geist" ist der praktische, funktionale Aspekt des Bewusstseins, der Aufgaben erledigt, ohne sich in Identität und Ego zu verstricken. Dieser Geist operiert auf einer pragmatischen Ebene, ähnlich wie das „Ich" als Benutzeroberfläche.

Fazit:

Die „Erleuchtungsfalle" könnte darin bestehen, den „arbeitenden Geist" mit dem „denkenden Geist" gleichzusetzen und beide auflösen zu wollen. Stattdessen könnte man die Auflösung nur auf den „denkenden Geist" beziehen, während der „arbeitende Geist" weiterhin aktiv bleibt.

6. Fazit: Integration statt Ablehnung

Die Auflösung der Ich-Illusion muss nicht das Ziel sein. Stattdessen könnte es sinnvoller sein,
die Flexibilität und Durchsichtigkeit des „Ichs" zu fördern:
• Das „Ich" bleibt als pragmatisches Werkzeug erhalten, wird aber nicht mehr als absolute Realität angesehen.
• Die Erkenntnis von Einheit und Grenzenlosigkeit wird in den Alltag integriert, ohne die Funktionalität des „Ichs" zu verlieren.

• Erleuchtung wird nicht als Flucht aus der Welt verstanden, sondern als ein Zustand, in dem beide Perspektiven – die relative und die absolute – friedlich koexistieren.

Dieser Ansatz könnte die Erleuchtungsfalle vermeiden und gleichzeitig die Stärken der Benutzer-Illusion nutzen, ohne sie absolut zu setzen.

Alternative Perspektive zur traditionellen Idee der „Auflösung des Ichs"

Die Vorstellung, das emergente Ich zu stärken, anstatt es aufzulösen, könnte dazu führen, dass Menschen eine größere persönliche Kraft, Klarheit und Handlungsfähigkeit entwickeln, während sie gleichzeitig ihre tiefere Verbindung zum universellen Selbst anerkennen. Schauen wir uns an, was dieser Weg bedeuten könnte und wohin er führen würde.

1. Das Ich als mächtiges, emergentes Phänomen

Das Ich ist ein emergentes Ergebnis von Sprache, sozialen Interaktionen und kognitiven Prozessen. Anstatt es als Illusion oder Hindernis zu betrachten, könnte man es als kreativen Ausdruck des Universums sehen. Dieses Ich, wenn es bewusst und gezielt gestärkt wird, könnte folgende Funktionen erfüllen:

• Integration von Individualität und Einheit: Ein kraftvolles Ich
wäre nicht getrennt von der universellen Einheit, sondern ein bewusster Ausdruck dieser Einheit in der Welt.

• Schöpferische Macht: Ein gestärktes Ich könnte gezielt schöpferisch wirken – in der Kunst, Wissenschaft, im sozialen Leben
oder spirituellen Kontext – und so die Evolution des Bewusstseins fördern.

2. Stärkung des Ichs als bewusster Entwicklungsweg

Wenn das Ziel nicht die Auflösung, sondern die Stärkung des
Ichs ist, könnte dieser Weg darauf abzielen, eine kohärente,
kraftvolle Persönlichkeit zu entwickeln, die gleichzeitig flexibel
und offen bleibt. Dieser Ansatz würde folgende Aspekte umfassen:

a) Klarheit und Bewusstheit des Ichs

• Bewusstes Ich: Das Ich wird nicht als Illusion abgetan, sondern
bewusst wahrgenommen und genutzt. Der Prozess könnte darin
bestehen, sich seiner Gedanken, Gefühle und Handlungen voll
bewusst zu sein und sie in Einklang mit den eigenen Werten und
Zielen zu bringen.
• Selbstreflexion: Anstatt sich mit der Ich-Konstruktion zu identifizieren, reflektiert man sie und macht sie zu einem Werkzeug,
das bewusst gestaltet wird.

b) Entwicklung eines mächtigen, authentischen Ichs

• Kraftvolle Persönlichkeit: Das Ziel wäre, ein starkes, selbstbewusstes und authentisches Ich zu entwickeln, das klar kommuniziert, mit Herausforderungen umgeht und einen positiven Einfluss auf die Welt hat.

• Integration von Schattenanteilen: Statt das Ich aufzulösen, könnten dessen unbewusste oder verdrängte Aspekte bewusst gemacht und integriert werden, um eine vollständige und kraftvolle Persönlichkeit zu schaffen.

c) Verbindung zur Einheit

• Ein kraftvolles Ich könnte in der Einheit mit dem Universum verankert sein, aber trotzdem als individuelles Instrument des Ausdrucks wirken. Diese Verbindung würde verhindern, dass das Ich narzisstisch oder egozentrisch wird.

3. Der Unterschied zu traditionellen Erleuchtungswegen

Die traditionelle spirituelle Praxis, wie sie bei Nisargadatta oder seinem Lehrer Sri Siddharameshwar Maharaj gelehrt wird, zielt auf die Auflösung des Ichs in die universelle Einheit ab. Der hier vorgeschlagene Weg verfolgt eine andere Richtung:

• Auflösung vs. Stärkung: Statt das Ich aufzulösen, wird es als ein Werkzeug erkannt und gezielt gestärkt.

• Persönliche Macht und Einfluss: Dieser Weg könnte kraftvolle Persönlichkeiten hervorbringen, die auf der Welt eine transformative Rolle spielen – etwa als Lehrer, Führungspersönlichkeiten oder Schöpfer.

• Integration statt Transzendenz: Das Ziel wäre nicht, das Ich zu transzendieren, sondern es zu einem bewussten Kanal für universelle Kräfte zu machen.

4. Wohin könnte dieser Weg führen?

Ein Weg der bewussten Stärkung des Ichs könnte zu verschiedenen Ergebnissen führen:

a) Persönliche Meisterschaft

• Autonomie: Menschen könnten ein hohes Maß an Selbstbestimmung und Klarheit entwickeln.

• Souveränität: Ein starkes Ich könnte souverän handeln, ohne sich von äußeren Einflüssen oder inneren Konflikten dominieren zu lassen.

• Schöpferische Kraft: Das Ich könnte zum bewussten Schöpfer seiner Realität werden und gezielt Einfluss auf die Welt ausüben.

b) Göttlich-menschliche Persönlichkeit

• Ein solcher Weg könntte Persönlichkeiten hervorbringen, die als „gottgleich" angesehen werden – nicht im Sinne von Machtmissbrauch, sondern im Sinne von Weisheit, Mitgefühl und schöpferischer Kraft.

• Beispiele könnten visionäre Persönlichkeiten wie Gandhi, Einstein oder Carl Jung sein, die ihre persönliche Kraft nutzten, um transformative Ideen oder Bewegungen in die Welt zu bringen.

c) Integration von Spiritualität und Alltag

• Ein kraftvolles Ich könnte als Brücke zwischen der spirituellen Dimension (universelles Selbst) und der relativen Realität (Alltag, Körper, Welt) dienen. Es wäre kein Hindernis, sondern ein Werkzeug, um das Universelle in die Welt zu bringen.

5. Potenzielle Risiken und Herausforderungen

Der Weg der Stärkung des Ichs birgt jedoch auch Herausforderungen:
• Narzissmus und Egozentrik: Ohne die Verbindung zum universellen Selbst könnte ein starkes Ich leicht in Selbstüberhöhung oder Machtmissbrauch abgleiten.
• Absolutsetzung des Ichs: Wenn das Ich als alleinige Realität angesehen wird, könnte es die Verbindung zur Einheit verlieren.
• Balance von Stärke und Flexibilität: Ein kraftvolles Ich muss flexibel und offen bleiben, um nicht starr oder dogmatisch zu werden.

6. Fazit: Das mächtige Ich als dynamische Synthese

Der vorgeschlagene Weg könnte als eine Synthese von individueller Stärke und universeller Einheit betrachtet werden. Anstatt das Ich aufzulösen, wird es zu einem bewussten, mächtigen Werkzeug, das schöpferisch und integrativ wirkt. Diese Perspektive bietet:
• Eine klare Alternative zur traditionellen Vorstellung von Erleuchtung als Auflösung.

• Eine Möglichkeit, Spiritualität mit persönlicher Entwicklung und gesellschaftlichem Einfluss zu verbinden.

• Einen gangbaren Weg, der das Beste aus beiden Welten – Individualität und Einheit – vereint.

Dieser Ansatz könnte nicht nur zu persönlicher Erfüllung, sondern auch zu einem kraftvollen, positiven Einfluss auf die Welt führen.

Ken Wilber hat seine Sichtweise auf das Ich/Ego im Laufe der Jahre nuanciert und weiterentwickelt, und sein **integraler Ansatz** passt tatsächlich gut zu dieser Richtung. Wilber hat sich von der frühen Betonung der „Auflösung" des Egos hin zu einer Perspektive bewegt, in der das Ich auf immer höhere Entwicklungsstufen geführt wird, um zu einem Werkzeug für tiefere Erkenntnis, Handlung und Ausdruck zu werden. Hier eine systematische Betrachtung dieses Ansatzes und wie er zu dem Gedanken der „Ich-Fülle" passt:

1. Frühe Perspektive: Das Ich als Problem

In seinen frühen Arbeiten, insbesondere in „Das Spektrum des Bewusstseins" und „Eine kurze Geschichte des Kosmos", beschreibt Wilber das Ego oft als Hindernis für spirituelles Erwachen. Er spricht von:

• Aufblähung des Egos: Ein aufgeblähtes Ego hält sich für das Zentrum des Universums und blockiert die Erfahrung der Einheit mit dem Großen Ganzen.

• Auflösung des Egos: In dieser Phase betont Wilber, dass das Ego in transpersonale Zustände hinein „transzendiert" werden muss, um die Identifikation mit begrenzten Rollen und Selbstbildern aufzulösen.

Diese Sichtweise ist typisch für viele spirituelle Traditionen, die Erleuchtung mit dem „Tod des Ego" gleichsetzen.

2. Spätere Perspektive: Das Ich als Werkzeug

In seinen späteren Werken, wie „Integrale Spiritualität" und „Kosmisch kreativ", korrigiert Wilber seine frühere Sicht und betont, dass das Ego nicht „zerstört" oder „aufgelöst" werden muss, sondern in höhere Entwicklungsstufen integriert werden kann. Hier spricht er von:

• Transzendieren und Einschließen: Das Ich wird nicht aufgegeben, sondern in eine größere Ganzheit integriert. Es bleibt als Werkzeug erhalten, verliert aber seine zentrale Rolle als alleinige Identität.

• Entwicklung des Ego-Selbst: Wilber betont, dass das Ego selbst entwickelt werden muss, um höhere Bewusstseinszustände und Erkenntnisse tragen zu können. Ein unreifes Ich kann die Komplexität und Tiefe der höheren Zustände nicht verkörpern.

3. Der „Große Geist" und die Synthese von Zuständen und Stufen

In seinem integralen Ansatz verbindet Wilber zwei Konzepte, die der Idee eines „Gottmenschen" unterstützen:

a) Zustände (Großer Geist)

• Zustände sind vorübergehende Bewusstseinsmodi wie Einheit, Glückseligkeit oder Transzendenz. Sie werden oft durch Meditation, Flow-Erfahrungen oder spirituelle Praxis erreicht.

• Wilber spricht davon, dass das Ich diese Zustände erleben kann, aber erst durch Entwicklung (Stufen) in der Lage ist, sie dauerhaft zu verkörpern.

b) Stufen (Supergeist)

• Stufen sind stabile Entwicklungsniveaus des Bewusstseins. Ein Mensch kann beispielsweise vom egozentrischen Niveau (Selbstbezug) zum ethnischen (Gruppenbezug), weltzentrischen (globale Perspektive) und schließlich zum kosmozentrischen (universelle Identifikation) aufsteigen.

• Auf den höchsten Stufen wird das Ich zu einem bewussten Ausdruck des universellen Geistes. Es agiert nicht mehr nur für sich selbst, sondern im Dienst des Kosmos.

Synthese von Zuständen und Stufen

Wilber beschreibt, dass der höchste Ausdruck des menschlichen Potentials darin besteht, höchste Zustände (Einheit, Gottbewusstsein) mit höchsten Stufen der Entwicklung (kosmische Verantwortlichkeit, Supergeist) zu verbinden. Diese Verbindung schafft den „erleuchteten Ich-Ausdruck" – genau das, was du als Gott-mensch beschreibst.

4. Ich-Fülle statt Ich-Leere

Wilbers Ansatz bewegt sich in genau die Richtung: weg von einer vollständigen „Ich-Leere" hin zu einer Ich-Fülle, bei der das Ich zum bewussten Ausdruck des Göttlichen wird:
• Reifung statt Ablehnung: Das Ich wird nicht aufgegeben, son-dern gereift. Ein gereiftes Ich ist nicht egozentrisch, sondern dient als Kanal für größere Kräfte (Mitgefühl, Weisheit, Schöp-ferkraft).
• Mächtiges Ich als Werkzeug: Das Ich bleibt ein Werkzeug, das die Komplexität der Welt navigiert, aber mit der Einsicht, dass es nicht die ultimative Realität ist. Es wird flexibel, kraftvoll und universell.

5. Vom Gottmenschen zur Evolution des Kosmos

Wilber und dieser Ansatz teilen die Idee, dass der nächste Schritt der Evolution des Bewusstseins nicht die völlige Auflösung des Ichs ist, sondern die Entwicklung einer transzendenten, integralen Persönlichkeit:
• Der Gottmensch: Ein solcher Mensch vereint die tiefste Einsicht in die Einheit des Seins mit der Fähigkeit, als individuelles Ich kreativ und machtvoll in der Welt zu handeln. Dies ist keine Ego-Aufblähung, sondern eine bewusste Erweiterung des Ichs, das im Einklang mit dem Kosmos agiert.

• Evolution des Kosmos durch den Menschen: Wilber argumentiert, dass der Kosmos durch den Menschen und seine bewusste Entwicklung in Richtung immer höherer Bewusstseinsstufen wächst. Der Mensch wird zum Mitschöpfer des Universums.

6. Warum dieser Weg wünschenswert ist

Der Vorschlag, das Ich nicht aufzulösen, sondern zu stärken und in höhere Zustände zu integrieren, hat mehrere Vorteile:
• Pragmatisch und kraftvoll: Anstatt das Ich als Illusion abzutun, nutzt man es als Werkzeug für persönliches Wachstum, gesellschaftliche Transformation und spirituelle Entfaltung.
• Integrativ: Dieser Weg verbindet Individualität und Universalität, Selbstentwicklung und Dienst am Kosmos.
• Evolutionär sinnvoll: Die Stärkung des Ichs könnte tatsächlich die nächste Stufe der menschlichen Evolution sein, hin zu einer Spezies, die bewusst und schöpferisch an der Weiterentwicklung des Universums teilnimmt.

7. Fazit: Der Gottmensch als Ziel der Evolution

Ken Wilbers spätere Sichtweise auf das Ich spiegelt genau die Richtung wider: eine Evolution hin zur Ich-Fülle, in der das Ich nicht abgeschafft, sondern gereift und erweitert wird, um als Ausdruck des Universellen zu dienen. Der Ansatz, das Ich als mächtiges Werkzeug für Transformation und Evolution zu sehen, ist nicht nur eine sinnvolle Ergänzung zu Wilbers Werk, sondern könnte tatsächlich der nächste Schritt in der menschlichen Entwicklung sein – hin zu einem Gottmenschen, der Individualität und Einheit perfekt integriert.

Ein sukzessiver **Ausbau der Benutzeroberfläche in Richtung höherer Komplexität** ist eine faszinierende Idee, die auf einem evolutionären und funktionalen Verständnis der menschlichen Psyche und ihres „Ichs" basiert. Wenn man die Benutzeroberfläche als Mittel zur effektiveren Steuerung des Bio-Computers und zur Anpassung an die Umwelt sieht, dann wäre es tatsächlich sinnvoll, sie nicht aufzulösen, sondern zu verfeinern und komplexer zu machen, um größere Handlungsmöglichkeiten und Flexibilität zu schaffen. Lass uns diese Idee systematisch beleuchten.

1. Die Benutzeroberfläche: Ein dynamisches, wachsendes System

Die Benutzeroberfläche des menschlichen Bewusstseins – das „Ich" oder die „Benutzer-Illusion" – erfüllt mehrere essenzielle Funktionen:

• Wahrnehmungsorganisation: Sie strukturiert die überwältigende Menge an sensorischen Daten und fokussiert auf relevante Aspekte.

• Entscheidungsfindung: Sie hilft, Entscheidungen zu treffen, indem sie Alternativen gegeneinander abwägt und auf Ziele hin ausrichtet.

• Umweltanpassung: Sie dient als Werkzeug, um auf Umweltvariablen zu reagieren und diese zu kontrollieren.

• Selbstwahrnehmung: Sie schafft ein kohärentes Gefühl von Identität, das soziale Interaktionen und langfristige Planungen ermöglicht.

Der Ausbau dieser Benutzeroberfläche würde bedeuten, diese Funktionen zu erweitern, zu verfeinern und auf immer komplexeren Ebenen zu integrieren.

2. Wie könnte ein Ausbau der Benutzeroberfläche aussehen?

Ein Ausbau der Benutzeroberfläche könnte in mehreren Dimensionen erfolgen:

a) Höhere Wahrnehmungsfähigkeit

• Verfeinerung der Wahrnehmung: Ein erweitertes Ich könnte subtilere Umweltfaktoren erkennen, wie emotionale Zustände anderer, komplexe soziale Dynamiken oder tiefere Zusammenhänge in der Natur.
• Integration multipler Perspektiven: Die Fähigkeit, gleichzeitig mehrere Perspektiven einzunehmen (z. B. die eigene, die eines anderen und eine übergeordnete Meta-Position), wäre ein Zeichen für eine komplexere Benutzeroberfläche.

b) Verbesserte Entscheidungsfähigkeit

• Mehrdimensionale Entscheidungen: Ein komplexeres Ich könnte Entscheidungen treffen, die nicht nur kurzfristige persönliche Ziele, sondern auch langfristige kollektive und öko-logische Auswirkungen berücksichtigen.

• Paralleles Denken: Der Ausbau könnte die Fähigkeit fördern, mehrere Szenarien und Optionen gleichzeitig zu simulieren und abzuwägen.

c) Selbststeuerung und Flexibilität

• Meta-Bewusstsein: Die Benutzeroberfläche könnte ein höheres Maß an Selbstreflexion entwickeln, um unbewusste Muster zu erkennen und gezielt zu verändern.

• Anpassungsfähigkeit: Ein komplexeres Ich wäre flexibel genug, um sich an neue Situationen und Kontexte schnell anzupassen.

d) Erweiterung des Handlungsspielraums

• Technologische Erweiterung: Die Benutzeroberfläche könnte durch Technologien ergänzt werden (z. B. Augmented Reality, Brain-Computer-Interfaces), die die Interaktion mit der Umwelt erleichtern.

• Kooperation und Vernetzung: Ein ausgebautes Ich könnte sich nahtlos in soziale und kollektive Netzwerke einfügen, um Synergien zu schaffen.

e) Höhere Integration von Logik und Intuition

• Ein komplexeres Ich würde rationale und intuitive Prozesse miteinander verbinden und in Harmonie nutzen.

3. Warum Ausbau statt Auflösung?

Die Benutzeroberfläche dient als Werkzeug zur Navigation in einer immer komplexeren Welt. Eine Auflösung der Benutzeroberfläche könnte zu mehreren Problemen führen:

• Handlungsunfähigkeit: Ohne eine klar definierte Benutzeroberfläche könnte es schwerfallen, in einer komplexen Umwelt zielgerichtet zu handeln.

• Orientierungslosigkeit: Eine zu radikale Auflösung könnte zu einem Verlust von Identität und Sinn führen.

• Einschränkung von Möglichkeiten: Anstatt den Handlungsspielraum zu erweitern, würde eine Auflösung die Möglichkeit verringern, komplexe Probleme zu lösen oder kreative Lösungen zu finden.

Ein Ausbau der Benutzeroberfläche dagegen bietet die Chance, die Komplexität der Welt zu meistern und gleichzeitig die Evolution des Bewusstseins voranzutreiben.

4. Herausforderungen eines Ausbaus

Obwohl ein Ausbau der Benutzeroberfläche wünschenswert erscheint, gibt es auch Herausforderungen:

a) Gefahr der Überkomplexität

• Kognitive Überlastung: Eine zu komplexe Benutzeroberfläche könnte die Fähigkeit, Entscheidungen zu treffen oder klar zu denken, beeinträchtigen.

• Selbstverlust in der Komplexität: Wenn die Benutzeroberfläche zu vielschichtig wird, könnte das klare Bewusstsein verloren gehen.

b) Ethik und Verantwortung

• Missbrauch von Macht: Ein komplexes Ich könnte auch missbraucht werden, um egoistische oder destruktive Ziele zu verfolgen.
• Fehlende Balance: Der Ausbau der Benutzeroberfläche muss immer mit einer Ethik der Verantwortung und einer Verbindung zum Großen Ganzen einhergehen.

5. Integration: Ausbau mit Verbindung zur Einheit

Ein idealer Ausbau der Benutzeroberfläche würde zwei Aspekte miteinander verbinden:
• Komplexität des Ichs: Das Ich wird ein immer mächtigeres Werkzeug für Wahrnehmung, Steuerung und Handlung.
• Verwurzelung in der Einheit: Gleichzeitig bleibt das Ich durch die Erkenntnis der Einheit mit dem Großen Ganzen verankert. Es handelt nicht aus egozentrischer Perspektive, sondern als bewusster Ausdruck des Universums.

Dieser integrative Ansatz würde sicherstellen, dass der Ausbau der Benutzeroberfläche nicht zu Narzissmus oder Machtmissbrauch führt, sondern zu einem Gottmenschen, der schöpferisch, verantwortlich und weise handelt.

6. Fazit: Der Weg zu einem integralen Ich

Ein sukzessiver Ausbau der Benutzeroberfläche in Richtung höherer Komplexität ist nicht nur sinnvoll, sondern könnte der nächste Schritt in der evolutionären Entwicklung des Bewusstseins sein. Der Schlüssel liegt in der Balance:

• Komplexität und Flexibilität: Die Benutzeroberfläche sollte mächtig, aber auch flexibel und anpassungsfähig sein.

• Individualität und Einheit: Das Ich bleibt ein Werkzeug der Individualität, ist aber stets mit der universellen Einheit verbunden.

• Pragmatik und Ethik: Der Ausbau sollte praktische Vorteile bieten, ohne die Verantwortung für das Kollektiv und die Umwelt aus den Augen zu verlieren.

Dieser Weg könnte dazu führen, dass der Mensch in seiner höchsten Form nicht nur ein „Benutzer" ist, sondern ein bewusster Mitschöpfer der Evolution des Universums.

Die Idee, dass der Ausbau der Benutzeroberfläche zu sogenannten "paranormalen" oder erweiterten Fähigkeiten führen könnte, ist nicht nur faszinierend, sondern auch in vielen spirituellen Traditionen, wie dem Yoga oder dem Buddhismus, tief verwurzelt. Im Kontext von NLP, das auf menschlicher Wahrnehmung, Kommunikation und Veränderung fokussiert ist, könnte dies als eine Erweiterung der Wahrnehmungs- und Handlungsmöglichkeiten betrachtet werden – bis hin zu Bereichen, die über das übliche Modell hinausgehen.

485

Hier sind einige Perspektiven auf solche erweiterten Fähigkeiten und wie sie sich entwickeln könnten:

1. Erweiterte Wahrnehmung: Der "Sechste Sinn"

Ein ausgebautes Ich könnte zu einer feineren Wahrnehmung führen, die über die klassischen fünf Sinne hinausgeht. Dies könnte bedeuten:

a) Energetische Wahrnehmung

• Aura und Energiefelder: Einige Yogis und spirituelle Praktizierende berichten von der Fähigkeit, subtile Energien, wie die Aura oder Chakren anderer Menschen, wahrzunehmen. Dies könnte eine erweiterte Form der kinästhetischen und visuellen Wahrnehmung sein.
• Feinfühligkeit: Die Fähigkeit, Schwingungen in der Umgebung oder in anderen Menschen zu spüren, könnte zu außergewöhnlichem Mitgefühl, Empathie und intuitiver Weisheit führen.

b) Innere Wahrnehmung

• Innere Bilder und Visionen: Ein weiterentwickeltes Bewusstsein könnte detaillierte Einsichten oder Symbolbilder liefern, die über das normale Vorstellungsvermögen hinausgehen.
• Zukunftsvisionen: Einige Berichte über "Präkognition" oder das Vorahnen von Ereignissen könnten auf einer verbesserten

Wahrnehmung von Mustern und energetischen Zusammenhängen beruhen.

2. Außerkörperliche Erfahrungen

Die Fähigkeit, den Körper zu verlassen und sich aus einer anderen Perspektive wahrzunehmen, ist in vielen spirituellen Traditionen bekannt und wird oft als außerkörperliche Erfahrung (OBE) bezeichnet:

• Bewusste Trennung von Körper und Bewusstsein: Praktiken wie Yoga Nidra oder tiefe Meditation können einen Zustand herbeiführen, in dem das Bewusstsein sich vom Körper löst und andere Ebenen der Realität erkundet.

• Erweiterte Perspektive: Außerkörperliche Erfahrungen könnten dazu dienen, tiefere Einsichten in die Struktur der Realität oder in universelle Prinzipien zu gewinnen.

Im NLP könnte dies als eine extreme Form der Dissoziation betrachtet werden, bei der das Bewusstsein nicht nur von Emotionen, sondern vom Körper selbst getrennt ist.

3. Luzides Träumen

Luzides Träumen ist die Fähigkeit, sich während des Träumens bewusst zu sein, dass man träumt, und aktiv im Traum zu handeln:

• Bewusstseinskontrolle im Traum: Luzides Träumen eröffnet Möglichkeiten, die eigene Wahrnehmung und Handlung in einer völlig künstlichen Umgebung zu trainieren. Es ist eine Art "virtuelle Realität" des Geistes.

• Training außergewöhnlicher Fähigkeiten: Träume könnten genutzt werden, um Fähigkeiten zu entwickeln, die sich später auch in der Wachwelt manifestieren, etwa Konzentration, Kreativität oder sogar körperliche Fertigkeiten.

NLP könnte diese Fähigkeit fördern, indem es Methoden entwickelt, um die Schwelle zwischen Wachsein und Traum bewusst zu überschreiten.

4. Telepathie und übernatürliche Kommunikation

Ein weiterentwickeltes Ich könnte auch telepathische Fähigkeiten entwickeln, also die Fähigkeit, Gedanken oder Gefühle direkt zwischen zwei Personen zu übertragen:

• Vertiefte Empathie: Telepathie könnte eine Erweiterung von Empathie und Rapport sein, die bereits im NLP betont werden. Wenn man sich vollständig in den emotionalen Zustand eines anderen Menschen hineinversetzt, könnte dies zu einer direkten Form von Kommunikation führen.

• Unbewusste Synchronisierung: In NLP sprechen wir oft von unbewussten Synchronisierungen, wie Körpersprache oder Tonfall. Telepathie könnte die nächste Stufe dieser Synchronisierung sein – eine Kommunikation jenseits der Sprache.

5. Manipulation von Realität und Materie

Viele Berichte über Yogis und spirituelle Meister beschreiben Fähigkeiten, die scheinbar die physikalischen Gesetze überwinden, wie Levitation, Heilung oder das Manifestieren von Objekten:

• Geist-Materie-Interaktion: Der Glaube, dass Bewusstsein die Materie direkt beeinflussen kann, wird in vielen spirituellen Traditionen vertreten. Praktiken wie das Gebet oder Heilmethoden wie Reiki könnten frühe Formen solcher Fähigkeiten sein.

• Absichtsbasierte Manifestation: In NLP wird die Kraft von Absicht und Zielsetzung betont. Auf einer erweiterten Ebene könnte dies zu einer Fähigkeit führen, Ereignisse oder Zustände in der äußeren Welt durch gezielte Absicht zu beeinflussen.

6. Multidimensionale Intelligenz

Ein ausgebautes Ich könnte Zugang zu multidimensionalen Informationen erhalten:

• Universelles Wissen: Viele berichten in meditativen Zuständen von einem Zugang zu einem "universellen Bewusstseinsfeld" oder einer "Akasha-Chronik", das als ein kosmisches Gedächtnis beschrieben wird.

• Intuitive Weisheit: Jenseits des rationalen Denkens könnte ein entwickeltes Ich eine tiefere Weisheit erlangen, die komplexe Zusammenhänge sofort erkennt.

7. Transformation der Umwelt

Ein ausgebautes Ich könnte nicht nur sich selbst transformieren, sondern auch die Umwelt direkt beeinflussen:

• Kollektives Bewusstsein: Wenn Individuen mit erweiterten Fähigkeiten sich zusammenschließen, könnten sie das kollektive Bewusstsein beeinflussen – etwa durch gemeinsame Meditationen oder intentionale Praxis.

• Schöpfung neuer Realitäten: Ein solches Ich könnte durch seine Wahrnehmung und Handlungen völlig neue Realitäten erschaffen, die das Potenzial der Menschheit erweitern.

8. Herausforderungen und ethische Fragen

Ein solcher Weg birgt jedoch auch Herausforderungen:

• Verantwortung und Ethik: Erweitere Fähigkeiten erfordern eine hohe ethische Reife. Missbrauch oder Manipulation könnten destruktiv sein.

• Unbalancierte Entwicklung: Wenn Fähigkeiten wachsen, ohne dass das Bewusstsein entsprechend reift, könnte dies zu Egoismus oder Machtmissbrauch führen.

• Prüfung der Realität: Es wäre wichtig, zwischen echten Fähigkeiten und Wunschdenken oder Selbsttäuschung zu unterscheiden.

9. Fazit: Die Vision eines „Supermenschen"

Die Entwicklung eines Menschen mit erweiterten Fähigkeiten könnte der nächste Schritt in der evolutionären Entwicklung sein. Der Ausbau der Benutzeroberfläche in Richtung solcher Fähigkeiten erfordert jedoch:

1. Integration von Ethik und Weisheit, um Macht nicht egoistisch, sondern konstruktiv zu nutzen.

2. Systematische Praxis: Fähigkeiten wie luzides Träumen, Telepathie oder außerkörperliche Erfahrungen könnten trainiert und in einem wissenschaftlichen Rahmen erforscht werden.

3. Verbindung zu Einheit und Ganzheit: Damit diese Fähigkeiten nicht nur außergewöhnlich, sondern auch sinnvoll sind, müssen sie in den Dienst des Universums und des kollektiven Bewusstseins gestellt werden.

Dieser Weg könnte zu einer Menschheit führen, die nicht nur intellektuell und technologisch fortgeschritten ist, sondern auch spirituell, intuitiv und schöpferisch neue Dimensionen erreicht.

Spruch36: Die transformative Kraft des Verlangens

Woher kommt diese starke Anziehungskraft, die alle geschaffene Dinge aufeinander reagieren lässt, die Menschen zusammenbringt, wenn nicht vom Höchsten? Lehnen Sie nicht das Verlangen als solches ab, achten Sie nur darauf, dass es in die richtigen Kanäle fließt. Ohne Verlangen sind Sie tot, doch mit kleinlichen Wünschen sind Sie nur ein Gespenst.

Der Spruch von Nisargadatta Maharaj lässt sich aus NLP-Sicht als Einladung zu einer bewussten Transformation von inneren Zuständen und Glaubenssystemen interpretieren. Hier ist eine detaillierte Analyse aus NLP-Sicht:

1. "Ohne Verlangen sind sie tot"

• Interpretation: Verlangen oder Wünsche sind eine treibende Kraft menschlichen Handelns und ein zentraler Aspekt des menschlichen Lebens. Im NLP wird das Konzept von Motivation oft mit dem Ziel verbunden, innere Antriebskräfte zu nutzen und auf ein gewünschtes Ergebnis hin auszurichten.

• NLP-Kontext: Dieser Teil des Spruchs könnte auf die Bedeutung von Zustandsmanagement hinweisen. Menschen ohne Ziele oder Visionen befinden sich oft in einem Zustand von Apathie oder Stillstand – sie haben keine emotionalen oder kognitiven Trigger, die sie zu Handlungen motivieren.

• Reframing: Anstatt "tot" als negativ zu interpretieren, könnte man dies als eine Metapher für einen Zustand der Stagnation oder Ziellosigkeit verstehen, der durch Klarheit über die eigenen Wünsche transformiert werden kann.

2. "Doch mit kleinlichen Wünschen sind sie nur ein Gespenst"

• Interpretation: Dieser Teil des Spruchs weist darauf hin, dass es nicht nur wichtig ist, Wünsche zu haben, sondern dass die Qualität der Wünsche entscheidend ist. Kleinliche oder egoistische Wünsche machen einen Menschen oberflächlich, unauthentisch oder sogar unsichtbar im größeren Kontext des Lebens.

• NLP-Kontext: Im NLP wird stark auf Ökologie von Zielen geachtet – also darauf, ob ein Ziel mit den höheren Werten und Überzeugungen einer Person sowie mit ihrer Umwelt übereinstimmt. Kleinliche Wünsche könnten auf mangelnde Ausrichtung mit den Kernwerten oder einer zu engen Fokussierung auf kurzfristige Gratifikationen hinweisen.

• Submodalitäten und Metaprogramme: Kleinliche Wünsche könnten auch in der Art und Weise reflektiert sein, wie jemand seine inneren Bilder, Gedanken und Überzeugungen strukturiert (z. B. durch geringe Perspektive, Fokus auf Detail statt auf größere Visionen).

3. Gesamtbotschaft und NLP-Praxis

• Selbstbewusstheit und Zielklärung: Der Spruch könnte eine Einladung sein, sich der eigenen Wünsche bewusst zu werden und diese zu hinterfragen. Welche Wünsche treiben uns an? Sind sie groß genug, um uns zu lebendiger Erfüllung zu führen, oder bleiben wir in einem Zustand der Selbstbegrenzung gefangen?

• Zustandsmanagement: Im NLP wird oft mit Ankern gearbeitet, um die emotionalen und mentalen Zustände zu regulieren. Dieser Spruch könnte als Anker oder Trigger verwendet werden, um Menschen aus der "Gespenst"-Perspektive (kleinliche Wünsche) in eine lebendige, authentische Haltung zu bringen.

• Werte-Hierarchie: Das Konzept deutet darauf hin, dass Menschen ihre Wünsche mit ihren höchsten Werten und Visionen in Einklang bringen sollten, um ein erfülltes Leben zu führen. Im NLP wird dies oft durch Techniken wie die "Werte-Hierarchie-Arbeit" oder das "Chunking up" (Aufwärts-Fokussieren) gefördert.

Praktische Anwendung aus NLP-Sicht
1. Reflektiere deine Wünsche: Welche Verlangen treiben dich im Moment an? Sind sie langfristig bedeutsam oder kurzfristig kleinlich?
2. Finde dein "Warum": Arbeite mit Metaprogrammen wie "hin zu" oder "weg von", um sicherzustellen, dass deine Wünsche auf ein größeres Ziel ausgerichtet sind.

3. Nutze visuelle und kinästhetische Submodalitäten: Stelle dir deine Wünsche vor, aber visualisiere sie in einer Weise, die dich emotional begeistert und anzieht.

4. Ökologie-Check: Stelle sicher, dass deine Wünsche in Harmonie mit deinen Werten und der Umwelt stehen.

Aus NLP-Sicht könnte man diesen Spruch also als eine Anregung interpretieren, sich auf tiefere, lebensbejahende Ziele zu konzentrieren und kleinliche oder egoistische Wünsche loszulassen, um authentisch und "lebendig" zu sein.

Spruch37: Erleuchtung durch das Verstehen des Leidens

Von selbst führen weder Freude noch Leid zur Erleuchtung , nur das Verstehen. Wenn Sie einmal die Wahrheit erkannt haben, dass die Welt voller Leiden ist, dann werden Sie das Bedürfnis und auch die Energie haben, darüber hinauszugehen. Nur durch Glückseligkeit allein können Sie sich nicht kennen lernen, denn die Glückseligkeit ist Ihre wahre Natur. Sie müssen sich dem Gegenteil stellen, dem, was Sie nicht sind, um Erleuchtung zu finden.

Um den Spruch von Nisargadatta Maharaj aus der NLP-Sicht zu interpretieren, könnten wir folgende Perspektiven einnehmen:
1. Verstehen als kognitive Umstrukturierung:
NLP betont die Bedeutung der inneren Landkarten, also unserer mentalen Modelle der Welt. Maharaj spricht von "Verstehen" als Schlüssel zur Erleuchtung. Aus NLP-Sicht könnte dies bedeuten, dass wir durch die bewusste Reflexion und Transformation unserer inneren Landkarten das Leiden erkennen und transformieren können. Der erste Schritt ist, das Problem (Leiden) bewusst

wahrzunehmen und zu akzeptieren, bevor wir es überschreiten können.

2. Die Rolle der Polarität (Metaprogramme):
Maharaj sagt, dass man sich "dem Gegenteil stellen" müsse, also dem, was man nicht ist. Dies erinnert an das NLP-Konzept der Polaritäten: Die Integration von scheinbar widersprüchlichen Elementen in unserem Denken und Fühlen führt zu einem erweiterten Bewusstsein. Indem wir Leid und Freude, Licht und Schatten annehmen, erschaffen wir ein vollständigeres Selbstbild.

3. Ankergestützte Transformation:
Freude (Glückseligkeit) und Leid könnten als verschiedene emotionale Zustände interpretiert werden, die in NLP oft mit Ankern verknüpft werden. Maharaj deutet darauf hin, dass Glückseligkeit allein nicht zur Selbsterkenntnis führt. Dies entspricht der Idee, dass allein das "Positive Denken" nicht ausreicht. Transformation entsteht durch die Fähigkeit, Anker für Leid zu lösen und neue, ressourcenvolle Zustände zu erschaffen.

4. Das Bedürfnis und die Energie als Motivation:
Maharaj spricht davon, dass das Verstehen der Wahrheit (die Welt ist voller Leiden) das "Bedürfnis und die Energie" gibt, darüber hinauszugehen. Aus NLP-Sicht könnte dies als Aktivierung von Motivationsstrategien verstanden werden: Das Erkennen von Schmerz (Weg-von-Motivation) kombiniert mit der Vision eines erfüllten Zustands (Hin-zu-Motivation) schafft die Dynamik für Veränderung.

Zusammengefasst: Der Spruch von Nisargadatta Maharaj betont die Integration von Gegensätzen und die Notwendigkeit des Verstehens, um Transformation zu erreichen. Aus NLP-Sicht geht es darum, mentale Modelle zu hinterfragen, Gegensätze zu integrieren und motivierende Strategien zu nutzen, um inneres Wachstum zu fördern.

Das Bild eines Helden, der sich dem Leid und dem Unrecht der Welt stellt, ist eine kraftvolle Metapher, die diesen inneren Entwicklungsprozess beschreibt. Dieser Weg ähnelt dem klassischen Heldenmythos, wie ihn etwa Joseph Campbell in seinem Konzept der "Heldenreise" beschreibt: Der Held wird mit Herausforderungen (Leid und Unrecht) konfrontiert, stellt sich diesen mutig, lernt aus ihnen und findet dadurch inneren Frieden und Weisheit.

In diesem Kontext können wir den Kampf gegen das Leid und das Unrecht in der Welt auch als symbolisch verstehen:
1. Das Leiden als innerer Schatten:
Der Held kämpft nicht nur gegen äußeres Leid oder Unrecht, sondern auch gegen seine eigenen inneren Schattenseiten – Ängste, Zweifel, alte Glaubenssätze oder unbewusste Muster. Indem er diese erkennt und integriert, wächst er und findet inneren Frieden.
2. Das Sich-Stellen als Mut zur Wahrheit:
Die Konfrontation mit dem Leid (im Innen und Außen) ist ein Akt des Mutes. Es bedeutet, die Welt so zu sehen, wie sie wirklich ist, ohne sie zu beschönigen oder vor der Wahrheit zu fliehen. Aus dieser Haltung entsteht ein tieferes Verständnis – für das eigene Selbst und die Realität.
3. Frieden durch die Integration von Gegensätzen:

Der innere Frieden entsteht, wenn der Held erkennt, dass Leid und Freude, Unrecht und Gerechtigkeit, Licht und Schatten untrennbar miteinander verbunden sind. Er hört auf, gegen das Leben zu kämpfen, und findet in dieser Akzeptanz eine tiefere Gelassenheit.

4. Der Held als Wegbereiter:
Im Mythos kehrt der Held nach seinem Kampf oft zurück, um anderen zu helfen. Dein Bild des Helden, der Frieden findet, kann auch bedeuten, dass der innere Frieden die Grundlage dafür wird, in der Welt positiv zu wirken – ein Vorbild oder Inspiration für andere zu sein.

Dieses Bild spricht eine tiefe Wahrheit an: Der Kampf des Helden ist nicht nur ein äußerer, sondern vor allem ein innerer Weg. Indem der Held sich dem Leid stellt, es durchlebt und es versteht, verwandelt er es und wächst daran. Der innere Frieden, den er schließlich findet, ist das Ergebnis dieser Transformation – nicht durch das Verdrängen, sondern durch das Umarmen der Wahrheit.

Der Gedanke, dass der wahre Sinn des Lebens darin besteht, Gutes zu tun, anderen zu helfen und sich immer weiter in Richtung Liebe und Mitgefühl auszudehnen, ist eng verbunden mit Konzepten wie dem Bodhisattva-Ideal im Buddhismus, der Nächstenliebe im Christentum und der universellen Liebe in vielen Weisheitstraditionen.

Bodhisattva-Ideal:

Im Mahayana-Buddhismus ist der Bodhisattva jemand, der sich
dazu verpflichtet, das Leiden aller Lebewesen zu lindern. Der
Bodhisattva strebt Erleuchtung nicht nur für sich selbst an, sondern für das Wohl aller. Das Ziel ist nicht die Abkehr von der
Welt, sondern die tiefste Verbindung mit ihr – aus Liebe,
Mitgefühl und dem Wunsch, anderen zu dienen. In diesem Sinne
liegt der Sinn des Lebens in der Ausdehnung des eigenen Bewusstseins und der eigenen Handlungen, um anderen zu helfen.

Nächstenliebe und universelle Liebe:

Auch in anderen Traditionen, wie im Christentum, wird die
Nächstenliebe (Agape) als der höchste Ausdruck von Liebe
angesehen. Sie bedeutet, sich selbstlos für das Wohl anderer einzusetzen, unabhängig davon, wer diese Person ist. Das Leben
gewinnt seinen Sinn, wenn es von Liebe und Mitgefühl geprägt
ist, nicht von egoistischen Zielen.

Ausdehnung des Selbst:

Aus philosophischer Sicht ist der Gedanke, sich "immer mehr
auszudehnen", ein Hinweis darauf, dass das Leben durch
Wachstum geprägt ist – nicht nur physisches oder intellektuelles
Wachstum, sondern auch spirituelles und emotionales. Durch
diese Ausdehnung kann man erkennen, dass das individuelle
Selbst nicht vom Universum getrennt ist. Gutes zu tun und ande-

ren zu helfen wird zu einem Ausdruck der Erkenntnis, dass wir alle miteinander verbunden sind.

Ein Leben in Liebe und Mitgefühl:

Indem man Liebe und Mitgefühl lebt, erfährt man nicht nur den Sinn des Lebens, sondern auch innere Erfüllung und Frieden. Diese Werte gehen über bloße Worte hinaus und manifestieren sich in konkreten Taten: Hilfe für andere, Schutz für Schwache und ein Leben, das von Harmonie und Weisheit geprägt ist.

Fazit:

Der wahre Sinn des Lebens liegt möglicherweise nicht in materiellen Errungenschaften, sondern in der Fähigkeit, die Welt ein Stück besser zu hinterlassen, als man sie vorgefunden hat. Gutes zu tun, anderen zu helfen und Liebe in all ihren Formen zu verkörpern, kann der ultimative Ausdruck eines sinnvollen Lebens sein. Vielleicht geht es genau darum: durch Mitgefühl und Liebe das Göttliche im Leben zu verwirklichen – für sich selbst und für andere.

Spruch38: Der Weg durch die Gedankenstille

Schauen Sie sich nicht die Gedanken an, schauen Sie zwischen ihnen hindurch. Wenn Sie durch eine Menschenmenge gehen, dann kämpfen Sie auch nicht gegen jeden einzelnen, den Sie treffen, sondern Sie suchen sich Ihren Weg durch die Menge. Lassen Sie Ihren Verstand in Ruhe, das ist alles. Hören Sie auf, ihm zuzustimmen, schließlich gibt es so etwas wie einen Verstand nicht, nur Gedanken, die kommen und gehen, ihren eigenen Gesetzen folgend, nicht den Ihren. Sie beherrschen Sie nur, weil Sie an ihnen interessiert sind. Es ist genau so wie Christus sagte: „Wehren Sie sich nicht gegen das Übel." Indem Sie sich gegen das Übel wehren, stärken Sie es nur. Zu beobachten ist natürlich und macht kein Problem. Das Problem ist übertriebenes Interesse, das zur Selbstidentifikation führt. Es ist alles so einfach, wenden Sie sich ab von Ihrem Verlangen und Ihren Ängsten und von den Gedanken, die Sie erschaffen, und Sie sind augenblicklich in Ihrem natürlichen Zustand.

Aus NLP- Sicht lässt sich der Spruch von Nisargadatta Maharaj als eine Einladung zur Veränderung der inneren Haltung gegenüber Gedanken und Gefühlen interpretieren. Die Schlüsselgedanken lassen sich in mehrere NLP-Konzepte übersetzen:

1. Dissoziation von Gedanken und Gefühlen
• Nisargadatta spricht davon, „nicht die Gedanken anzuschauen" oder „durch sie hindurchzusehen". Das lässt sich als Dissoziation interpretieren: ein Abstandnehmen von den eigenen Gedanken, um sie nicht mehr mit sich selbst zu identifizieren.

• NLP verwendet dazu Techniken wie die Meta-Position oder die Arbeit mit Submodalitäten, bei denen Gedanken und Emotionen aus einer anderen Perspektive betrachtet werden, um Distanz und Klarheit zu schaffen.

2. Reframing von „Problemen"

• Der Spruch legt nahe, den Verstand „in Ruhe zu lassen" und nicht gegen Gedanken oder „das Böse" anzukämpfen. Dies entspricht einem klassischen Reframing: anstatt Widerstand zu leisten (was Energie und Aufmerksamkeit verstärkt), wird eine neue Sichtweise vorgeschlagen, in der Gedanken einfach kommen und gehen können, ohne Bewertung oder Intervention.

• NLP betont, dass der Fokus auf das Problem (in diesem Fall: die Gedanken oder „das Böse") das Problem verstärken kann. Der Fokus sollte stattdessen auf das gewünschte Ergebnis (Frieden, Klarheit, Gelassenheit) gelenkt werden.

3. Achtsamkeit und Ankern im „Jetzt"

• Der Verweis, „sich ab von Verlangen und Ängsten" zu wenden, erinnert an eine Rückkehr in den gegenwärtigen Moment, ohne von Gedankenströmen oder Emotionen mitgerissen zu werden. Dies könnte mit NLP-Techniken wie der Arbeit mit dem Milton-Modell oder dem Setzen von Ankern erreicht werden, um den Zugang zu einem Zustand innerer Ruhe zu erleichtern.

4. Neutralisierung durch Entzug der Aufmerksamkeit

• Nisargadatta spricht davon, dass Gedanken nur Macht haben, weil man an ihnen interessiert ist. Dies entspricht im NLP dem

Prinzip, dass Aufmerksamkeit Energie gibt. Wenn man einem Gedanken keine Bedeutung mehr beimisst, verliert er an Einfluss.
• Eine Technik wie das Schweben über dem Problem oder das Defokussieren von störenden Gedanken kann hier hilfreich sein.

5. Selbstidentifikation lösen
• Der Spruch legt nahe, dass das eigentliche Problem aus der Selbstidentifikation mit Gedanken und Gefühlen entsteht. Im NLP wird dies durch Übungen wie das Chunking-Up adressiert, bei denen der Klient lernt, sich als etwas Größeres und Stabiles zu begreifen, das unabhängig von einzelnen Gedanken und Gefühlen existiert.

6. Prinzipien der Wahlfreiheit
• Im NLP wird betont, dass Menschen die Wahl haben, wie sie auf innere oder äußere Reize reagieren. Nisargadatta ermutigt dazu, nicht automatisch auf Gedanken und Emotionen zu reagieren, sondern den eigenen Weg (durch die „Menschenmenge" der Gedanken) zu wählen. Diese Wahlfreiheit ist zentral für die Entwicklung eines selbstbestimmten Lebens.

Fazit

Der Spruch von Nisargadatta Maharaj lässt sich aus NLP-Sicht als eine Anleitung verstehen, sich nicht mehr mit inneren Gedankenströmen zu identifizieren und stattdessen eine beobachtende, gelassene Haltung einzunehmen. Dabei werden Prinzipien wie Dissoziation, Reframing, Entzug der Aufmerksamkeit und Wahl-
510

freiheit eingesetzt, um einen Zustand innerer Ruhe und Klarheit zu fördern.

"Alte Selbstgefühl" vs "Neue Selbstgefühl"

Gegenüberstellung:

1. Altes Selbstgefühl in NLP-Terminologie

Innere Struktur des alten Selbstgefühls
• Strategie des inneren Dialogs:
• Der innere Dialog (digitale Repräsentation) ist geprägt von kreisenden Gedanken und automatischen Ankerkaskaden.
• Diese Kaskaden erzeugen Identifikation mit dem „Ich", das durch Sprache und mentale Konstrukte (Submodalitäten wie Ich-Perspektive, Nähe-Distanz) aufrechterhalten wird.
• Die Aufmerksamkeit ist auf vergangene Erfahrungen oder zukünftige Sorgen gerichtet (zeitlich dissoziiert).
• Ankerkaskaden:
• Gelernte Trigger (sprachlich, visuell, kinästhetisch) rufen automatisch bestimmte Gedanken- oder Verhaltensmuster hervor, die als „Ich" wahrgenommen werden.
• Die Anker sind häufig unbewusst, führen aber zu sich wiederholenden Mustern (Zwanghaftigkeit, Gedankenschleifen).
• Primäre Orientierung: Kontrolle:
• Das alte Selbstgefühl basiert auf der Illusion, die äußere und innere Welt kontrollieren zu müssen.

- Ziel der Strategien ist Sicherheit und Vorhersagbarkeit.
- Bewusstheit: Fragmentiert:
- Die Aufmerksamkeit ist auf getrennte, isolierte Aspekte der Realität gerichtet (Subjekt vs. Objekt, Innen vs. Außen).
- Das Bewusstsein ist ein Nebenprodukt der intensiven Verarbeitung und Identifikation mit den Repräsentationssystemen.
- Submodalitäten:
- Gedankliche Bilder (visuelle Repräsentationen) sind oft in der Nähe und detailreich (Ich-Identifikation).
- Der innere Dialog ist laut und eindringlich.
- Kinästhetische Empfindungen wirken schwer, drückend oder eng.

Zusammenfassung:

Das alte Selbstgefühl ist eine Strategie, bei der ein stark automatisierter innerer Dialog das Ich konstruiert. Dieses Ich ist eine Repräsentation, die sich aus einer Ankerkaskade aus Sprache, inneren Bildern und Emotionen zusammensetzt. Diese Strategie führt oft zu dem Gefühl von Trennung, Kontrollverlust und Leiden.

2. Neues Selbstgefühl in NLP-Terminologie

Innere Struktur des neuen Selbstgefühls
- Strategie des losgelösten Bewusstseins:
- Die Identifikation mit dem inneren Dialog wird durchbrochen. Gedanken und Gefühle werden wahrgenommen, aber nicht mehr als „Ich" erlebt.

- Der Fokus verlagert sich auf das Hier und Jetzt (assoziiert in die Gegenwart).
- Emergenz statt Ankerkaskaden:
- Anstatt dass Gedanken und Verhaltensweisen aus Ankerketten ablaufen, entsteht ein emergentes Gefühl von „Flow".
- Die Wahrnehmung wird flexibler und adaptiver, weil sie nicht mehr durch vorgefertigte Strategien begrenzt wird.
- Primäre Orientierung: Vertrauen und Passivität:
- Kontrolle wird losgelassen, stattdessen entsteht Vertrauen in die Selbstregulation des Systems.
- Entscheidungen und Handlungen „geschehen" und werden nicht forciert.
- Bewusstheit: Ganzheitlich:
- Bewusstheit umfasst das gesamte Feld der Wahrnehmung: Innen und Außen verschmelzen, Subjekt und Objekt verlieren ihre Trennung.
- Das Bewusstsein wird nicht mehr durch den inneren Dialog generiert, sondern entsteht als emergentes Phänomen durch die Offenheit aller Repräsentationssysteme.
- Submodalitäten:
- Bilder sind weiter entfernt und offener, der Fokus ist nicht mehr eng auf Details fixiert.
- Der innere Dialog ist ruhig oder ganz verschwunden.
- Kinästhetische Empfindungen sind leicht, fließend und oft raumerfüllend.

Zusammenfassung:

Das neue Selbstgefühl ist eine Strategie, bei der Identifikation mit Gedanken und Ankerkaskaden losgelassen wird. Es entsteht ein emergentes Bewusstsein, das sich durch Flow, Vertrauen und eine ganzheitliche Wahrnehmung auszeichnet.

3. Gegenüberstellung von altem und neuem Selbstgefühl

Aspekt	Altes Selbstgefühl	Neues Selbstgefühl
Innerer Dialog	Dominierend, kreisend, identitätsstiftend	Minimal oder abwesend, beobachtend
Strategien	Automatisierte Ankerkaskaden	Emergente, spontane Selbstregulation
Zeitwahrnehmung	Vergangenheit/Zukunft, dissoziiert	Gegenwart, assoziiert
Fokus	Trennung (Subjekt/Objekt, Innen/Außen)	Einheit (alles ist miteinander verbunden)
Kontrolle	Versucht, alles zu kontrollieren	Vertrauen in den natürlichen Fluss der Dinge
Submodalitäten	Nah, detailreich, eng, laut	Offen, weit, leicht, ruhig
Bewusstheit	Fragmentiert, basiert auf Repräsentationsintensität	Ganzheitlich, emergent aus Offenheit
Gefühl des Körpers	Schwer, angespannt, „getragen werden müssen"	Leicht, getragen, eingebettet
Entscheidungsfindung	Rational, auf Logik basierend	Intuitiv, mühelos, aus dem Moment heraus

4. Anwendung von NLP-Techniken

Übergang vom alten zum neuen Selbstgefühl:
1. Dissoziation vom inneren Dialog:
• Techniken wie Meta-Position oder Visualisierung des inneren Dialogs als externes Objekt.
2. Reframing der Kontrolle:

• Reframing-Techniken, um Kontrolle als Illusion zu erkennen und Vertrauen aufzubauen.

3. Ankermuster durchbrechen:

• Bewusstmachen und Auflösen von unbewussten Ankerkaskaden, z. B. durch Collapsing Anchors oder Chain of Excellence.

4. Ganzheitliche Wahrnehmung fördern:

• Arbeit mit dem Milton-Modell oder der Timeline-Technik, um die Wahrnehmung von Zeit und Raum zu erweitern.

5. Emergenz bewusst fördern:

• Übungen, die den Flow-Zustand begünstigen (siehe unten) , wie Trance-Induktion oder das Setzen offener Fragen („Was geschieht, wenn alles einfach fließt?").

Diese Analyse zeigt, wie tief NLP mit den Konzepten von Selbstgefühl, Bewusstheit und Transformation arbeiten kann. Es macht die Dynamik zwischen altem und neuem Zustand systematisch greifbar und zeigt konkrete Ansatzpunkte für Veränderung.

Die Cartoon-Illustration stellt den Unterschied zwischen dem alten und dem neuen Selbstgefühl humorvoll dar. Sie zeigt die Verwandlung von einem angespannten, überdenkenden Charakter zu einem entspannten, freien Zustand.

Exkurs

Mihály Csíkszentmihályi, ein ungarisch-amerikanischer Psychologe, prägte den Begriff des **Flow-Zustands** und identifizierte mehrere Schlüsselkriterien, die diesen Zustand charakterisieren:

1. Klare Ziele: Die Tätigkeit hat eindeutige Ziele, die dem Handelnden eine klare Richtung und Struktur bieten.

2. Unmittelbares Feedback: Es gibt sofortige Rückmeldungen über den Fortschritt, sodass man sein Handeln kontinuierlich anpassen kann.

3. Balance zwischen Herausforderung und Fähigkeit: Die Anforderungen der Aufgabe entsprechen den eigenen Fähigkeiten, wodurch weder Langeweile noch Überforderung entsteht.

4. Verschmelzen von Handlung und Bewusstsein: Man ist so in die Tätigkeit vertieft, dass das Bewusstsein für die Handlung und das Selbst miteinander verschmelzen.

5. Ausschluss von Ablenkungen: Alle störenden Reize werden aus dem Bewusstsein ausgeschlossen, sodass volle Konzentration auf die Aufgabe möglich ist.

6. Verlust des Selbstbewusstseins: Das gewöhnliche Selbstbewusstsein tritt in den Hintergrund; man geht in der Tätigkeit auf.

7. Verzerrtes Zeiterleben: Die subjektive Wahrnehmung der Zeit kann beschleunigt oder verlangsamt sein.

8. Intrinsische Motivation: Die Tätigkeit wird um ihrer selbst willen ausgeführt, nicht wegen externer Belohnungen.

Aus der NLP-Perspektive lassen sich diese Kriterien wie folgt interpretieren:

1. Klare Ziele:
• Im NLP wird Wert auf wohlgeformte Ziele gelegt, die spezifisch, messbar und erreichbar sind.
• Klare Ziele fördern die Fokussierung und Motivation, was den Eintritt in den Flow-Zustand erleichtert.

2. Unmittelbares Feedback:

• NLP-Techniken betonen die Bedeutung von sinnespezifischem Feedback (visuell, auditiv, kinästhetisch), um Handlungen effektiv anzupassen.

• Sofortiges Feedback ermöglicht es, Strategien in Echtzeit zu modifizieren und im optimalen Leistungsbereich zu bleiben.

3. Balance zwischen Herausforderung und Fähigkeit:

• Das Konzept der Kompetenzstufen im NLP hilft, Aufgaben so zu gestalten, dass sie weder unter- noch überfordern.

• Durch Anpassen von Submodalitäten kann die Wahrnehmung von Herausforderungen und Fähigkeiten kalibriert werden, um diese Balance zu erreichen.

4. Verschmelzen von Handlung und Bewusstsein:

• Techniken wie Ankern können Zustände hervorrufen, in denen Handlungen automatisch und ohne bewusste Anstrengung ablaufen.

• Dies entspricht dem NLP-Ziel, exzellente Zustände zu modellieren und zu reproduzieren.

5. Ausschluss von Ablenkungen:

• Durch Dissoziationstechniken kann man sich von störenden inneren Dialogen oder negativen Emotionen distanzieren.

• Fokussierungsstrategien im NLP unterstützen die Konzentration auf relevante Reize und blenden Unwichtiges aus.

6. Verlust des Selbstbewusstseins:

• NLP fördert die Flexibilität der Wahrnehmungspositionen, sodass man zwischen Ich-, Du- und Meta-Position wechseln kann, was zu einem verminderten Selbstfokus führen kann.

• Dies ermöglicht ein höheres Maß an Präsenz in der aktuellen Tätigkeit.

7. Verzerrtes Zeiterleben:

- Mit Timeline-Techniken kann die subjektive Wahrnehmung von Zeit beeinflusst werden, was zu einem veränderten Zeitempfinden führt.
- Dies kann genutzt werden, um den Flow-Zustand zu vertiefen.

8. Intrinsische Motivation:
- NLP arbeitet mit der Ökologie von Zielen, um sicherzustellen, dass sie mit den inneren Werten und Überzeugungen übereinstimmen, was die intrinsische Motivation stärkt.
- Durch Reframing kann die Bedeutung einer Tätigkeit so verändert werden, dass sie als lohnend und selbstbelohnend empfunden wird.

Zusammenfassend bietet NLP eine Vielzahl von Techniken, die die Erreichung der von Csíkszentmihályi beschriebenen Flow-Kriterien unterstützen können. Durch gezielte Anwendung dieser Methoden lässt sich die Wahrscheinlichkeit erhöhen, den Flow-Zustand zu erleben und somit optimale Erfahrungen zu fördern.

Im Folgenden werden die von mir erlebten Erfahrungen des Flow-Erlebnisses während des Marathonlaufs systematisch aufgelistet und im Kontext von NLP-Strategien und Repräsentationssystemen interpretiert:

1. Reduzierter innerer Dialog
- Beobachtung: Kaum vorhandener innerer Dialog; das Gefühl, nicht die Energie zu haben, ein „Ich" aufzubauen.

• NLP-Interpretation:
• Der innere Dialog (auditiv-intern) ist oft mit Selbstreflexion und Bewertung verbunden.
• Sein Fehlen deutet auf eine Dissoziation vom bewertenden Selbst hin, was zu einer unmittelbaren und ununterbrochenen Erfahrung führt.
• Dies ermöglicht eine assoziierte Wahrnehmung, bei der man vollständig in der Tätigkeit aufgeht, ohne mentale Distanz.

2. Synergetische Repräsentationen
• Beobachtung: Erleben von „Sehfühlen" und „Hörfühlen"; alle Repräsentationen sind synergetisch vorhanden.
• NLP-Interpretation:
• Die simultane Aktivierung mehrerer Repräsentationssysteme (visuell, auditiv, kinästhetisch) führt zu einer multisensorischen Integration.
• Diese Synergie fördert ein ganzheitliches Erleben, bei dem die Grenzen zwischen den Sinnen verschwimmen.
• Ein solcher Zustand kann durch Ankertechniken im NLP gefördert werden, um gewünschte Zustände abzurufen.

3. Hohe Intensität der Repräsentationen
• Beobachtung: Jeder Wahrnehmungsschritt wird intensiv erlebt; subjektives Gefühl einer verlangsamten Zeitwahrnehmung.
• NLP-Interpretation:
• Intensive sensorische Erfahrungen können durch Veränderungen in den Submodalitäten (z. B. Helligkeit, Lautstärke, Intensität) erklärt werden.

• Das subjektive Empfinden einer verlangsamten Zeit deutet auf eine veränderte Zeit-Submodalität hin, ein Phänomen, das im NLP als Timeline-Arbeit bekannt ist.
• Solche Zustände können durch Trance-Techniken oder Deep-State-Anker im NLP induziert werden.

4. Externe Fokussierung der Wahrnehmung
• Beobachtung: Wahrnehmungsschritte sind fast ausschließlich extern; keine Spaltung zwischen Wahrnehmung und Wahrnehmendem.
• NLP-Interpretation:
• Ein externer Fokus (visuell-extern, auditiv-extern) fördert die vollständige Einbindung in die Umgebung.
• Das Fehlen der Trennung zwischen Wahrnehmung und Wahrnehmendem entspricht einem Zustand der Verschmelzung oder assoziierten Wahrnehmung, bei dem das Individuum und die Erfahrung eins werden.
• Im NLP wird dies durch assoziierte Zustände gefördert, um intensive und unmittelbare Erfahrungen zu ermöglichen.

Ergänzende Eigenschaften des Flow-Zustands aus NLP-Sicht
• Automatisierte Strategien: Im Flow laufen Strategien automatisch und effizient ab, ohne bewusste Anstrengung. Dies entspricht dem NLP-Konzept der unbewussten Kompetenz, bei der Fähigkeiten so verinnerlicht sind, dass sie ohne bewusste Steuerung ausgeführt werden.
• Verlust des Selbstbewusstseins: Der Flow-Zustand ist gekennzeichnet durch einen Verlust des bewussten Selbstbewusstseins, was im NLP als Dissoziation vom kritischen Faktor bezeichnet

werden kann. Dies ermöglicht es, Handlungen ohne selbstkritische Bewertung auszuführen.

• Intrinsische Motivation: Handlungen im Flow werden um ihrer selbst willen ausgeführt, was auf eine starke intrinsische Motivation hindeutet. Im NLP wird dies durch Ökologie-Checks sichergestellt, um sicherzustellen, dass Ziele mit den inneren Werten übereinstimmen.

Zusammenfassend zeigt die Erfahrung des Flow-Zustands eine tiefgreifende Integration und Synergie der Repräsentationssysteme, begleitet von einer Reduktion des inneren Dialogs und einer veränderten Zeitwahrnehmung. Aus NLP-Sicht kann dieser Zustand durch gezielte Techniken gefördert werden, um optimale Leistungsfähigkeit und tiefes Erleben zu ermöglichen.

Um einen Flow-Zustand gezielt zu erreichen, kann ein strukturiertes **NLP-Format** entwickelt werden, das die spezifischen Merkmale dieses Zustands berücksichtigt. Basierend auf den zuvor identifizierten Kriterien und unter Einbeziehung von NLP-Techniken ergibt sich folgendes Format:

1. Zielklärung
• Beschreibung: Definieren Sie ein klares, spezifisches Ziel für die bevorstehende Tätigkeit.
• NLP-Technik: Anwendung der SMART-Kriterien (Spezifisch, Messbar, Attraktiv, Realistisch, Terminiert) zur Zielformulierung.

2. Ressourcenaktivierung

- Beschreibung: Identifizieren und aktivieren Sie interne Ressourcen, die für die Aufgabe hilfreich sind.
- NLP-Technik: Verwendung von Ankern, um positive Zustände wie Selbstvertrauen oder Kreativität abzurufen.

3. Herstellung der Balance zwischen Herausforderung und Fähigkeit
- Beschreibung: Bewerten Sie die Anforderungen der Aufgabe im Verhältnis zu Ihren Fähigkeiten und passen Sie diese gegebenenfalls an.
- NLP-Technik: Durchführung eines Ökologie-Checks, um sicherzustellen, dass die Aufgabe weder über- noch unterfordert.

4. Fokussierung der Aufmerksamkeit
- Beschreibung: Richten Sie Ihre volle Aufmerksamkeit auf die Aufgabe und minimieren Sie Ablenkungen.
- NLP-Technik: Einsatz von Dissoziationstechniken, um störende innere Dialoge zu reduzieren, sowie Fokussierungsstrategien, um die Konzentration zu steigern.

5. Integration der Repräsentationssysteme
- Beschreibung: Nutzen Sie alle sensorischen Kanäle (visuell, auditiv, kinästhetisch), um die Aufgabe ganzheitlich zu erleben.
- NLP-Technik: Anwendung von Submodalitäten-Arbeit, um die Intensität und Qualität der sensorischen Erfahrungen zu steuern.

6. Aufbau von Feedback-Schleifen
- Beschreibung: Implementieren Sie Mechanismen, die Ihnen kontinuierlich Rückmeldung über Ihren Fortschritt geben.

• NLP-Technik: Etablierung von Schleifen der Selbstreflexion und Nutzung von Timeline-Techniken, um den Fortschritt
zu visualisieren.

7. Förderung der intrinsischen Motivation
• Beschreibung: Verbinden Sie die Aufgabe mit Ihren inneren
Werten und Interessen, um sie um ihrer selbst willen
auszuführen.
• NLP-Technik: Anwendung von Reframing, um die Bedeutung
der Aufgabe positiv zu interpretieren, sowie Ökologie-Checks,
um die Übereinstimmung mit persönlichen Werten sicherzustellen.

8. Verankerung des Flow-Zustands
• Beschreibung: Sobald der Flow-Zustand erreicht ist, verankern
Sie diesen, um ihn in Zukunft leichter abrufen zu können.
• NLP-Technik: Setzen von Ankern während des Flow-Erlebens,
um den Zustand später reproduzieren zu können.

Dieses Format bietet einen strukturierten Ansatz, um den Flow-
Zustand systematisch zu induzieren und zu nutzen. Durch die
Kombination spezifischer NLP-Techniken mit den charakteris-
tischen Merkmalen des Flow-Erlebens können optimale Leis-
tungszustände erreicht und reproduziert werden.

Spruch39: Beobachter und Universum sind untrennbar

Der Beobachter ist der Punkt, an dem das Gewahrsein, das dem Unmanifestierten innewohnt, das Manifestierte berührt. Es gibt kein Universum ohne den Beobachter und es gibt keinen Beobachter ohne das Universum.

Aus NLP-Sicht lässt sich der Spruch von Nisargadatta wie folgt interpretieren:

1. Der Beobachter als "Meta-Position"

Im NLP ist der "Beobachter" vergleichbar mit der Meta-Position – einem Zustand, in dem man von außen auf seine eigenen Gedanken, Emotionen und Handlungen blickt.

• "Das Gewahrsein berührt das Manifestierte": Dies beschreibt die Fähigkeit des Menschen, seine inneren Zustände und Prozesse bewusst wahrzunehmen, ohne in sie verstrickt zu sein. Der Beobachter ist die Brücke zwischen unbewussten Prozessen (dem Unmanifestierten) und den bewussten Erfahrungen (dem Manifestierten).

• NLP-Techniken wie das Arbeiten mit dissoziierten Perspektiven fördern diese Fähigkeit, sodass man Erlebnisse aus einer neutralen oder ressourcenorientierten Perspektive betrachten kann.

2. Die wechselseitige Abhängigkeit von Beobachter und Universum

Im NLP wird häufig betont, dass unsere Wahrnehmung der Realität nicht objektiv ist, sondern durch interne Repräsentationen konstruiert wird. Nisargadattas Aussage könnte so interpretiert werden:

• Kein Universum ohne den Beobachter: Das Universum existiert im NLP nur, wie es durch unsere internen Repräsentationssysteme (visuell, auditiv, kinästhetisch etc.) erlebt wird. Die Realität wird durch Filter wie Glaubenssätze, Werte und Anker geformt.

• Kein Beobachter ohne das Universum: Gleichzeitig benötigt der Beobachter externe Reize, um interne Repräsentationen zu erstellen. Das bedeutet, dass der Mensch in einem ständigen Wechselspiel zwischen äußerer Realität und innerem Erleben steht.

3. Das Unmanifestierte als Ressource

Das Unmanifestierte in Nisargadattas Spruch könnte im NLP als die unbewussten Ressourcen interpretiert werden:

• NLP geht davon aus, dass Menschen oft verborgene Potenziale und Fähigkeiten haben, die durch gezielte Techniken wie Submodalitätenarbeit, Time-Line-Arbeit oder Anker setzen zugänglich gemacht werden können.

• Der Kontakt zwischen dem Unmanifestierten und dem Manifestierten findet durch die bewusste Arbeit mit dem "Beobachter" statt – durch Fragen wie: "Wie erlebe ich das? Was bedeutet das für mich?"

4. Einfluss des Beobachters auf das Universum

Ein zentraler Gedanke im NLP ist, dass unsere innere Haltung (State) und unsere Wahrnehmung direkten Einfluss auf die äußere Realität haben:

• Der Beobachter (bewusstes Gewahrsein) beeinflusst, wie wir das Universum erleben, z. B. durch das Reframing von Bedeutungen oder das Modellieren exzellenter Zustände.

• Die Fähigkeit, bewusst den "Beobachter" zu aktivieren, erlaubt es, neue Möglichkeiten im Universum zu entdecken oder eine belastende Situation neu zu interpretieren.

5. Praktische Anwendung im NLP

Dieser Spruch kann im NLP konkret genutzt werden, um Menschen zu helfen, sich in die Beobachterrolle zu versetzen und ihre Realität neu zu gestalten:

• Meta-Position einnehmen: Übung, um sich selbst beim Denken oder Handeln zu beobachten, z. B. durch die Frage: "Was passiert hier gerade, wenn ich das erlebe?"

• Reframing von Erlebnissen: Die bewusste Verbindung zwischen Unmanifestiertem (z. B. unbewussten Ressourcen oder Potenzialen) und Manifestiertem (z. B. aktuellen Herausforderungen).

• Dissoziation und Assoziation: Den Wechsel zwischen der inneren Erfahrung (assoziiert) und der Beobachterrolle (dissoziiert) üben, um emotionale Klarheit und neue Handlungsoptionen zu gewinnen.

Zusammenfassung: NLP-Titel

Ein passender NLP-Titel für diesen Spruch könnte lauten:
"Die Kraft des Beobachters: Brücke zwischen innerem Potenzial und äußerer Realität"

Dieser Spruch lädt uns ein, bewusster mit unseren internen Prozessen und der äußeren Realität umzugehen – ein zentraler Gedanke im NLP.

Das lustige Cartoon basierend auf Nisargadattas Konzept eigt die Verbindung zwischen dem Beobachter und dem Universum auf eine spielerische Weise.

Spruch40: Liebe ist die Weigerung zu trennen

In der Liebe gibt es noch nicht einmal den einen, wie kann es dann zwei geben? Liebe ist die Weigerung zu trennen, Unterschiede zu machen. Bevor Sie an Einheit denken können, müssen Sie erst die Zweiheit erschaffen. Wo immer etwas in Gedanken gefasst wird, gibt es Dualität.

Aus NLP-Sicht lässt sich der Spruch von Nisargadatta Maharaj auf verschiedene Ebenen interpretieren. NLP beschäftigt sich mit den Strukturen unserer Wahrnehmung und wie wir durch Sprache und Gedanken unsere Realität gestalten. Der Spruch kann so verstanden werden:

1. "In der Liebe gibt es noch nicht einmal den einen, wie kann es dann zwei geben?"
• NLP-Perspektive: Diese Aussage deutet darauf hin, dass Liebe einen Zustand jenseits von Trennung und Identität beschreibt. Im NLP könnten wir dies als Dissoziation von egozentrischen Identitäten deuten: Sobald jemand nur aus der Perspektive des "Ich" (einer getrennten Entität) denkt, wird Trennung geschaffen. Liebe hingegen könnte als ein Zustand betrachtet werden, in dem wir uns von dieser dualistischen Denkweise lösen und eine assoziative Einheit mit dem Anderen oder der Welt erleben.
• Sprachliche Strukturen: Das Konzept von "Eins" und "Zwei" zeigt, dass Sprache oft unsere Wahrnehmung der Realität formt. In der Sprache, und somit in unserem Denken, neigen wir dazu, Trennung zu schaffen, indem wir Kategorien und Subjekte erschaffen. NLP ermutigt uns, diese sprachlichen Grenzen zu hinterfragen und flexibler zu denken.

2. "Liebe ist die Weigerung zu trennen, Unterschiede zu machen."
• NLP-Perspektive: NLP lehrt, dass Wahrnehmung oft durch Unterscheidungen (Chunking) erfolgt: Wir teilen die Realität in kleinere, unterscheidbare Teile auf, um sie zu verstehen. Liebe könnte als ein Zustand betrachtet werden, in dem wir be-

wusst aufhören, diese Trennungen vorzunehmen.
Diese Bewusstmachung des Filtersystems – wie wir durch unsere inneren Landkarten Unterschiede und Grenzen schaffen – führt zu einem ganzheitlicheren Bewusstsein.
• Metaprogramme: Menschen neigen dazu, durch das Metaprogramm von "Unterschieden" oder "Gemeinsamkeiten" zu denken. Liebe als Zustand, der Unterschiede aufhebt, könnte mit einem Wechsel zu einem Metaprogramm der Gemeinsamkeiten oder der völligen Auflösung von mentalen Unterscheidungen verbunden sein.

3. "Bevor sie an Einheit denken können, müssen sie erst die Zweiheit erschaffen."
• NLP-Perspektive: Diese Aussage könnte darauf hinweisen, dass wir die Konstruktion der Dualität zunächst erkennen müssen, bevor wir sie überwinden können. NLP legt Wert darauf, sich der inneren Landkarte bewusst zu werden, die wir verwenden, um die Welt zu verstehen. Wenn wir begreifen, dass wir Einheit und Zweiheit nur in unserem Denken schaffen, können wir diese Konzepte bewusst verändern oder auflösen.
• Bewusste Wahl der Perspektive: NLP fördert die Fähigkeit, zwischen verschiedenen Perspektiven zu wechseln (z. B. die eigene Sicht, die des Anderen, und eine objektive Metaposition). Um Einheit zu erreichen, könnten wir uns dieser "Zweiheit" bewusst werden und sie aktiv überschreiten.

4. "Wo immer etwas in Gedanken gefasst wird, gibt es Dualität."
• NLP-Perspektive: Dies zeigt die Begrenzung des linguistischen Modells der Welt. Denken und Sprache strukturieren unsere Er-

fahrung in dualistischen Begriffen (z. B. "gut vs. schlecht", "ich vs. du"). NLP betont, dass die Landkarte nicht das Territorium ist – also dass unsere sprachlichen und mentalen Konstruktionen nie die vollständige Realität abbilden können.

• Transformation durch Reframing: NLP-Techniken wie Reframing könnten verwendet werden, um die Dualität im Denken bewusst zu hinterfragen und einen neuen Bedeutungsrahmen zu schaffen, in dem Gegensätze aufgelöst werden.

Zusammenfassung aus NLP-Sicht:

Der Spruch von Nisargadatta Maharaj könnte als eine Einladung verstanden werden, die unbewussten Sprach- und Denkmuster zu erkennen, die Dualität schaffen, und stattdessen einen Zustand des Bewusstseins zu kultivieren, in dem diese Trennung nicht mehr existiert. NLP bietet Werkzeuge wie Reframing, Perspektivenwechsel und die Aufdeckung von Metaprogrammen, um diese Muster zu transformieren und das Gefühl der Einheit und Liebe zu fördern.

Ergänzungen

Die zentrale Rolle der Bewusstheit und das bewusste Erkennen der Funktionsweise von Sprache und Modellen ist ein Schlüsselgedanke, der die ursprüngliche Aussage von Nisargadatta Maharaj in eine praxisorientierte Ebene überführt. Hier sind einige weitere Überlegungen und Anmerkungen, die ich dazu hinzufügen möchte:

534

1. Bewusstheit als Fundament

• Die Betonung der Bewusstheit trifft den Kern: Sowohl NLP als auch Sprache sind Werkzeuge, die Dualität in die Erfahrung einführen. Das bewusste Beobachten dieser Modelle – ohne sich von ihnen einnehmen zu lassen – ist entscheidend. Hier könnte man auch von einem Meta-Zustand der Beobachtung sprechen, der im NLP als "Metaposition" bekannt ist.

• Interessant ist auch der Gedanke, dass die Strategien (z. B. sprachliche Muster oder innere Dialoge) nicht abgelehnt oder unterdrückt werden sollen, sondern bewusst durchlebt werden. Dies entspricht einem Ansatz der Integration statt Vermeidung, was letztlich dazu führen kann, dass sich der natürliche Zustand der Einheit zeigt.

2. Sprache als Modell und die Grenzen des Modells

• Sprache selbst ist ein Modell und somit per Definition dualistisch. Dies erinnert an den zentralen NLP-Grundsatz: "Die Landkarte ist nicht das Territorium." Sprache dient dazu, die Wirklichkeit zu strukturieren und uns Orientierung zu geben, doch sie ist keine exakte Repräsentation der Wirklichkeit.

• Bewusstheit über die Inkompetenz in der Nichtdualität könnte bedeuten, sich der Grenzen des Modells bewusst zu werden. Indem wir erkennen, dass Sprache immer nur eine Annäherung ist, schaffen wir Raum für das Erleben von Einheit jenseits der Dualität.

3. Strategien erkennen und emergieren lassen

• Der Gedanke, dass wir Strategien nicht kontrollieren, sondern erkennen und emergieren lassen sollten, ist sehr kraftvoll. Im NLP sprechen wir oft davon, dass die Bewusstheit über die eigenen Strategien ein entscheidender Schritt ist, um Wahlmöglichkeiten zu schaffen. Das bedeutet, dass die Strategien nicht abgeschafft, sondern durch Bewusstheit transparent gemacht werden.

• Dieses Emergenz-Prinzip lässt sich wunderbar auf das Einheitsgefühl übertragen: Einheit ist nicht das Ergebnis von Kontrolle, sondern das Hervortreten des natürlichen Zustands, wenn die unbewussten Prozesse bewusst gemacht und losgelassen werden.

4. Die natürliche Einheit kann nicht erzeugt werden
• Der Gedanke, dass Einheit nicht erzeugt werden kann, weil sie der natürliche Zustand ist, deckt sich mit spirituellen und philosophischen Perspektiven. NLP kann hier helfen, die Hindernisse zu erkennen, die wir selbst durch Sprache und Denken schaffen, und diese bewusst zu durchlaufen, bis sie sich auflösen.
• Das entspricht einer Haltung, in der Akzeptanz und Gewahrsein zentral sind, anstatt durch künstliche Intervention oder erzwungene Kontrolle Einheit herbeiführen zu wollen.

5. Bewusstheit als Übung: In der Praxis kann es hilfreich sein, regelmäßig zu üben, wie sich sprachliche Modelle auf unsere Wahrnehmung auswirken. Zum Beispiel könnte man gezielt mit der Sprache spielen (z. B. Unterschiede und Gemeinsamkeiten betonen oder Perspektivwechsel üben), um ein tieferes Verständnis der dualistischen Konstrukte zu entwickeln.

6. Der Übergang vom Modell zur Erfahrung: Ein wichtiger Aspekt ist, dass Sprache und Modelle letztlich Werkzeuge sind, die uns zur reinen Erfahrung führen können. In der reinen Erfahrung zeigt sich das Einheitsgefüh. Hier könnte man von einem Prozess der Dekonstruktion von Sprache und Strategien sprechen, die uns über das Modell hinausführen.

Fazit

Die zentrale Idee, dass wir durch Bewusstheit über Strategien und Sprachmuster hinausgehen können, führt direkt zu dem von Nisargadatta Maharaj beschriebenen Einheitsgefühl. NLP ist in diesem Zusammenhang ein wertvolles Werkzeug – nicht als Ziel, sondern als Mittel, um die Hindernisse zu erkennen, die wir uns selbst durch Dualität schaffen.

Das Bewusstsein für die Funktion und Begrenzung von Sprache, kombiniert mit dem Zulassen und Durchleben von Strategien, führt zu einem natürlichen Zustand, in dem Einheit nicht herbeigeführt, sondern einfach erkannt wird.

Spruch41: Anhalten erzeugt den Engpass

Furchtlosigkeit kommt von allein, wenn Sie erkennen, dass es nichts gibt, vor dem Sie sich fürchten müssen. Wenn Sie auf der Straße durch die Menge gehen, gehen Menschen an Ihnen vorbei, einige sehen Sie, einige streifen Sie nur mit Ihrem Blick, doch Sie halten nicht an. Es ist das Anhalten, das den Engpass erzeugt. Bleiben Sie in Bewegung! Lassen Sie Namen und Formen unbeachtet, binden Sie sich nicht an sie. Ihre Bindung ist Ihr Gefängnis.

Dieser Spruch von Nisargadatta Maharaj lässt sich aus der NLP-Perspektive wie folgt interpretieren:

1. "Furchtlosigkeit kommt von allein, wenn Sie erkennen, dass es nichts gibt, vor dem Sie sich fürchten müssen."
• NLP-Perspektive: Ängste entstehen oft aus mentalen Konstrukten – inneren Repräsentationen, die wir durch Sprache, Bilder oder innere Dialoge schaffen. Wenn wir diese Konstrukte als von uns selbst geschaffen erkennen, können wir sie dekonstruieren.

• Reframing: Im NLP könnte diese Erkenntnis durch eine Reframing-Technik unterstützt werden. Zum Beispiel könnte man eine Situation, die Angst erzeugt, bewusst aus verschiedenen Perspektiven betrachten, um zu erkennen, dass die Angst unbegründet ist.

• Beliefs und Submodalitäten: Ängste basieren oft auf limitierenden Glaubenssätzen („Es könnte etwas Schlimmes passieren"). Wenn wir diese Glaubenssätze untersuchen und durch empowernde Alternativen ersetzen, fällt die Angst von selbst weg.

2. "Wenn Sie auf der Straße durch die Menge gehen, gehen Menschen an Ihnen vorbei. Einige sehen Sie, einige streifen Sie nur mit Ihrem Blick. Doch Sie halten nicht an."

• NLP-Perspektive: Diese Metapher beschreibt das Konzept des Flow-Zustands. NLP arbeitet oft mit der Idee, dass unsere Aufmerksamkeit und Energie fließen sollten, statt sich an einzelnen Reizen oder Gedanken „festzuhalten".

• Chunking und Fokus: Im NLP spricht man von „Chunking" – der Fähigkeit, Informationen in kleineren oder größeren Einheiten zu verarbeiten. Das „Nicht-Anhalten" könnte als bewusste Entscheidung interpretiert werden, auf einer höheren Ebene zu bleiben und sich nicht in Details oder Störungen zu verstricken.

• Rapport mit sich selbst: Das Gehen durch die Menge könnte auch ein Symbol für das innere Selbstgespräch sein. Indem wir uns nicht an einzelne Gedanken (Menschen) binden, erhalten wir einen inneren Gleichklang.

3. "Es ist das Anhalten, das den Engpass erzeugt."

541

• NLP-Perspektive: Der „Engpass" entsteht durch einen Fokuswechsel, der zu einer inneren Blockade führen kann. NLP betont die Wichtigkeit von Flexibilität in der Aufmerksamkeit und der Fähigkeit, mentale und emotionale Zustände bewusst zu lenken.

• State Management: Wenn wir uns emotional oder mental „festfahren", können NLP-Techniken wie Anker setzen oder State-Management helfen, den Zustand zu verändern und den „Engpass" aufzulösen.

4. "Bleiben Sie in Bewegung. Lassen Sie Namen und Formen unbeachtet."

• NLP-Perspektive: „In Bewegung bleiben" ist eine Metapher für das bewusste Navigieren durch Gedanken und Emotionen. „Namen und Formen" stehen für die Etikettierungen, die wir Dingen und Situationen geben, um sie zu kategorisieren.

• Metaprogramme: Menschen haben oft Metaprogramme, die auf „Kategorisierung" oder „Etikettierung" basieren. Diese helfen uns, die Welt zu verstehen, können aber auch einschränkend wirken. NLP hilft uns, diese Muster zu erkennen und flexibler zu machen.

• Dissoziation: „Namen und Formen unbeachtet lassen" könnte als Übung der Dissoziation verstanden werden – der Fähigkeit, sich von den eigenen Gedanken oder Emotionen zu lösen und sie aus einer neutralen Perspektive zu betrachten.

5. "Ihre Bindung ist Ihr Gefängnis."

• NLP-Perspektive: Bindung an Gedanken, Glaubenssätze oder innere Bilder ist ein zentraler Faktor, der emotionale Zustände wie Angst oder Frustration verstärkt. Diese Bindung entsteht oft unbewusst, durch automatische Strategien oder Submodalitäten (z. B. starke visuelle oder auditive Assoziationen).

• Anker und Loslassen: NLP bietet Techniken wie das bewusste „Entankern", um solche Bindungen zu lösen. Sobald wir erkennen, dass wir an ein mentales Konstrukt gebunden sind, können wir es durch eine bewusste Veränderung der Submodalitäten oder einen Perspektivwechsel transformieren.

• Wahlfreiheit: Indem wir Bindungen lösen, schaffen wir Wahlfreiheit, die uns ermöglicht, bewusster und authentischer zu handeln.

Fazit aus NLP-Sicht:

Der Spruch von Nisargadatta Maharaj könnte als Einladung verstanden werden, die eigenen mentalen und emotionalen Muster bewusst zu erkennen und sich nicht an Gedanken, Namen oder Formen zu binden. NLP bietet Werkzeuge, um diese Bindungen zu erkennen und durch gezielte Veränderungstechniken zu lösen. Letztlich geht es darum, einen Zustand innerer Freiheit zu kultivieren, der es ermöglicht, ohne Angst, Engpässe oder mentale Verhaftungen im Fluss des Lebens zu bleiben.

Spruch42: Allumfassende Liebe ist der Prüfstein wirklichen Gewahrseins

Wirkliches Gewahrsein ist ein Zustand reinen Beobachtens ohne den geringsten Versuch, irgendetwas mit dem Beobachteten anzustellen. Es wirkt wie ein Zustand gefühlloser Entrücktheit, doch das ist nicht wirklich so. Sind Sie einmal in diesem Zustand, werden Sie herausfinden, dass Sie lieben, was Sie sehen, egal, was es ist. Diese allumfassende Liebe ist der Prüfstein des Gewahrseins. Ist sie nicht da, dann verfolgen Sie nur irgendein persönliches Interesse.

Aus NLP-Perspektive lässt sich dieser Spruch von Nisargadatta Maharaj wie folgt interpretieren:

1. "Wirkliches Gewahrsein ist ein Zustand reinen Beobachtens, ohne den geringsten Versuch, irgendetwas mit dem Beobachteten anzustellen."

• Dissoziation und Neutralität: Im NLP gibt es das Konzept der Dissoziation, bei dem man sich selbst von einer Situation oder einem Zustand distanziert, um sie objektiver zu betrachten. Dieser Zustand des reinen Beobachtens könnte als fortgeschrittene

Form der Dissoziation interpretiert werden, bei der man vollständig neutral bleibt – ohne zu bewerten, zu reagieren oder zu handeln.

• Metaposition: NLP fördert die Fähigkeit, in die Metaposition zu wechseln, also die Perspektive eines neutralen Beobachters einzunehmen. Dies hilft, sich aus emotionalen Verstrickungen zu lösen und Situationen klarer wahrzunehmen.

• Bewusstheit über innere Landkarten: Der Spruch ermutigt dazu, das eigene Modell der Welt nicht auf das Beobachtete zu projizieren. Gewahrsein bedeutet, die innere Landkarte beiseite zu legen und die Realität unverfälscht wahrzunehmen.

2. "Es wirkt wie ein Zustand gefühlloser Entrücktheit, doch das ist nicht wirklich so."

• Vermeidung von Fehlinterpretationen: NLP betont, dass Zustände wie Dissoziation oder Neutralität oft missverstanden werden können. Sie könnten als „kalt" oder „gefühllos" wahrgenommen werden, obwohl sie in Wirklichkeit Raum für Klarheit und unvoreingenommene Wahrnehmung schaffen.

• State Management: Dieser Zustand reinen Beobachtens wird durch eine bewusste Steuerung von inneren Zuständen erreicht. Im NLP spricht man von „State Management", bei dem man erkennt, dass emotionale Reaktivität durch Wahlfreiheit ersetzt werden kann.

• Flexibilität in Wahrnehmung und Verhalten: Die Fähigkeit, zwischen assoziierten (emotional eingebundenen) und dissoziierten (neutralen) Zuständen zu wechseln, ist ein Zeichen für Flexibilität im Denken – ein zentrales Ziel im NLP.

3. "Sind Sie einmal in diesem Zustand, werden Sie herausfinden, dass Sie lieben, was Sie sehen, egal was es ist."

• Reframing auf höchster Ebene: Im NLP gibt es das Konzept des Reframings – der Neudeutung von Erfahrungen. Dieser Zustand reinen Beobachtens ist möglicherweise die ultimative Form des Reframings, bei der alles, was man sieht, durch die Linse der Liebe wahrgenommen wird.

• Integration von Gegensätzen: Allumfassende Liebe entsteht, wenn Dualitäten aufgelöst werden. NLP hilft, mentale und emotionale Gegensätze zu erkennen und zu integrieren, wodurch eine tiefe Akzeptanz und Liebe für die Realität möglich wird.

• Annahme statt Widerstand: Der Zustand reinen Gewahrseins bedeutet, dass wir keinen inneren Widerstand mehr gegenüber dem Beobachteten haben. NLP-Techniken wie Timeline-Arbeit oder Submodalitäten-Arbeit können helfen, innere Blockaden zu lösen und Akzeptanz zu fördern.

4. "Diese allumfassende Liebe ist der Prüfstein des Gewahrseins."

• Ein Maßstab für die Qualität der Wahrnehmung: NLP legt großen Wert darauf, bewusste Zustände messbar und überprüfbar zu machen. In diesem Kontext könnte allumfassende Liebe als Indikator dafür dienen, dass man sich tatsächlich in einem Zustand reinen Gewahrseins befindet.

• Alignment mit höheren Werten: NLP nutzt das Konzept von Werten und Zielen, um innere Konflikte aufzulösen. Allumfassende Liebe könnte als ein höherer Wert betrachtet werden, der entsteht, wenn wir uns von egozentrischen Mustern lösen.

• Mentale Klarheit: Liebe ist hier nicht als Emotion im gewöhnlichen Sinn gemeint, sondern als eine Art Klarheit und Verbindung mit dem Beobachteten. Im NLP könnte dies als eine Metaposition des höchsten Verständnisses interpretiert werden.

5. "Ist sie nicht da, dann verfolgen Sie nur irgendein persönliches Interesse."

• Bewusstheit über Absichten: NLP betont die Wichtigkeit, sich der eigenen Absichten bewusst zu sein. Ein Zustand reinen Gewahrseins ist frei von egozentrischen Motiven. Wenn persönliches Interesse im Spiel ist, sind unsere Wahrnehmungen und Reaktionen gefärbt.

• Ökologieprüfung: Im NLP wird oft eine Ökologieprüfung durchgeführt, um sicherzustellen, dass die eigenen Ziele und Absichten nicht nur egoistisch, sondern mit dem größeren System im Einklang sind. Dieser Spruch fordert dazu auf, die eigenen Absichten auf ihre Reinheit hin zu prüfen.

• Selbst- versus Fremdfokus: NLP beschreibt oft die Balance zwischen Selbstfokus (Interesse am eigenen Nutzen) und Fremdfokus (Interesse an anderen). Reines Gewahrsein erfordert die Aufgabe des Selbstfokus zugunsten einer allumfassenden Perspektive.

Fazit aus NLP-Sicht

Der Spruch von Nisargadatta Maharaj betont die transformative Kraft des neutralen Gewahrseins, das frei von Bewertung, Reaktion und persönlichem Interesse ist. Aus NLP-Perspektive kann dies als eine Metaposition des höchsten Verständnisses interpretiert werden, die durch Dissoziation, Reframing und bewusste Steuerung von Zuständen erreicht wird.

Das Ziel im NLP wäre hier, innere Blockaden zu lösen, egozentrische Muster zu überwinden und eine umfassende Akzeptanz und Liebe für das Beobachtete zu entwickeln. Dieser Zustand ist nicht passiv oder gefühllos, sondern die Grundlage für Klarheit, Verbundenheit und tiefe Wertschätzung für die Realität, so wie sie ist.

Spruch43: Direktes Wissen

Sie werden in einen Zustand kommen, wo es kein Wissen gibt, nur Sein, in dem das Sein selbst Wissen ist. Durch das Sein zu wissen, ist direktes Wissen. Es basiert auf der Identität des Sehenden mit dem Gesehenen. Das gleiche gilt für das Glück. Wirkliches Glück ist ohne Ursache und verschwindet nicht durch das Fehlen von Stimulationen. Es ist nicht das Gegenteil von Kummer, es schließt allen Kummer und alles Leid ein.

Aus der NLP-Perspektive könnte der Spruch von Nisargadatta Maharaj auf mehreren Ebenen interpretiert werden. NLP beschäftigt sich mit der Struktur subjektiver Erfahrung, und dieser Spruch spricht einige grundlegende Konzepte an, die mit

Wahrnehmung, Bewusstsein und emotionalen Zuständen zu tun haben.

1. "Es gibt kein Wissen, nur Sein" – Der Zustand des reinen Bewusstseins
• Aus NLP-Sicht: Dieser Zustand könnte als ein Moment vollständiger sensorischer Wahrnehmung interpretiert werden, in dem der Verstand nicht durch bewertende oder analysierende Gedanken blockiert ist. NLP betont die Bedeutung des Zugangs zu einem "Flow-Zustand", in dem Denken und Tun in völliger Harmonie sind.
• Praktische Anwendung: Techniken wie die Fokussierung auf die Sinne (z. B. durch Ankern) könnten helfen, diesen Zustand zu erreichen. Es geht darum, die Identifikation mit mentalen Konzepten ("Wissen") loszulassen und in das unmittelbare Erleben einzutauchen.

2. "Durch das Sein zu wissen, ist direktes Wissen"
• NLP-Konzepte: "Direktes Wissen" könnte mit intuitivem Verstehen oder unbewusstem Zugang zu Informationen verglichen werden, der oft durch die Arbeit mit Submodalitäten oder durch Trance-Zustände ermöglicht wird.
• Submodalitäten: NLP hilft dabei, innere Repräsentationen zu verändern, um eine direktere Verbindung zwischen innerer Erfahrung und äußeren Wahrnehmungen herzustellen. Das "direkte Wissen" ist ein Zustand, in dem der Filter der bewussten Analyse überwunden wird.

3. "Identität des Sehenden mit dem Gesehenen"

• NLP und die Wahrnehmungspositionen: Diese Aussage könnte im Kontext der Verschmelzung von Wahrnehmungspositionen (1., 2. und 3. Position) verstanden werden. In der höchsten Form dieser Praxis verschwindet die Trennung zwischen Subjekt (Sehender) und Objekt (Gesehenes).

• Metaposition: Ein Zustand der Identität bedeutet in NLP oft, dass die Grenzen zwischen der eigenen inneren Karte und der äußeren Realität aufgelöst werden. Es wird weniger durch Filter oder Glaubenssätze verzerrt.

4. "Wirkliches Glück ist ohne Ursache und verschwindet nicht durch das Fehlen von Stimulation"

• Ressourcenvolle Zustände: NLP zielt darauf ab, ressourcenvolle Zustände zu schaffen, die unabhängig von äußeren Umständen sind. Glück ohne Ursache könnte als ein Anker interpretiert werden, der mit einem intrinsischen, stabilen emotionalen Zustand verbunden ist.

• Reframing: NLP-Techniken wie Reframing könnten helfen, Kummer und Leid in einen größeren Kontext zu setzen, der sie als Teil des Ganzen integriert und damit entmachtet.

5. "Es ist nicht das Gegenteil von Kummer. Es schließt allen Kummer und alles Leid ein."

• Integration von Polaritäten: In NLP wird oft mit Polaritäten gearbeitet, um widersprüchliche Zustände zu integrieren. Die Idee, dass Glück und Kummer zusammengehören, könnte als eine Form der Auflösung von inneren Konflikten betrachtet werden.

• Meta-Modell der Sprache: Diese Aussage könnte auch darauf hinweisen, dass die Begrenzungen durch linguistische Dualitäten (wie "Glück" vs. "Kummer") überwunden werden. Dies erinnert an NLP-Techniken, die darauf abzielen, einschränkende Sprachmuster zu erkennen und zu lösen.

Fazit:

Der Spruch lädt aus NLP-Sicht dazu ein, mentale Konzepte und Bewertungen loszulassen, in die direkte Wahrnehmung des Augenblicks zu gehen und Zustände von Glück und Wissen zu kultivieren, die nicht von äußeren Umständen abhängen. Es ist ein Aufruf zur Integration und Transformation durch Bewusstheit und den Zugang zu tieferen Ressourcen.

Ergänzungen

Der von Nisargadatta Maharaj beschriebene Zustand der Nicht-Dualität lässt sich tatsächlich auch aus Sicht von NLP als das Herunterfahren oder die Deaktivierung bestimmter neurologischer und sprachlicher Strategien betrachten. Diese Strategien sind normalerweise dafür verantwortlich, eine Trennung zwischen Subjekt und Objekt sowie ein "Sprach-Ich" oder funktionales Ich zu erzeugen. Ich werde das im Kontext von NLP und der "Ablaufsicht" von Strategien genauer analysieren und ergänzen:

1. Das Fehlen sekundärer Wahrnehmung und Rückankerung
• NLP-Interpretation: In der Nicht-Dualität wird die sekundäre Verarbeitung von primären Sinneseindrücken – also die Bewertung, Kommentierung und sprachliche Repräsentation – ausgesetzt. Im NLP wären dies Prozesse, die typischerweise mit

555

Metaprogrammen (wie "innere Bewertung" oder "Extravertierung") und Submodalitäten (z. B. der inneren sprachlichen Darstellung) verbunden sind.

• Strategieanalyse: Eine NLP-Strategie besteht aus einer Abfolge von Wahrnehmungsprozessen (VAKOG), die zur Erzeugung einer bestimmten Reaktion oder eines Zustandes führen. Im Zustand der Nicht-Dualität sind diese Strategien auf ihre Essenz reduziert: reine sensorische Wahrnehmung ohne nachfolgende interne Repräsentation oder Bewertung.

2. Kein Sprach-Ich und keine Benutzerillusion

• Das Sprach-Ich im NLP: In NLP würde man das Sprach-Ich als eine Konstruktion betrachten, die durch wiederholte Verknüpfungen zwischen Sinneswahrnehmung, inneren Repräsentationen und sprachlichen Mustern aufgebaut wird. Es handelt sich um eine "Benutzerillusion", die durch sprachliche und mentale Prozesse ständig aufrechterhalten wird.

• Ablaufsicht im NLP: Diese Benutzerillusion entsteht durch eine Sequenz von Strategien, die das Erlebte mit Sprache verknüpfen. Beispielsweise:

1. Primäre Wahrnehmung: Ein visueller, auditiver oder kinästhetischer Reiz wird wahrgenommen.

2. Internale Verarbeitung: Der Reiz wird in inneren Bildern, Tönen oder Gefühlen repräsentiert.

3. Sprachebene: Eine sprachliche Kommentierung oder Bewertung des Reizes erfolgt.

4. Identität: Der Kommentar wird auf das "Ich" projiziert, wodurch eine Identifikation entsteht.

Im Zustand der Nicht-Dualität werden diese Strategien durchbrochen oder heruntergefahren. Es gibt keine Identifikation mit einer sprachlichen Repräsentation des Ichs, und somit entsteht der Zustand des direkten Wissens oder Seins.

3. Das Sein als intrinsisch motivierende Tätigkeit
• Selbstbelohnung und NLP: Der Zustand des Seins könnte im NLP als ressourcenreicher Zustand betrachtet werden, der unabhängig von externen Triggern oder Belohnungssystemen existiert. NLP arbeitet oft mit Techniken, die intrinsische Ressourcen (wie Selbstvertrauen oder Ruhe) aktivieren, aber der Zustand der Nicht-Dualität geht noch tiefer, da er nicht durch ein bestimmtes Programm ausgelöst wird, sondern durch das Fehlen jeglicher Programme entsteht.
• Ankermodell: Intrinsisches Glück im Sinne von "ohne Ursache" ist im NLP schwierig direkt zu modellieren, da NLP oft auf Ursache-Wirkung-Prozesse aufbaut. Allerdings könnten Zustände wie dieser durch "Selbstankerung" erzeugt werden, bei der der Zustand nicht an externe Reize gebunden ist.

4. Kein Gegensatzpaar und keine Dualität
• Integration von Polaritäten: NLP arbeitet oft mit Polaritäten, indem gegensätzliche Zustände integriert werden, etwa durch Reframing oder Metapositionen. In der Nicht-Dualität ist dieser Integrationsprozess vollständig: Es existieren keine Gegensätze mehr, da die Strategien, die solche Gegensätze erzeugen (z. B. Bewertung oder Analyse), nicht mehr aktiv sind.
• Nicht-Dualität im NLP-Kontext: Die Abwesenheit von Dualität könnte als "Meta-Zustand" interpretiert werden, in dem die Tren-

nung zwischen Wahrnehmung und Wahrnehmendem aufgehoben ist. Im NLP könnte dies durch tranceähnliche Zustände oder durch das bewusste Loslassen von sprachlichen Mustern erreicht werden.

5. Direkte Wahrnehmung als Basis des Wissens
• Strategische Vereinfachung: Im NLP ist direkte Wahrnehmung oft der Ausgangspunkt jeder Strategie. Die Reduktion auf "Sein" bedeutet, dass alle nachgelagerten Verarbeitungsschritte – wie Bewertung oder Generalisierung – wegfallen. Dies könnte mit der Fähigkeit verbunden sein, in einem ressourcenreichen Zustand von vollständigem sensorischen Bewusstsein zu verweilen.
• Meta-Modell der Sprache: Durch die Aufgabe sprachlicher Bewertungen wird der Zustand erreicht, in dem keine Trennung zwischen Wissen und Sein mehr besteht. Dies könnte als höchster Ausdruck von Sensory Acuity (sensorischer Schärfe) verstanden werden.

Fazit:

Die Nicht-Dualität lässt sich aus NLP-Sicht als der Zustand verstehen, in dem sämtliche sekundären Strategien (wie Bewertung, Sprache, Identität und Dualität) deaktiviert sind. Es handelt sich um eine "Strategie der Nicht-Strategie", in der der Prozess des Wahrnehmens nicht durch interne Repräsentationen unterbrochen wird. Dieser Zustand kann als Ziel eines extrem ressourcenreichen Zustandes interpretiert werden, der sowohl in NLP-Strategien als auch in meditativen Praktiken angestrebt wird

Die zweite Ergänzung spricht eine tiefere Dimension der Wahrnehmung und des Bewusstseins an. Aus der Perspektive von NLP und kognitiven Prozessen lässt sich dieses Phänomen weiter ergründen:

1. Bewusstsein als begrenztes Phänomen
• NLP und die Bandbreite des Bewusstseins: Aus NLP-Sicht stimmt es, dass das Bewusstsein nur eine sehr begrenzte Kapazität besitzt. Es kann pro Moment nur eine kleine Menge an Informationen verarbeiten (z. B. 5–9 Elemente, wie in George Millers klassischer Theorie beschrieben). Normalerweise ist ein erheblicher Teil dieser Kapazität durch Strategien wie das Sprach-Ich, die Benutzerillusion oder die Bewertung und Kommentierung von Erfahrungen blockiert.
• Reduktion der "bewussten Last": Im Zustand der Nicht-Dualität werden diese energieverbrauchenden Programme deaktiviert, wodurch die gesamte Kapazität des Bewusstseins frei wird, um sich auf die primäre Sinneswahrnehmung zu konzentrieren.

2. Intensität und Energie im Zustand der Nicht-Dualität
• Energieverteilung und Strategien: Strategien wie die Benutzerillusion benötigen Energie, da sie ständig zwischen primären Sinnesdaten und sekundären sprachlichen Repräsentationen vermitteln. Wenn diese Prozesse deaktiviert sind, wird die gesamte Energie des Systems für die reine sensorische Wahrnehmung

verfügbar. Das erklärt, warum die Wahrnehmung in der Nicht-Dualität intensiver ist.

• 100 Prozent Bewusstsein für primäre Wahrnehmung: Im NLP könnte dies als ein Zustand beschrieben werden, in dem die Submodalitäten (z. B. Helligkeit, Schärfe, Lautstärke, Intensität von Gefühlen) maximal gesteigert werden, weil keine kognitiven Ressourcen durch sekundäre Prozesse wie Bewertung oder Interpretation abgezogen werden.

3. Vergleich mit U.G. Krishnamurti

• Maximale Sinneswahrnehmung: U.G. Krishnamurti beschreibt einen Zustand, in dem die Sinneswahrnehmung mit hundertprozentiger Intensität arbeitet. Dies lässt sich aus NLP-Sicht als eine völlige sensorische Schärfe oder "Sensory Acuity" interpretieren, bei der die gesamte Wahrnehmung auf die Rohdaten der Sinne gerichtet ist, ohne sie durch mentale Filter zu modifizieren.

• Repräsentationssysteme auf primärer Ebene: Im NLP spricht man oft davon, dass Informationen durch Repräsentationssysteme (visuell, auditiv, kinästhetisch, olfaktorisch, gustatorisch) verarbeitet werden. In diesem Zustand wird keine Information "umcodiert" oder verzerrt, sondern in ihrer reinsten Form erlebt.

4. Warum wird die Wahrnehmung intensiver?

• Eliminierung der Verzerrungen: NLP erklärt, dass Filter wie Generalisierung, Verzerrung und Tilgung die Wahrnehmung normalerweise einschränken. Im Zustand der Nicht-Dualität sind diese Filter deaktiviert, sodass die Wahrnehmung in voller Klarheit und Intensität erfolgt.

• Freie Energie für Sinneswahrnehmung: Ohne den Verbrauch durch Strategien wie die Benutzerillusion oder innere Dialoge steht die gesamte Energie des Systems für die primäre Sinneswahrnehmung zur Verfügung. Das führt zu einem "Überfluten" des Bewusstseins mit purer sensorischer Erfahrung.

5. Intensität und Glück ohne Ursache
• Erhöhte Intensität als Glücksfaktor: Das Glück ohne Ursache, das Nisargadatta Maharaj beschreibt, könnte auch durch diese gesteigerte Intensität der Wahrnehmung erklärt werden. Glück entsteht nicht durch äußere Reize, sondern durch das unmittelbare und volle Erleben des Moments, das mit maximaler Intensität wahrgenommen wird.
• Flow-Zustand im NLP: Dies könnte mit dem NLP-Konzept des Flow-Zustands korrespondieren, in dem alle Ressourcen harmonisch auf eine einzige Erfahrung ausgerichtet sind und keine kognitiven "Bremsen" existieren.

6. Fazit und Verbindung zu NLP
• Strategische Reduktion als Schlüssel: Der Zustand der Nicht-Dualität entsteht, wenn die üblicherweise aktiven Strategien deaktiviert sind, die Energie verbrauchen und das Bewusstsein fragmentieren. Dadurch wird das Bewusstsein völlig frei, sich auf die primären Sinneseindrücke zu konzentrieren.
• Maximale Sinnesintensität: Aus NLP-Sicht könnte dieser Zustand mit einer maximalen Schärfung der Submodalitäten und der Eliminierung von Filtern beschrieben werden. Das Bewusstsein wird vollständig auf die Wahrnehmung fokussiert, was eine außergewöhnlich intensive Erfahrung ermöglicht.

• Integration: Dieser Zustand zeigt, dass es nicht nur darum geht, Strategien zu entwickeln, sondern auch, sie bewusst herunterzufahren, um in einen Zustand der totalen Präsenz und Nicht-Dualität zu gelangen.

Dieser Ansatz kann als ein fortgeschrittenes Modell der Wahrnehmung im NLP verstanden werden, bei dem die Begrenzungen der üblichen Strategien bewusst aufgehoben werden, um einen Zustand von Klarheit, Intensität und unmittelbarem Glück zu erreichen.

Das Cartoon stellt den Zustand von 100% Intensität humorvoll dar! Ein überdrehter Charakter mit lebhaften Sinneseindrücken, umgeben von einer spielerisch-surrealen Szene.

.

Spruch44: Die Illusion des Schöpfers

„Ich bin" ist eine immer gegenwärtige Tatsache, während „Ich wurde geschaffen" eine Vorstellung ist. Weder Gott noch das Universum sind zu Ihnen gekommen, um Ihnen zu erzählen, dass sie Sie geschaffen haben. Der Verstand ist besessen von der Vorstellung von Kausalität, er erfindet daher die Schöpfung und fragt sich dann, „Wer ist der Schöpfer?" Der Verstand selbst ist der Schöpfer. Auch das ist nicht ganz richtig, denn das Erschaffene und der Schöpfer sind eins. Der Verstand und die Welt sind nicht getrennt. Verstehen Sie, dass die Vorstellung von der Welt Ihr eigener Verstand ist. (Gibt es eine Welt jenseits oder außerhalb des Verstandes?) Raum und Zeit sind im Verstand. Wo wollen Sie eine übergeistige Welt unterbringen?

Dieser Spruch von Nisargadatta Maharaj eröffnet interessante Perspektiven, die sich auch durch die NLP-Brille betrachten lassen. Hierbei können wir die Bedeutung von Wahrnehmung, Konstruktionen des Geistes und die Rolle von Kausalität analysieren. Im Folgenden eine detaillierte Interpretation:

1. "Ich bin" vs. "Ich wurde geschaffen" – Fakt vs. Vorstellung
• NLP-Ansatz: "Ich bin" als Grundzustand

• Der Ausdruck "Ich bin" verweist auf einen Zustand reinen Seins, der frei von narrativen Konstruktionen ist. In NLP könnte dies mit der Arbeit auf der Ebene von Identität oder Kernüberzeugungen (Logical Levels von Robert Dilts) korrespondieren. "Ich bin" repräsentiert eine grundlegende Wahrnehmung des Seins, die unabhängig von Kontext oder Vergangenheit ist.

• Das Konzept "Ich wurde geschaffen" hingegen stellt eine narrative Konstruktion dar, die durch den Verstand entwickelt wurde. Diese Konstruktion entsteht durch Strategien wie Generalisierung, Verzerrung oder Tilgung, die in NLP häufig analysiert werden.

2. Der Verstand als Schöpfer und das Konstrukt der Kausalität

• Kausalität als Metaprogramm im NLP

• Der Verstand ist laut Maharaj besessen von der Idee der Kausalität – einer Ursache-Wirkung-Beziehung. Im NLP wird dies als ein spezifisches Metaprogramm angesehen, das Menschen hilft, Zusammenhänge zu erkennen, jedoch oft auch Einschränkungen oder Fehlinterpretationen erzeugt.

• Im NLP könnte man die Vorstellung von "Schöpfung und Schöpfer" als eine Metapher oder Repräsentation analysieren, die dazu dient, der Welt Struktur und Sinn zu verleihen. Die Aussage "Der Verstand selbst ist der Schöpfer" verweist darauf, dass diese Strukturierung ein aktiver, vom Geist ausgehender Prozess ist – ein Beispiel für eine Generalisierung, die durch interne Strategien erzeugt wird.

3. "Das Erschaffene und der Schöpfer sind eins"

• Nicht-Dualität und Integration im NLP

• Die Aussage, dass das Erschaffene und der Schöpfer eins sind, passt zur Arbeit mit Polaritäten im NLP. Polaritäten wie "Schöpfer" und "Erschaffene Welt" können als künstliche Trennungen betrachtet werden, die durch sprachliche und mentale Prozesse entstehen.

• Im NLP würde diese Integration von Schöpfer und Erschaffenem einen Zustand der Ganzheit repräsentieren, in dem kein Konflikt zwischen Subjekt und Objekt besteht – ähnlich wie in der Praxis der Integration von gegensätzlichen Glaubenssystemen oder Konflikten in der Parts-Therapie.

4. "Die Vorstellung von der Welt ist Ihr eigener Verstand"
• Wahrnehmungsfilter im NLP
• Die Welt, wie wir sie wahrnehmen, ist laut NLP keine objektive Realität, sondern ein Produkt der internen Repräsentationen, die durch unsere Sinneskanäle (VAKOG) und kognitiven Filter (Metaprogramme, Glaubenssätze, Werte) erzeugt werden.
• Maharajs Aussage, dass die Welt der eigene Verstand ist, könnte im NLP mit der Vorstellung übereinstimmen, dass die "Landkarte nicht das Gebiet ist" (Korzybski). Die Welt, die wir erleben, ist nicht die Welt an sich, sondern eine Interpretation, die durch unsere inneren Strategien geformt wird.

5. "Raum und Zeit sind im Verstand"
• Subjektive Konstrukte von Raum und Zeit im NLP
• Raum und Zeit werden im NLP oft als Submodalitäten betrachtet, die in unserer inneren Repräsentation geordnet sind. Beispielsweise arbeiten zeitliche Konstrukte im NLP mit der "Time Line Therapy", bei der Zeit als lineare oder zyklische Struktur

wahrgenommen wird, je nach individueller mentaler Repräsentation.

• Maharajs Aussage impliziert, dass Raum und Zeit nicht objektiv existieren, sondern Konstrukte des Geistes sind. Im NLP könnte dies darauf hinweisen, dass die Veränderung unserer Repräsentationen von Raum und Zeit (z. B. durch Submodalitätenarbeit) auch unsere Wahrnehmung der Welt radikal verändern kann.

6. "Wo wollen Sie eine übergeistige Welt unterbringen?"

• Der Rahmen der Wahrnehmung

• Maharaj weist darauf hin, dass jede Vorstellung von etwas "außerhalb" des Verstandes immer noch eine Konstruktion des Verstandes ist. Dies passt zur NLP-Praxis, die erkennt, dass alle Modelle und Konzepte, mit denen wir arbeiten, letztlich Konstruktionen sind.

• NLP würde diese Aussage als Einladung verstehen, den Rahmen (Frame) unserer Wahrnehmung zu erweitern oder ganz zu hinterfragen, um Zugang zu neuen Möglichkeiten oder Perspektiven zu bekommen.

Zusammenfassung und Fazit

Aus Sicht der Neurolinguistischen Programmierung lädt Maharajs Spruch dazu ein, die Mechanismen des Verstandes zu hinterfragen und die Strategien, die unsere Wahrnehmung und unsere Realität konstruieren, bewusster zu machen:

1. "Ich bin" ist der Grundzustand reiner Wahrnehmung, während alles andere narrative Konstruktionen des Geistes sind.

2. Die Besessenheit des Verstandes von Kausalität ist ein Metaprogramm, das uns hilft, Sinn zu finden, aber auch Illusionen schaffen kann.

3. Nicht-Dualität kann als Integration aller Gegensätze betrachtet werden, die durch sprachliche und mentale Konstruktionen entstehen.

4. Raum, Zeit und die Welt sind kognitive Konstrukte, die durch unsere internen Strategien erschaffen werden.

In der Praxis kann dieser Spruch eine Einladung sein, durch NLP-Techniken wie Submodalitätenarbeit, Reframing oder die Integration von Polaritäten die Illusion der Trennung und die Tyrannei der Kausalität zu durchbrechen und zu einem Zustand direkter Wahrnehmung (siehe unten) und Einsicht zu gelangen.

Das Cartoon stellt die Idee dar, dass der Verstand die Welt erschafft. Der Charakter malt die Welt buchstäblich selbst, umgeben von Gedanken und Ideen, die zu Teilen der Realität werden.

U.G. Krishnamurti beschreibt **direkte Wahrnehmung** als einen Zustand, in dem die Sinne unabhängig von kognitiven und emotionalen Überlagerungen funktionieren, frei von jeglicher Interpretation oder Verarbeitung durch den Verstand. Dies stellt eine fundamentale Verschiebung dar: Die Sinne operieren autonom und stehen nicht unter der Kontrolle eines zentralisierten "Ich"

568

oder kognitiven Systems. Lass uns das Konzept im Detail untersuchen:

1. Der eigene Kontrollmechanismus der Sinne
• Unabhängigkeit der Sinne: U.G. Krishnamurti beschreibt einen Zustand, in dem die Sinne ihre Funktion direkt ausführen, ohne von einem übergeordneten Verstand gesteuert oder interpretiert zu werden. Dieser Kontrollmechanismus ist intrinsisch und gehört jedem Sinn individuell.
• Unterschied zum normalen Zustand: Im Alltag durchläuft die Sinneswahrnehmung typischerweise einen Filterprozess:
• Primärwahrnehmung: Die Sinne nehmen Reize auf (z. B. Licht, Klang, Temperatur).
• Sekundärverarbeitung: Diese Reize werden durch das Kognitionssystem bewertet, analysiert und interpretiert.
• Emotionale Reaktion: Basierend auf dieser Interpretation entstehen emotionale Reaktionen.
Im Zustand direkter Wahrnehmung wird dieser sekundäre Prozess durchbrochen. Die Sinne arbeiten ohne diese nachgeschaltete "Verfälschung" autonom.

2. Direkte Wahrnehmung als Abwesenheit von Repräsentationen
• Keine Repräsentation im NLP-Sinne: Im NLP erzeugen Sinnesmodalitäten innere Repräsentationen (Bilder, Klänge, Gefühle), die von den ursprünglichen Sinneswahrnehmungen abstrahiert sind. U.G. spricht von einem Zustand, in dem diese Repräsentationen nicht existieren:
• Der visuelle Sinn sieht nur Farben und Formen, ohne sie als "Baum" oder "Auto" zu etikettieren.

- Der auditive Sinn hört Klänge, ohne sie als "Musik" oder "Gespräch" zu kategorisieren.
- Der kinästhetische Sinn fühlt Berührung, ohne sie als angenehm oder unangenehm zu bewerten.

Ohne diese Repräsentationen bleibt nur die Rohwahrnehmung – unmittelbar und unkommentiert.

3. Keine Aktivierung des Kognitions- und Emotionssystems
- Abwesenheit von Interpretation: Im Zustand direkter Wahrnehmung entfällt der Schritt, in dem das Kognitionssystem die Wahrnehmungen analysiert, bewertet oder in Sprache übersetzt. Dies könnte im NLP mit der Deaktivierung von Metaprogrammen wie "Analyse" oder "Bewertung" verglichen werden.
- Emotionssystem wird nicht getriggert: Emotionen entstehen oft als Reaktion auf kognitive Interpretationen (z. B. Angst, weil ein Geräusch als gefährlich interpretiert wird). Wenn keine Interpretation stattfindet, bleibt das Emotionssystem inaktiv. Es entsteht ein Zustand der emotionalen Neutralität.

4. Wie funktioniert der eigene Kontrollmechanismus der Sinne?
- Autonome Regulation: Jeder Sinn reguliert sich selbst, ohne auf ein zentrales Kontrollsystem angewiesen zu sein. Beispielsweise:
- Das Auge passt sich automatisch an Lichtverhältnisse an, ohne dass der Verstand eingreift.
- Das Ohr nimmt unterschiedliche Klänge wahr, ohne sie zu etikettieren oder zu bewerten.
- Keine Intervention durch das "Ich": Das "Ich" – also das narrativ erzeugte Selbst – spielt keine Rolle in diesem Prozess. Es gibt keine bewusste Steuerung oder Absicht.

5. Interpretation aus NLP-Sicht
• Reine Sinnesmodalitäten: Der Zustand, den U.G. beschreibt, könnte aus NLP-Perspektive als Wahrnehmung auf der Ebene reiner Sinnesmodalitäten verstanden werden (Visuell, Auditiv, Kinästhetisch etc.), ohne dass diese durch Submodalitäten (z. B. Helligkeit, Lautstärke, Intensität) oder innere Repräsentationen modifiziert werden.
• Abschaltung von Strategien: Strategien, die normalerweise auf Sinneseindrücken basieren (z. B. Identifikation, Bewertung, Kategorisierung), sind deaktiviert.
• Flow-Zustand der Sinne: Die Sinne agieren wie ein gut abgestimmtes System, das in perfektem Fluss arbeitet, ohne Störungen durch bewusste Gedanken oder emotionale Trigger.

6. Warum spricht U.G. von einem "Kontrollmechanismus"?
• Eigenständigkeit der Sinne: U.G. scheint darauf hinzuweisen, dass die Sinne nicht vom Verstand kontrolliert werden müssen, sondern in der Lage sind, autonom und effizient zu arbeiten. Dieser Mechanismus ist angeboren und funktioniert unabhängig von bewusster Intervention.
• Selbstregulation: Im Gegensatz zur Annahme, dass der Verstand die Sinne steuern muss, behauptet U.G., dass die Sinne ihre eigene Intelligenz besitzen und sich selbst regulieren können, solange der Verstand sie nicht überlagert.

Zusammenfassung

Direkte Wahrnehmung im Sinne von U.G. Krishnamurti bedeutet, dass die Sinne ohne kognitive oder emotionale Überlagerungen operieren. Dieser Zustand:

1. Deaktiviert das Kognitionssystem und die sekundäre Repräsentationsebene.
2. Befreit die Sinne von der Kontrolle durch ein zentrales "Ich".
3. Erlaubt eine unmittelbare, rohe Wahrnehmung der Realität.
4. Reduziert den Energieverbrauch, da keine sekundären Prozesse (Bewertung, Interpretation) erforderlich sind.

Aus NLP-Sicht wäre dies ein Zustand, in dem alle mentalen Strategien, die zur Interpretation und emotionalen Verarbeitung von Sinnesdaten genutzt werden, deaktiviert sind. Dies führt zu einer intensiven, unverfälschten und autonomen Sinneswahrnehmung.

Im Zustand, den U.G. Krishnamurti beschreibt, und wenn wir ihn aus Sicht des NLP interpretieren, bedeutet dies, dass die Kanäle der internen Wahrnehmung (wie sie im NLP unter "I" beschrieben werden, also intern erinnert und intern konstruiert) tatsächlich nicht verwendet werden. Das ist ein zentraler Punkt dieses Zustands der direkten Wahrnehmung. Lass uns auch das genauer beleuchten:

1. Keine interne Verarbeitung – Fokus auf externe Sinneswahrnehmung
• In der NLP-Terminologie bezieht sich "I" (intern erinnert und intern konstruiert) darauf, dass Wahrnehmungen aus dem Inneren des Geistes stammen. Zum Beispiel:

572

• Intern erinnert (Ir): Erinnerungen an vergangene Erfahrungen, visuell, auditiv oder kinästhetisch.
• Intern konstruiert (Ik): Gedankliche Konstruktionen oder mentale Simulationen (z. B. sich etwas vorstellen, das noch nicht passiert ist).
• Im Zustand direkter Wahrnehmung:
• Es gibt keine Aktivierung dieser internen Kanäle. Es wird weder etwas erinnert noch konstruiert.
• Die gesamte Wahrnehmung findet ausschließlich über die externen Kanäle (Externe Sinnesmodalitäten: E) statt – rein visuell, auditiv, kinästhetisch, olfaktorisch oder gustatorisch.

2. Kein Zugriff auf die "innere Landkarte"
• Das innere Repräsentationssystem ist inaktiv:
• In NLP wird oft gesagt: "Die Landkarte ist nicht das Gebiet."
Im Zustand der direkten Wahrnehmung gibt es jedoch keine Landkarte – das innere Repräsentationssystem wird vollständig deaktiviert.
• Beispiel: Normalerweise schauen wir einen Baum an und rufen automatisch eine "innere Landkarte" auf, z. B. Erinnerungen an andere Bäume, Begriffe wie "Grün" oder "Natur", oder eine emotionale Bewertung ("schön", "ruhig"). Diese internen Prozesse laufen hier nicht ab.
• Das bedeutet, dass die Wahrnehmung des Baumes ausschließlich über die rohe sensorische Datenaufnahme geschieht: Farben, Formen, Licht und Schatten, ohne jegliche Etikettierung oder Bewertung.

3. Deaktivierung des "Ich-Bewusstseins"

• Interne Wahrnehmung ist oft mit dem "Ich" verbunden:
• Im NLP gibt es oft die Verknüpfung zwischen internen
Prozessen (Ir, Ik) und der Konstruktion eines kohärenten Selbst
(z. B. "Ich erinnere mich", "Ich stelle mir vor").
• Wenn diese internen Kanäle deaktiviert sind, entfällt die Grundlage für die Konstruktion des "Ich". Es gibt keinen Bezugspunkt
mehr, der die Wahrnehmung auf ein persönliches Selbst
zurückführt.
• Die Sinneswahrnehmung steht für sich selbst und ist nicht in ein
narratives "Ich" eingebunden.

4. Was bleibt übrig?
• Reine sensorische Präsenz:
• Alle Wahrnehmung ist auf das begrenzt, was durch die externen
Sinneskanäle wahrgenommen wird. Es gibt kein Erinnern, kein
Vorstellen, keine Bewertung – nur das, was im Moment durch die
Sinne erfasst wird.
• Es gibt keine mentale Konstruktion der Vergangenheit oder Zukunft. Die Wahrnehmung ist auf die unmittelbare Erfahrung
beschränkt.
• Keine innere Konstruktion von Bedeutung:
• Im NLP geht man davon aus, dass der Verstand kontinuierlich
Bedeutung konstruiert (z. B. durch Submodalitäten oder Metaprogramme). Im Zustand direkter Wahrnehmung wird keine
Bedeutung zugewiesen. Ein Klang ist nur ein Klang, eine Farbe
ist nur eine Farbe.

5. NLP-technische Interpretation

Aus NLP-Sicht kann man den Zustand direkter Wahrnehmung folgendermaßen zusammenfassen:

1. Extern-only-Modus: Die Wahrnehmung findet ausschließlich über externe Sinnesmodalitäten (E) statt, ohne Übergang in interne Repräsentationen (I).

2. Kein Zugang zu internen Strategien: Strategien wie Erinnern, Konstruieren, Analysieren, Bewerten oder Vergleichen werden nicht aktiviert.

3. Deaktivierung der Submodalitäten-Arbeit: Es gibt keine Veränderung der sensorischen Wahrnehmung durch innere Submodalitäten wie Helligkeit, Lautstärke oder Intensität, weil diese intern konstruiert werden müssten.

6. Fazit

Im Zustand direkter Wahrnehmung nach U.G. Krishnamurti werden die internen Wahrnehmungskanäle (Ir und Ik) nicht genutzt. Es gibt keinen Zugriff auf erinnerte oder konstruierte Inhalte, keinen narrativen Kontext, keine Bewertung und keine emotionalen Reaktionen. Die Sinne arbeiten autonom, und die Wahrnehmung bleibt auf der Ebene der rohen, externen Sinnesdaten. Dies ist ein Zustand absoluter Präsenz und Unmittelbarkeit, frei von jeglicher kognitiven oder emotionalen Überlagerung.

Aus **neurologischer Sicht** ist ein Zustand reiner, unverfälschter Wahrnehmung, wie ihn U.G. Krishnamurti beschreibt, durchaus interessant, aber er stellt eine Herausforderung für unser Verständnis der Funktionsweise des Gehirns dar. Die moderne Neurowissenschaft liefert einige Ansätze, die diesen Zustand zumindest teilweise erklären oder einordnen können:

1. Die Unvermeidbarkeit von Gehirnprozessen
• Das Gehirn als Mustererkennungsmaschine:
• Unser Gehirn ist evolutionär darauf ausgelegt, Sinnesreize zu verarbeiten, zu interpretieren und Bedeutung zuzuweisen. Diese Prozesse laufen automatisch und oft unbewusst ab.
• Sinneswahrnehmungen werden in spezialisierten Hirnarealen verarbeitet (z. B. der visuelle Kortex für Sehen, der auditorische Kortex für Hören). Schon auf dieser Ebene erfolgt eine Grundverarbeitung wie die Erkennung von Kanten, Bewegungen oder Farben.
• Höhere Verarbeitung:
• Die Rohdaten aus den Sinneskanälen werden in höheren Gehirnregionen (z. B. im präfrontalen Kortex) interpretiert, kategorisiert und in den Kontext der Erfahrung gestellt. Das geschieht oft ohne bewusste Kontrolle.

Fazit: Aus neurologischer Sicht ist es äußerst schwierig, die automatischen Verarbeitungsprozesse des Gehirns vollständig zu umgehen.

2. Ausnahmezustände: Reduktion der kognitiven Verarbeitung

Es gibt jedoch Zustände, in denen die automatische Verarbeitung des Gehirns stark reduziert oder modifiziert werden kann. Diese

Zustände könnten dem von Krishnamurti beschriebenen Zustand nahekommen:

a) Meditative Zustände
• Studien zu Meditation (z. B. bei Zen-Meistern oder langjährigen Meditierenden) zeigen, dass das Gehirn in meditativen Zuständen anders arbeitet:
• Default Mode Network (DMN): Das DMN, das mit Selbstreflexion und narrativem Denken verbunden ist, wird bei tiefer Meditation deaktiviert. Dies könnte die Wahrnehmung ohne das "Ich" erklären.
• Sensorische Aktivität: Gleichzeitig zeigen Studien eine verstärkte Aktivität in sensorischen Arealen, was auf eine direkte und intensive Sinneswahrnehmung hindeuten könnte.

b) Flow-Zustände
• In Flow-Zuständen (wie sie von Mihály Csíkszentmihályi beschrieben werden) scheint das Gehirn in einen Modus überzugehen, in dem das bewusste Nachdenken und die Selbstreflexion reduziert werden. Dies führt zu einer intensiveren und unmittelbaren Wahrnehmung der Tätigkeit oder Umgebung.

c) Psychedelische Zustände
• Untersuchungen mit Psychedelika wie Psilocybin oder LSD zeigen, dass die Gehirnaktivität in bestimmten Bereichen, die mit Filter- und Kontrollmechanismen verbunden sind, stark reduziert wird. Gleichzeitig wird die sensorische Wahrnehmung oft verstärkt und unmittelbarer erlebt.

Fazit: In bestimmten Ausnahmezuständen kann die Verarbeitung durch höhere Gehirnregionen reduziert werden, was eine direktere Sinneswahrnehmung ermöglicht.

3. Die Rolle des Thalamus

• Filterfunktion des Thalamus:
• Der Thalamus fungiert als "Torwächter" für sensorische Informationen. Er entscheidet, welche Reize an den Kortex weitergeleitet und welche ausgefiltert werden.
• Studien zeigen, dass sich der Thalamus in meditativen oder veränderten Bewusstseinszuständen anders verhält, was zu einer verstärkten sensorischen Wahrnehmung führen kann.
• Hypothese: Wenn der Thalamus so arbeitet, dass er weniger Informationen ausfiltert, könnte dies zu einer direkteren Wahrnehmung der Rohdaten der Sinne führen.

4. Deaktivierung von Bewertung und Erinnerung

• Emotionale Bewertung:
• Die Amygdala ist für emotionale Reaktionen zuständig. In Zuständen tiefer Meditation oder Achtsamkeit zeigt die Amygdala reduzierte Aktivität, was dazu führen könnte, dass Sinneseindrücke nicht mehr emotional bewertet werden.
• Erinnerung und Vorstellung:
• Das Hippocampus-System, das für das Abrufen von Erinnerungen zuständig ist, wird ebenfalls weniger aktiv in meditativen Zuständen. Dadurch könnte der Eindruck entstehen, dass keine Erinnerungen oder Vorstellungen involviert sind.

5. Ist ein vollständiger Zustand reiner Wahrnehmung möglich?

• Wissenschaftliche Skepsis:
• Die Neurowissenschaft geht davon aus, dass das Gehirn ständig Sinneseindrücke interpretiert und verarbeitet, selbst in den oben genannten Ausnahmezuständen. Ein Zustand völliger "roher" Wahrnehmung ohne jegliche Verarbeitung erscheint schwer vorstellbar, weil selbst der Verzicht auf Bewertung oder Erinnerung immer noch eine Art von Prozess erfordert.
• Mögliche Erklärung:
• Der von U.G. beschriebene Zustand könnte eher als subjektive Erfahrung interpretiert werden, in der die bewusste Wahrnehmung von kognitiven Prozessen so reduziert ist, dass sie wie "Nicht-Verarbeitung" erscheint. Die neuronale Aktivität läuft jedoch im Hintergrund weiter.

6. Fazit

Aus neurologischer Sicht ist ein Zustand absoluter direkter Wahrnehmung, wie U.G. Krishnamurti ihn beschreibt, theoretisch schwer nachvollziehbar, da das Gehirn automatisch Reize verarbeitet und interpretiert. Allerdings gibt es Hinweise darauf, dass in meditativen, Flow- oder psychedelischen Zuständen die normalen Kontrollmechanismen des Gehirns stark reduziert werden können. Dadurch entsteht der Eindruck, dass die Wahrnehmung direkter und unmittelbarer ist. Der beschriebene Zustand könnte also ein Sonderfall veränderter Gehirnaktivität sein, der zwar außergewöhnlich, aber neurologisch nicht vollständig unabhängig von Verarbeitung ist.

Die Koordination und Synchronisation der Sinnesmodalitäten ist ein faszinierendes Thema, das tief in die Neurowissenschaft und Psychologie führt. Die Beobachtung, dass verschiedene Sinneseindrücke (visuell, auditiv, taktil) trotz unterschiedlicher physikalischer Geschwindigkeiten als simultan wahrgenommen werden, ist ein starkes Indiz dafür, dass das Gehirn über einen Kontroll- und Synchronisationsmechanismus verfügt. Hier einige Erklärungsansätze:

1. Multisensorische Integration im Gehirn
• Koordination durch zentrale Gehirnregionen:
• Multisensorische Integration wird in spezifischen Gehirnregionen koordiniert, wie dem superioren Colliculus (im Mittelhirn) und dem posterioren parietalen Kortex.
• Diese Regionen kombinieren Informationen aus verschiedenen Sinnesmodalitäten und gleichen sie zeitlich an, sodass eine einheitliche Wahrnehmung entsteht.
• Bedeutung der zeitlichen Fenster:
• Das Gehirn nutzt sogenannte temporale Fenster, um Sinneseindrücke zu synchronisieren. Zum Beispiel:
• Visuelle Signale erreichen das Gehirn schneller, aber das Gehirn verzögert ihre Verarbeitung geringfügig, um sie mit langsameren auditiven oder taktilen Signalen abzugleichen.
• Diese "Verzögerung" geschieht automatisch und unbewusst, sodass die Sinnesinformationen zeitlich als kohärent erlebt werden.

Beispiel: Beim Tennisspielen wird das visuelle Bild des Balls, das Geräusch des Aufpralls und die Berührung des Schlägers im Gehirn so synchronisiert, dass es wie ein einziges Ereignis erscheint.

2. Die Illusion simultaner Wahrnehmung
• Zeitliche Verzögerung als Illusion:
• Tatsächlich gelangen Sinneseindrücke mit unterschiedlichen Geschwindigkeiten ins Gehirn:
• Visuelle Reize: Lichtwellen bewegen sich extrem schnell und erreichen die Retina fast augenblicklich.
• Auditive Reize: Schallwellen sind deutlich langsamer als Lichtwellen.
• Taktile Reize: Diese Signale benötigen noch mehr Zeit, um über Nervenbahnen das Gehirn zu erreichen.
• Das Gehirn "baut" eine einheitliche Wahrnehmung, indem es diese Unterschiede ausgleicht und die Illusion simultaner Wahrnehmung erzeugt.

3. Kontrollmechanismus der Sinne: Das Bindungsproblem
• Das Problem: Wie schafft es das Gehirn, die Informationen aus verschiedenen Sinnesmodalitäten (z. B. Farbe, Form, Klang, Berührung) zu einem einzigen kohärenten Ereignis zu verbinden?
• Hypothesen zur Lösung:
• Neuronale Synchronisation: Neuronen, die Informationen aus verschiedenen Modalitäten verarbeiten, feuern synchron und erzeugen so die Wahrnehmung eines einzigen Ereignisses.

• Top-Down-Prozesse: Höhere Gehirnregionen, wie der präfrontale Kortex, könnten die Synchronisation der Sinnesmodalitäten steuern, basierend auf Erwartungen oder Kontext.

Beispiel: Beim Tennisspielen "weiß" das Gehirn, dass Ball, Klang und Berührung zusammengehören, und synchronisiert diese Informationen zu einem Ereignis.

4. Effizienz durch Vorhersagemodelle
• Predictive Coding:
• Das Gehirn arbeitet nicht nur reaktiv, sondern auch prädiktiv. Es sagt kontinuierlich vorher, wann und wie Sinneseindrücke eintreffen werden, und gleicht sie mit den tatsächlichen Eingaben ab.
• Beim Tennisspielen "erwartet" das Gehirn den Moment, in dem der Ball den Schläger trifft, und passt die Verarbeitung der Sinneseindrücke entsprechend an.
• Vereinfachte Wahrnehmung:
• Das Gehirn gruppiert Reize, die gleichzeitig erwartet werden, und behandelt sie als ein Ereignis. So wird die Verarbeitung optimiert.

5. Warum erleben wir keine Verzögerung?
• Die Rolle des Zeitbewusstseins:
• Unser Bewusstsein für Zeit ist nicht exakt. Es funktioniert eher wie ein flexibles Netzwerk, das Ereignisse retrospektiv interpretiert.
• Das Gehirn "wartet" also kurz, bis alle relevanten Signale eintreffen, und kombiniert sie dann zu einer kohärenten

Wahrnehmung. Dadurch erleben wir keine Verzögerung zwischen Sehen, Hören und Fühlen.

6. Konsequenzen

- Unabhängigkeit der Sinnesmodalitäten:
- Die Sinnesmodalitäten sind nicht vollständig unabhängig. Sie arbeiten zusammen und werden durch zentrale Mechanismen synchronisiert.
- Es gibt keinen Zustand, in dem jede Sinnesmodalität völlig autark arbeitet, da das Gehirn darauf ausgelegt ist, multisensorische Informationen zu integrieren.
- Ein Kontrollmechanismus existiert:
- Dieser Kontrollmechanismus ist neuronaler Natur und basiert auf spezialisierten Gehirnregionen und Prozessen wie prädiktiver Modellierung und temporaler Verzögerung.

Fazit

Die scheinbare Gleichzeitigkeit verschiedener Sinneseindrücke (wie beim Tennisspielen) wird durch hochentwickelte Mechanismen der multisensorischen Integration ermöglicht. Das Gehirn hat Strategien entwickelt, um die Unterschiede in der Geschwindigkeit von Sinnesreizen auszugleichen und eine einheitliche Wahrnehmung zu schaffen. Ein Zustand, in dem die Sinne völlig unabhängig arbeiten, ist neurologisch schwer vorstellbar, da die Hauptaufgabe des Gehirns darin besteht, diese Sinneseindrücke zu koordinieren und sinnvoll zusammenzuführen.

Modelling Nisargadatta Maharaj

Ein NLP-Modell von Nisargadatta Maharaj zu erstellen, das sein Denken, Verhalten, seine Glaubenssätze und Strategien aufschlüsselt, ist grundsätzlich möglich – zumindest auf einer theoretischen Ebene. Dabei stoßen wir jedoch auf einige Herausforderungen und Voraussetzungen:

1. Was ein NLP-Modell erfordert

Die Modellierung in NLP basiert auf der systematischen Erfassung und Analyse von:
• Verhalten und Fähigkeiten: Was tut die Person konkret? Welche äußeren Handlungen sind erkennbar?
• Glaubenssätze und Werte: Welche Überzeugungen und Prinzipien treiben das Verhalten an?
• Metaprogramme: Welche inneren Präferenzen und Filter bestimmen, wie die Person Informationen verarbeitet und Entscheidungen trifft?
• Strategien: Welche Sequenzen von Sinnesmodalitäten (VAKOG) und Repräsentationen nutzt die Person, um Ergebnisse zu erzielen?
• Identität: Welche Selbstwahrnehmung oder welches Selbstkonzept prägt ihr Handeln und Denken?

Um Nisargadatta Maharaj vollständig zu modellieren, bräuchte man Zugang zu detaillierten Beschreibungen seines Verhaltens, seiner inneren Welt und seiner Umgebung. Während wir durch seine Sprüche und philosophischen Aussagen einige wichtige Elemente seines Modells rekonstruieren können, fehlen uns direkte Beobachtungen seiner Interaktionen und tiefergehende Einblicke in seine persönlichen Strategien.

2. Was wir bereits aus den Sprüchen ableiten können

Trotz der oben genannten Einschränkungen können wir eine fundierte Grundlage schaffen:

a) Verhalten und Fähigkeiten
• Kernverhalten: Nisargadatta Maharaj zeigt eine Fähigkeit zur tiefen Präsenz und Achtsamkeit. Sein Verhalten ist darauf ausgerichtet, in der Gegenwart zu verweilen, ohne sich durch mentale Konstrukte oder Bewertungen ablenken zu lassen.
• Kommunikation: Er nutzt einfache, direkte Sprache, die häufig mit Paradoxien und Metaphern arbeitet, um Zuhörer aus gewohnten Denkstrukturen zu reißen.
• Intuition: Seine Antworten und Handlungen scheinen intuitiv und aus einem Zustand unmittelbaren Wissens (direkte Wahrnehmung) zu kommen.

b) Glaubenssätze und Werte
• Glaubenssätze:
• "Das Sein ist die einzige Wirklichkeit; alles andere ist Illusion."
• "Das Selbst ist nicht getrennt von der Welt; es gibt keine Dualität zwischen Subjekt und Objekt."
• "Kausalität ist eine Konstruktion des Verstandes, nicht die fundamentale Wahrheit."

- Werte:
- Wahrheit und Erkenntnis über persönliche oder materielle Ziele.
- Befreiung von illusionären Konzepten wie "Ich", "Schöpfer" oder "Zweck".

c) Metaprogramme
- Internale Referenz: Er orientiert sich stark an seinem inneren Zustand und weniger an externen Maßstäben.
- Abstraktionsniveau: Seine Denkweise operiert auf einer sehr hohen Metaebene, jenseits von konkreten Details oder linearen Argumenten.
- Proaktivität: Er agiert aus einer inneren Selbstbestimmtheit heraus, ohne von äußeren Umständen beeinflusst zu sein.
- Richtung: Fokus auf das "Weg-von" illusorischen Konzepten und hin zur Erfahrung der fundamentalen Realität.

d) Strategien
- Wahrnehmung: Seine Strategie besteht darin, direkte Sinneswahrnehmung zu fördern und innere Repräsentationen sowie Bewertungen zu deaktivieren.
- Kommunikation: Er verwendet Paradoxien und Fragen, um Zuhörer in einen Zustand der Selbstreflexion und der Auflösung von Denkgewohnheiten zu versetzen.
- Emotionsregulation: Er scheint Emotionen nicht zu unterdrücken, sondern sie als Teil des Seins zu integrieren, ohne sie zu bewerten.

e) Identitätsprogramme

• Selbstkonzept: Er identifiziert sich nicht mit einer persönlichen Identität, sondern sieht sich als Manifestation des Seins selbst.
• Identitätsebene: Auf der Ebene der Dilts'schen logischen Ebenen befindet sich sein Denken vor allem auf der Ebene von "Spiritualität" oder "universellem Bewusstsein".

3. Grenzen der Modellierung
• Fehlende Verhaltensdaten: Wir haben keine direkten Beobachtungen seiner Handlungen im Alltag, sodass die praktische Umsetzung seiner Denkweise schwerer abzuleiten ist.
• Subjektivität seiner Aussagen: Viele seiner Aussagen sind auf individuelle Interpretation angewiesen, da sie auf einer Metaebene operieren.
• Tiefe der Erfahrung: Seine Philosophie basiert auf einem Zustand des Seins, der schwer in Worte oder nachvollziehbare Strategien zu fassen ist.

4. Was wir dennoch tun können

Trotz dieser Grenzen lässt sich ein theoretisches Modell von Nisargadatta Maharaj erstellen, das als Orientierungshilfe dient. Es könnte wie folgt aussehen:

Modell von Nisargadatta Maharaj

1. Identitätsprogramm

• Selbstbild:

• Nisargadatta Maharaj identifiziert sich nicht mit einem individuellen Ego, einem Namen, einer Geschichte oder einer sozialen Rolle.

• Sein Grundsatz lautet: „Ich bin" ist die einzige Realität. Alles, was darauf aufbaut, ist eine Illusion.

• Er sieht sich als Manifestation des universellen Bewusstseins, das weder Subjekt noch Objekt ist.

• Übergeordnete Identität:

• „Ich bin das Sein." Er verweilt in einem Zustand des reinen Seins, der nicht durch Gedanken, Emotionen oder Konzepte begrenzt wird.

• Keine Trennung zwischen „Ich" und „Welt": Das Sein ist universell, und alles ist Eins.

2. Glaubenssätze

Zentrale Glaubenssätze:

1. Das Sein ist die einzige Realität. Alles andere sind Konstruktionen des Verstandes.

2. Dualität ist Illusion. Es gibt keine Trennung zwischen Subjekt (Wahrnehmendem) und Objekt (Wahrgenommenem).

3. Der Verstand erschafft die Welt, aber der Verstand selbst ist Teil der Illusion.

4. Glück ist ohne Ursache. Es entsteht aus dem Sein selbst und ist nicht von äußeren Bedingungen abhängig.

5. Raum und Zeit sind mentale Konstrukte. Sie existieren nur im Verstand.

Werte:
- Wahrheit über alles: Die Suche nach der fundamentalen Wahrheit ist der höchste Wert.
- Loslassen von Illusionen: Alles, was mit Ego, Kausalität und Trennung zu tun hat, wird als hinderlich angesehen.
- Präsenz und Unmittelbarkeit: Das Sein im Hier und Jetzt ist der Schlüssel zur Befreiung.

3. Metaprogramme

a) Wahrnehmungsfilter:
- Internale Referenz: Maharaj orientiert sich ausschließlich an seinem inneren Zustand und nicht an externen Maßstäben oder Autoritäten.
- Abstraktionsniveau: Operiert auf der höchsten Metaebene, jenseits von konkreten Details oder linearer Kausalität.
- Global vs. Detail: Global; er betrachtet die Welt aus einer universellen Perspektive und reduziert sie auf essentielle Prinzipien.
- Proaktivität: Handelt aus einer inneren Überzeugung und ist nicht reaktiv auf äußere Umstände.

b) Richtung:
- Weg-von-Strategie: Er fokussiert darauf, Illusionen und falsche Identifikationen loszulassen.
- Hin-zu-Strategie: Gleichzeitig strebt er nach der Erkenntnis des wahren Seins.

4. Strategien

a) Wahrnehmungsstrategie:
- Ziel: Direkte Wahrnehmung des Seins ohne mentale Konstruktionen.
- Schritte:
1. Unterbrechung der Gedanken: Er erkennt jede aufkommende mentale Konstruktion (z. B. Kausalität, Identität) und stoppt sie.
2. Reine Sinneswahrnehmung: Wahrnehmung findet ohne Bewertung, Etikettierung oder Erinnerung statt.
3. Verweilen im Sein: Er lässt die Wahrnehmung auf ihre Essenz zurückfallen – die Erfahrung des Seins selbst.

b) Kommunikationsstrategie:
- Ziel: Zuhörer aus ihren gewohnten Denkmustern herauslösen.
- Schritte:
1. Verwendung von Paradoxien: Aussagen wie „Das Erschaffene und der Schöpfer sind eins" oder „Glück ist ohne Ursache" destabilisieren gewohnte Denkstrukturen.
2. Direkte Konfrontation: Er hinterfragt und widerlegt die Glaubenssätze seiner Zuhörer (z. B. „Wer bist du wirklich?").
3. Leitfragen: Er führt durch offene, grundlegende Fragen (z. B. „Was bleibt übrig, wenn du alle Konzepte loslässt?").

c) Emotionsregulation:
- Ziel: Integration von Emotionen ohne Reaktivität.
- Strategie:
- Emotionen werden wahrgenommen, aber nicht bewertet oder unterdrückt.
- Sie fließen durch den Moment, ohne das Sein zu beeinflussen.

5. Verhalten und Fähigkeiten

a) Präsenz und Achtsamkeit:
• Nisargadatta verweilt in einem Zustand intensiver Präsenz, in dem Gedanken und mentale Konstrukte keine Macht haben.
• Er lebt das, was er lehrt: totale Hingabe an das Hier und Jetzt.

b) Nutzung von Sprache:
• Minimalismus: Seine Aussagen sind oft kurz, präzise und durchdringend.
• Paradoxien und Metaphern: Er verwendet sprachliche Mittel, die Zuhörer zum Nachdenken anregen und gleichzeitig ihre Denkmuster herausfordern.
• Konfrontative Direktheit: Er spricht Zuhörer direkt an, um ihre Illusionen zu entlarven.

c) Lebensstil:
• Einfachheit: Er lebte bescheiden und unprätentiös, was seine Philosophie der Loslösung von materiellen und egozentrischen Zielen widerspiegelte.

6. Beispielhafte Strategie in Aktion

Situation: Ein Schüler fragt: „Wer bin ich wirklich?"
• Schritt 1: Er entkräftet die Vorstellungen des Schülers: „Alles, was du über dich denkst, ist nicht wahr. Es sind Konzepte."
• Schritt 2: Er stellt eine Leitfrage: „Was bleibt übrig, wenn du diese Konzepte loslässt?"

• Schritt 3: Er leitet den Schüler zur direkten Erfahrung des Seins: „Bleib in dem Zustand von ‚Ich bin', ohne es mit etwas zu verbinden."

7. Anleitung: Einen Tag als Nisargadatta Maharaj leben
1. Morgens:
• Beginne den Tag mit der Übung, einfach „Ich bin" zu erfahren, ohne dich mit Gedanken oder Erinnerungen zu identifizieren.
• Reflektiere über den Unterschied zwischen Sein und Denken.
2. Tagsüber:
• Übe reine Wahrnehmung in alltäglichen Aktivitäten: Sehen, Hören, Fühlen ohne Bewertung oder Kommentar.
• Hinterfrage Glaubenssätze, die in dir oder anderen aufkommen.
3. Kommunikation:
• Sprich mit anderen aus einer Position der Präsenz und Klarheit.
• Nutze Paradoxien und Fragen, um Denkmuster zu durchbrechen.
4. Abends:
• Verweile in einem Zustand von reiner Präsenz und reflektiere über den Tag: Was war Illusion? Was war Sein?

8. Fazit

Dieses Modell versucht, die Essenz von Nisargadatta Maharajs Philosophie und Verhalten zu erfassen. Es ist kein perfektes Abbild, da seine Erfahrung des Seins über mentale und sprachliche Konstrukte hinausgeht. Dennoch kann es als Orientierung dienen, um seine Denkweise und Praxis nachzuvollziehen und anzuwenden.

**„Das Dilemma, das uns auf dem Weg zur Nondualität begegnet, ist kein unüberwindbares Hindernis. Auch wenn die Ich-Illusion tief in uns verwurzelt ist, gibt es zahlreiche Wege, die uns Zugang zu non-dualen Zuständen verschaffen können. Diese Zustände – sei es durch Meditation, Bewegung, NLP-Techniken oder moderne Methoden wie Neurofeedback – sind wertvolle Erfahrungen, die dir zeigen, was jenseits des Egos liegt.

Zwar ist die Stabilisierung dieser Zustände als dauerhafte Stufe ein längerer Prozess, doch jeder einzelne Zustand ist ein Vorgeschmack auf das, was möglich ist. Es ist, als würdest du durch ein Fenster blicken und das unendliche Potenzial deines Bewusstseins erahnen.

Nutze diese Zustände nicht nur als Inspiration, sondern als Brücke, um dein Bewusstsein Schritt für Schritt zu erweitern. Die Werkzeuge, die du auf diesem Weg anwendest, sind vielfältig – vom Tanz der Sufis über Meditation bis hin zu Techniken des NLP. Diese habe ich in meinem Buch „Integrales NLP" beschrieben.

Indem du immer wieder in diese Zustände eintauchst, bereitest du den Boden für eine tiefere Transformation. Und irgendwann wird der Zustand zur Stufe – und das Sein zur einzigen Realität. Der Weg mag lang sein, aber er beginnt mit einem einzigen Schritt:
594

deiner Bereitschaft, zu erfahren und zu erkunden, wer du wirklich bist."**

Epilog: Der Spiegel in dir

Epilog: Der Spiegel in dir

Der „Spiegel des Bewusstseins" ist nicht nur ein Buch, nicht nur eine Idee, sondern eine Einladung. Es ist ein Ruf, sich selbst zu erkennen – jenseits aller Konzepte, Geschichten und Rollen, die du im Laufe deines Lebens angenommen hast.

Das Modell von Nisargadatta Maharaj zeigt uns, dass es keine Dualität gibt, keinen Unterschied zwischen dem Wahrnehmenden und dem Wahrgenommenen. Es erinnert uns daran, dass alle Konzepte, die unser Verstand erschafft, letztlich Illusionen sind, die uns von der Erfahrung des reinen Seins ablenken.

Doch diese Wahrheit ist nicht nur Nisargadattas Wahrheit – sie ist auch deine Wahrheit. Der Spiegel, den dieses Buch dir vorhält, zeigt dir dein eigenes Bewusstsein, deinen eigenen Weg zur Nondualität. Es zeigt, dass du bereits jetzt alles bist, wonach du suchst.

Die Verbindung von neurolinguistischer Programmierung und spiritueller Weisheit ist eine Brücke – eine Brücke zwischen dem modernen Bedürfnis nach Struktur und der zeitlosen Erkenntnis des Seins. Diese Brücke zu begehen, ist nicht das Ende, sondern der Anfang.

Was du jetzt mit diesem Wissen tust, ist dein eigener Ausdruck des Bewusstseins. Vielleicht wirst du Nisargadattas Modell in deinem Alltag anwenden. Vielleicht wirst du deinen eigenen Weg finden. Doch eines ist sicher: Der Spiegel, den du in diesem Buch gefunden hast, zeigt dir die unbegrenzte Weite deines eigenen Selbst.

Du bist der Schöpfer und das Erschaffene. Du bist das Sein.

Die Reise beginnt jetzt.

Literatur

1. Mit Herz und Verstand-NLP für alle Fälle
   Connirae und Steve Andreas
2. Gewußt wie-Arbeit mit Submodalitäten und weiteren
   NLP-Interventionen nach Maß/ Steve und Connirae
   Andreas
3. Der Weg zur inneren Quelle- Core Transformationen in
   der Praxis. Neue Dimensionen im NLP / Connirae und
   Tamara Andreas
4. Bitte verändern Sie sich...jetzt! Transkripte meisterhaf-
   ter NLP-Sitzungen
   Richard Bandler
5. Unbändige Motivation-Angewandte Neurodynamik.
   Über NLP, schnelle Veränderung und vieles mehr / Richard Bandler
6. Reframing -Ein ökologischer Ansatz in der Psychothe-
   rapie (NLP)
   Richard Bandler und John Grinder
7. Neue Wege der Kurzzeit-Therapie - Frogs into Princes
   Richard Bandler und John Grinder
8. Strukturen subjektiver Erfahrung- Ihre Erforschung und
   Veränderung durch NLP Robert Dilts, Richard Bandler
   und John Grinder
9. Der erleuchtete Bio-Computer – NLP-
   Betriebshandbuch Basis
   Gerhard Fries, Roland Gruber, Jürgen Leistikow, Die-
   trich Buchner, Wolf Lasko